1日でマスター

断易入門講座 上

雪之静
YUKINOJYOU

八幡書店

断易入門講座　上　【龍の巻】

はじめに

この本を手にして下さった方へ

本書は、断易（五行易）と言われる、五行を基にした占術の入門書として著述したものです。本書でご紹介する断易は、八面体サイコロを使って得られる易卦に割り当てられた十二支の五行と、占断月日による十二支の五行との作用で吉凶を判断していくという、いたってシンプルな占断方法に拠る占術です。

断易は、様々な現代事情にも即時に対応出来るのが大きな特徴となっていますが、スピード感を持って、その問題解決への道筋や方法を探せる一つのツールに成り得るものです。古代中国からの伝来であっても、その新しい感覚は、現代にマッチする占術であると確信する次第です。

各占題につきましては、必要な箇所全てに五行を明記して、占例に応じた解説と占断を収載しています。全く断易を知らない初めての方、または断易をもう一度やってみたい方など、全ての方々に対応すべく配慮しました。

各占題の解説は、五行の作用を詳細に説明していますので、断易の読み物としても堪え得るようになっています。先ずは占題を自力で試してみて、解説を読み、そして占断を読んで頂ければ、順に理解も深まっていくかと思います。そして、五行の作用に慣れ親しんで頂くためにトレーニングのコーナーも設けてみました。また、難解とも捉われがちな占断法のひとつで、その占断の結果がいつ変化するのか、または終結する時期を特定する「応期断法」という理論についても詳しく解説しています。

本書で、長くもあり短くもある人生において、断易を人生行路の道案内として、広く活用する機会にして頂ければ幸いに思います。

雪之靜

断易入門講座 上【龍の巻】 目次

序章　初めての人にもわかりやすい 断易の占い方

筆者は、断易の実占を学びたいという雄志の方を指導する立場にありますが、「断易は難しい」「どの入門書を読んでも理解しにくい」という声が大半を占め、想い半ばにして挫折する方が多いという実感を持っています。

断易は奥深い領域に踏み込むと、なかなか一筋縄ではいかないものであることは確かなのですが、とりあえず実占を始めてみたいという方は、的確な指導を受けさえすれば、周易や四柱推命より簡単に早くコツをつかむことができると思います。

断易入門の書籍では、おしなべて基本用語を最初から羅列して細かく説明していくのが一般的です。そのため、各関連性が理解できないまま闇雲に暗記しなければならないことになり、結局は全体像が結べぬまま頓挫してしまった、という話もよく聞きます。

そこで、本書においては、何はともあれ、どしどし実占から始めていって、並行して基本用語を頭に入れていくというプロセスを重視することにしました。このやり方で実践して頂ければ、貴方（貴女）も断易の入口でとまどうことなく、進んでいけることと思います。

なお、この序章では、初学の方のために断易占いのポイントをまとめてみました。

断易の占い方（占断の要約）

これが基本の形です

これは、この後にも出てくる断易の占断（完成爻図）の例です。これだけ見てもちんぷんかんぷんですね。簡単に説明していきましょう。

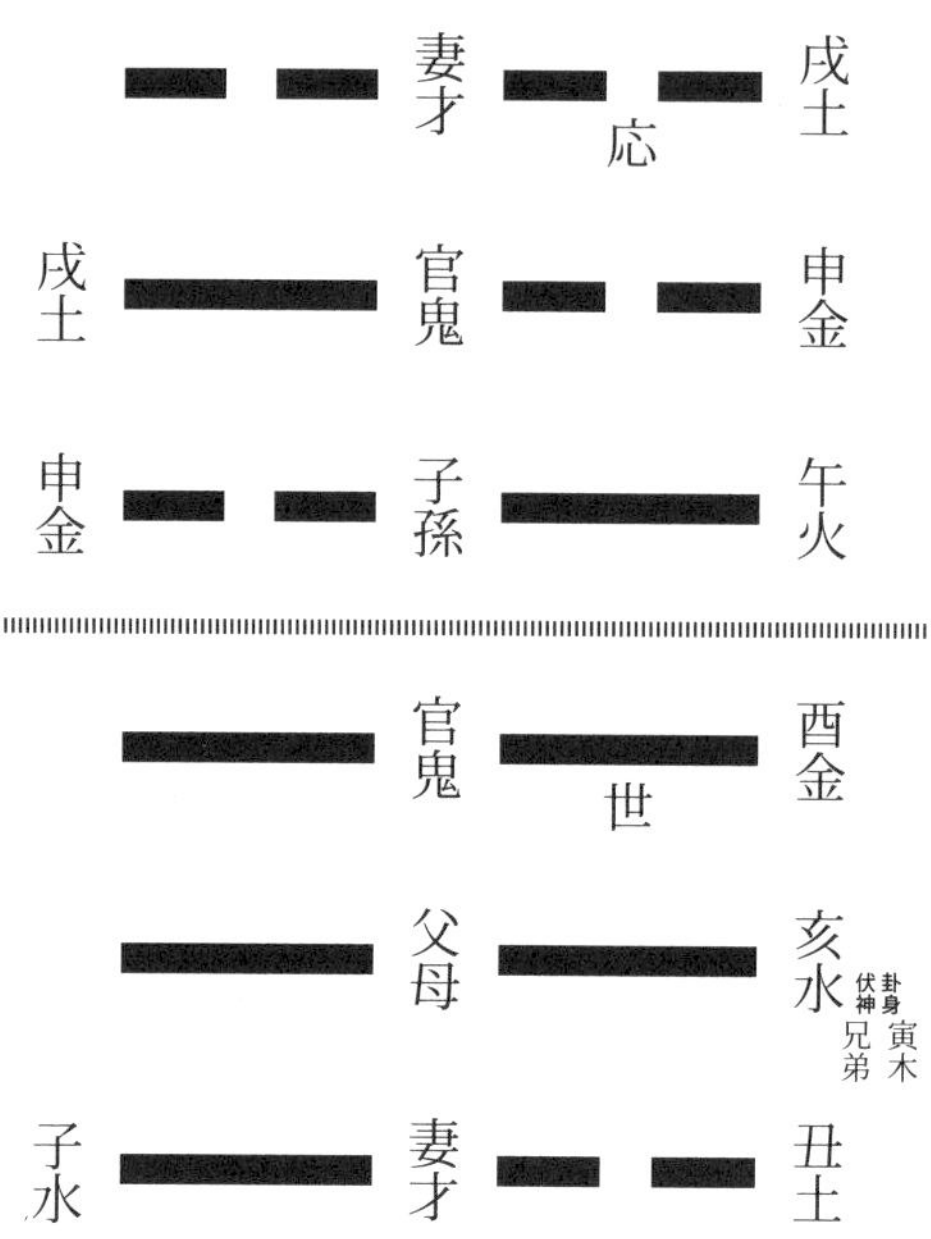

〔図1〕

八面体サイコロを振ることからスタート！

まず、二つの八面体サイコロ（黒と赤）を振ります。サイコロの目をみると、「震」（黒）と「巽」（赤）が出ました。これを六本の爻で表現すれば、〔図2〕のようになります。

〔図2〕

六十四卦のうちのひとつの卦が確定します

⚋と⚊はひとつひとつを「爻」といいます。この爻が三つ集まると「八卦（乾・兌・離・震・巽・坎・艮・坤）」（小成卦）になり、八卦と八卦が合わさって「六十四卦」（大成卦）になります。周易になじんでおられる方は、周知のことと思います。

二五七頁の「六十四卦配当表」と二五八頁の「納爻表」をみれば、「震」「巽」の組み合わせの卦は「雷風恒」という卦であることがわかります。周易の場合は、この雷風恒として持つ性質を解析していくことになりますが、断易の場合は少し異なります。

六つの爻に割り振られた性質を転記します

〔図1〕をみると、六つの爻の両横に、各爻に充当する性質（右側：十二支とそれに付随する五行の性質。左側：六親五類。爻の下：世爻と応爻）が記載されています。このように各爻に配当することを「納甲」といいます。実占においては、二五八頁の「納爻表」をみて、あてはめていきます。

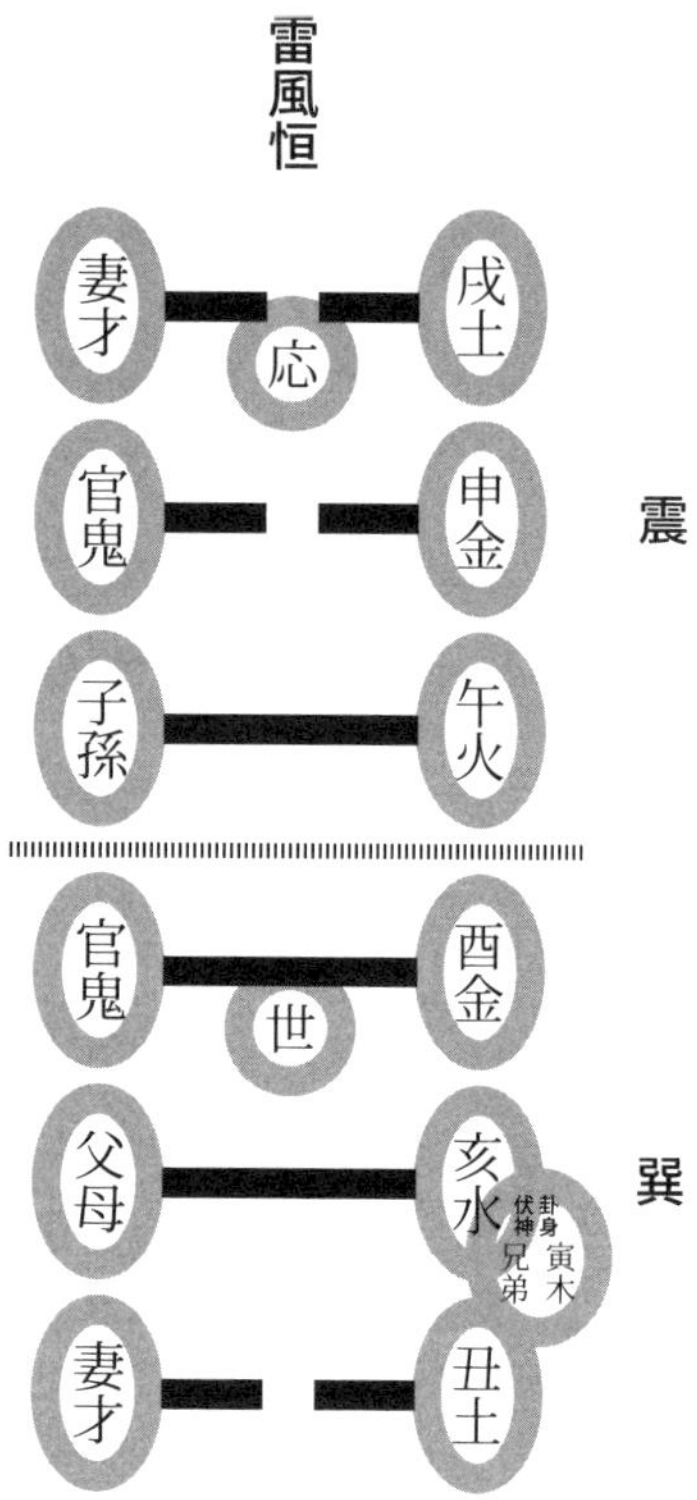

右側は十二支五行、左側は六親五類の性質を持ちます

左側の「妻才」、「官鬼」、「子孫」という六親五類の用語はいったんおいておき、右側を見ると、「戌土」、「申金」、「午火」……となっています。「戌」、「申」、「午」は十二支の名称です。断易はこの十二支をもとに占断していきます。戌は土と一緒になって書かれていますが、これは「木火土金水」という五行の性質が、おのおの十二支に当てはめられているということです。

六つの爻のうち三爻が重要になります

次に、この六爻のうち、重要な三爻を選びます。もっともこの占断の中核となると思われる爻（用神）、そしてそれをサポートし、用神の味方をする爻（原神）、最後に用神に対して敵《ライバル》の存在でもある爻（忌神）、この三つです。

用神は、占的（占う内容のこと）によって、どの爻になるかが決まってきます。用神が決まると、原神と忌神は、後述するパターンによって自ずと決まってきます。ここでは、便宜的に用神は○、原神は△、忌神は□として、三つの爻の右側に併記します。

雷風恒

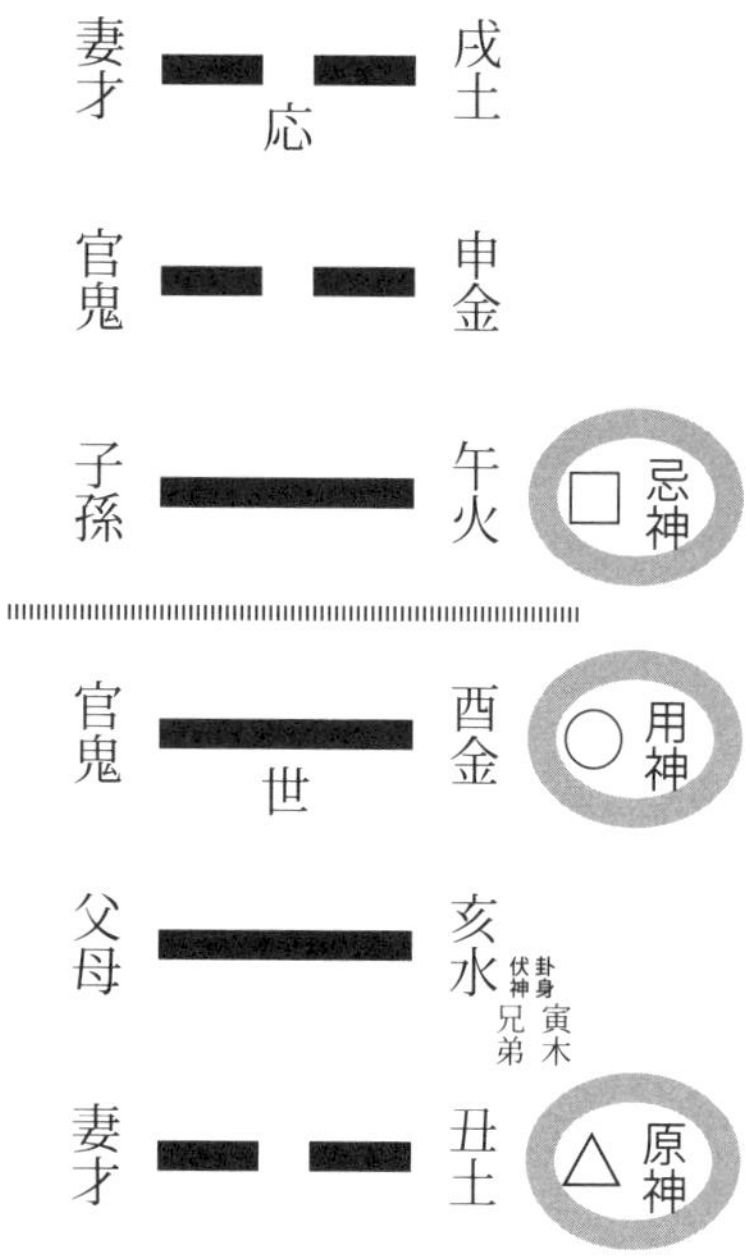

次に、用神、原神、忌神の爻の三つの性質（十二支・五行としての性質）と、占断した月日の性質との関係性を見る、というのが断易の基本になります。

まずは占断した月から、三つの爻との関連性を見ていきます。

占断した月の性質と、用神・原神・忌神の性質との関係性を見る

卯月は「卯」と「木」の性質を帯びています。

用神は「酉」と「金」の性質を、原神は「丑」と「土」の性質を、忌神は「午」と「火」の性質を持っています。

卯月と用神の関係は「木⇒金」、卯月と原神の関係は「木⇒土」、卯月と忌神の関係は「木⇒火」になります。この関係性から「生剋合冲」を割り出します（二五六頁の「生剋合冲表」をみて判断します）。判断したものをまとめたものが左下の図です。

（二〇一八年三月一四日）　占的　明日の運勢

戊戌年　乙卯月　乙巳日　空亡〔寅卯〕

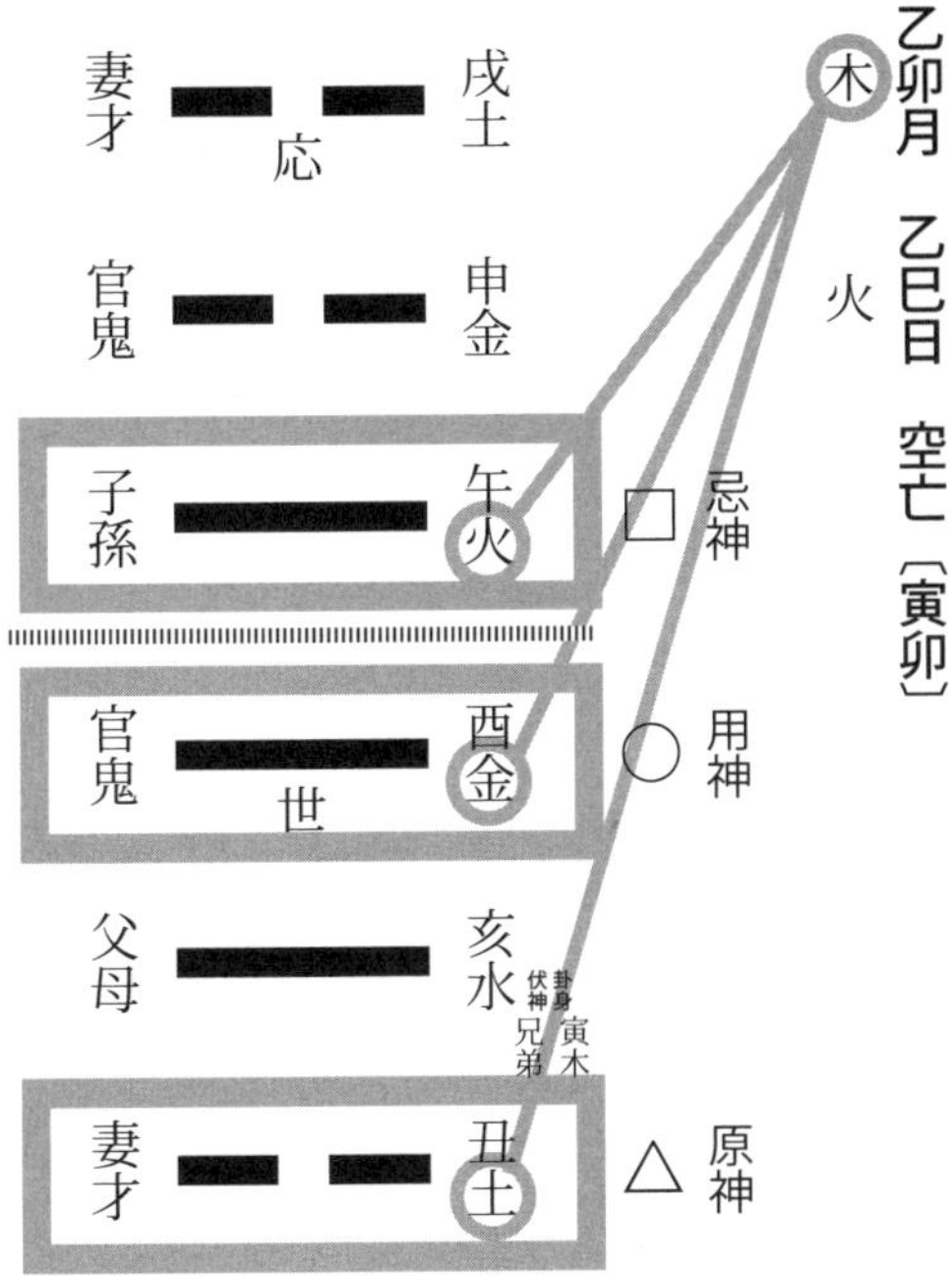

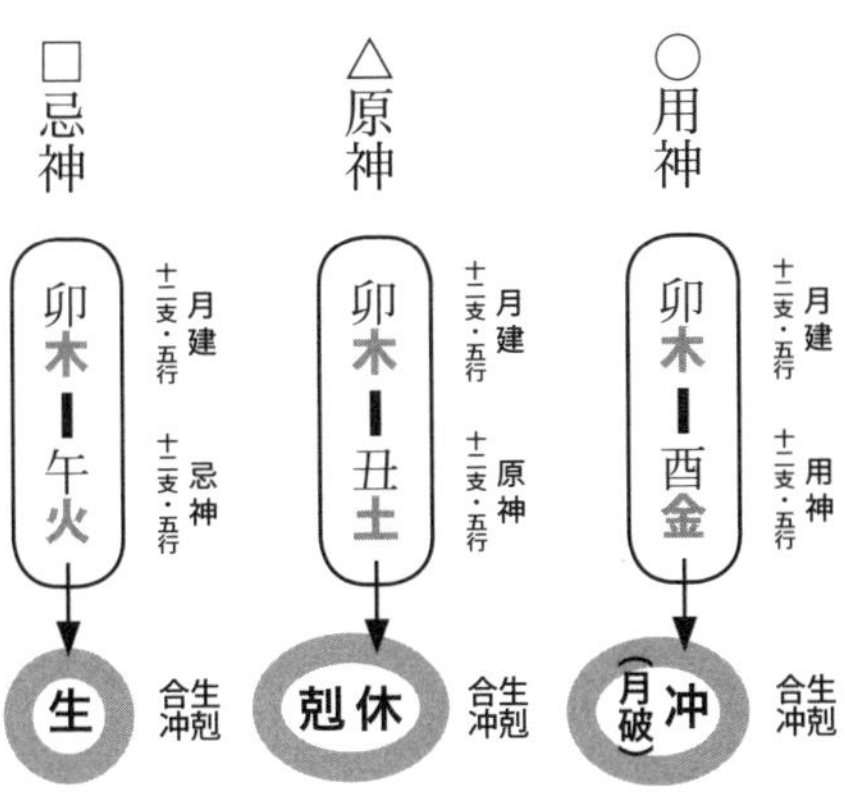

占断した日の性質と、用神・原神・忌神の性質との関係性を見る

同様に、占断した日から、三つの爻との関連性を見ていきます。

（二〇一八年三月一四日）　占的　明日の運勢

戊戌年　乙卯月　乙巳日　空亡：寅卯

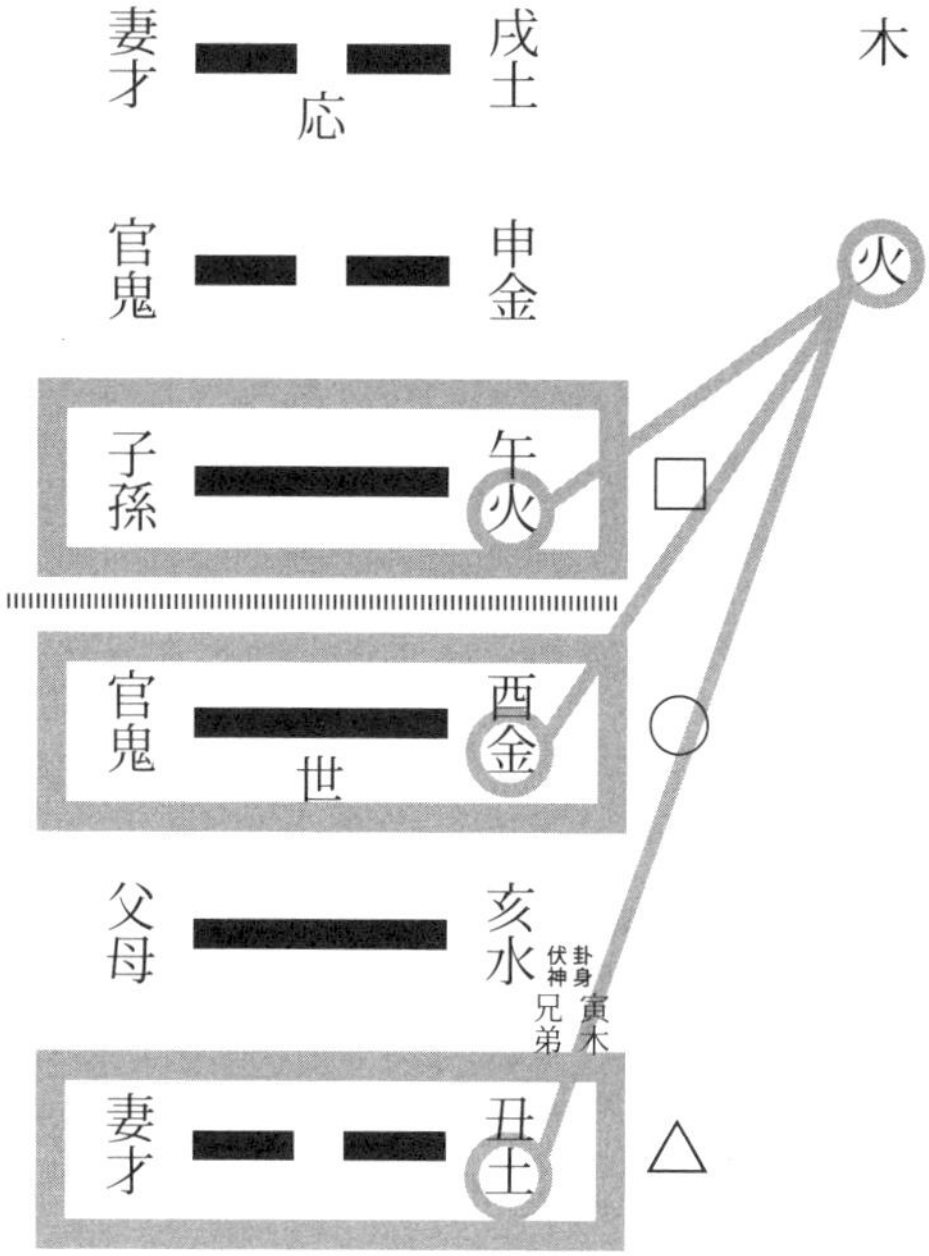

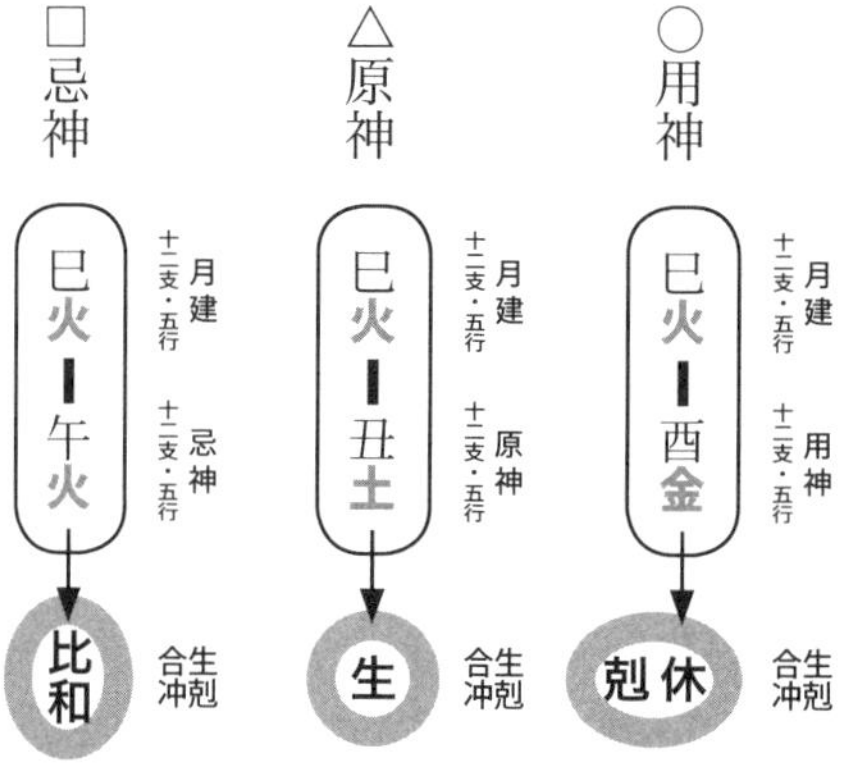

六つの関係性から、全体の「力の強弱」、「協力関係」をひもとく

このように、月と日から重要な三つの爻との関係性をみていくことになります。

月建から各神への作用　30%

	月建（十二支・五行）	各神（十二支・五行）	生剋合冲	
○用神	卯木	酉金（用神）	冲（月破）	非常に弱い
△原神	卯木	丑土（原神）	剋休	かなり弱い
□忌神	卯木	午火（忌神）	生	強い

日辰から各神への作用　70%

	日辰（十二支・五行）	各神（十二支・五行）	生剋合冲	
○用神	巳火	酉金（用神）	剋休	かなり弱い
△原神	巳火	丑土（原神）	生	強い
□忌神	巳火	午火（忌神）	比和	かなり強い

詳細は本編でじっくり説明していきますが、占断日から用神に対してはかなり弱く、それを助ける原神は強いものの、用神に反抗する忌神がかなり強いため、明日の運勢をみる占断としては、弱い可能性

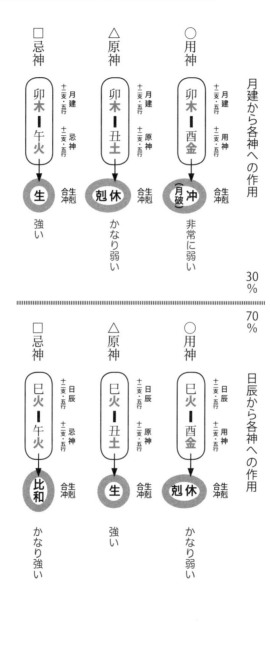

があります。占断月から用神に対しては非常に弱く対立傾向にあり、それを助ける原神もかなり弱く、用神に反抗する忌神が強いため、同様に運勢的に弱いとみます（ちなみに占断日からのほうが占断月より強く、占断日：占断月は70：30くらいの割合でみます）。

ここまでのパターンを要約すると…

ここまでの断易の実占のパターンを要約すると、以下のようになります。

①二つの八面体サイコロを使用して、その出た目から、該当の六十四卦のひとつを割り出す（「六十四卦配当表」「納爻表」を使用）。
②六つの爻に、十二支と五行の性質・六親五類を割り当てる（「納爻表」を使用）。
③用神・原神・忌神を割りふる。
③占断月・占断日の二つの十二支・五行と、用神・原神・忌神に帯びた十二支・五行との関連（生剋合冲）を見る（「生剋合冲表」を使用）。
④その関連性を判断材料にして占断する。

ここまでのおおまかな判断が中心になる

but

他の見方もあって、断易は奥深い

完成爻図にするために合計二回サイコロを振りますが、二度目も二つの八面体サイコロを同時に振り（実際は一回目の投擲のすぐ後に二回目を行う）、爻の性質が変わった箇所（〔図3〕のグレーゾーン）の十二支五行の変遷（⚋⇒⚊や⚊⇒⚋）をみて、勢いが強くなっているか、弱くなっているかをみていきます。

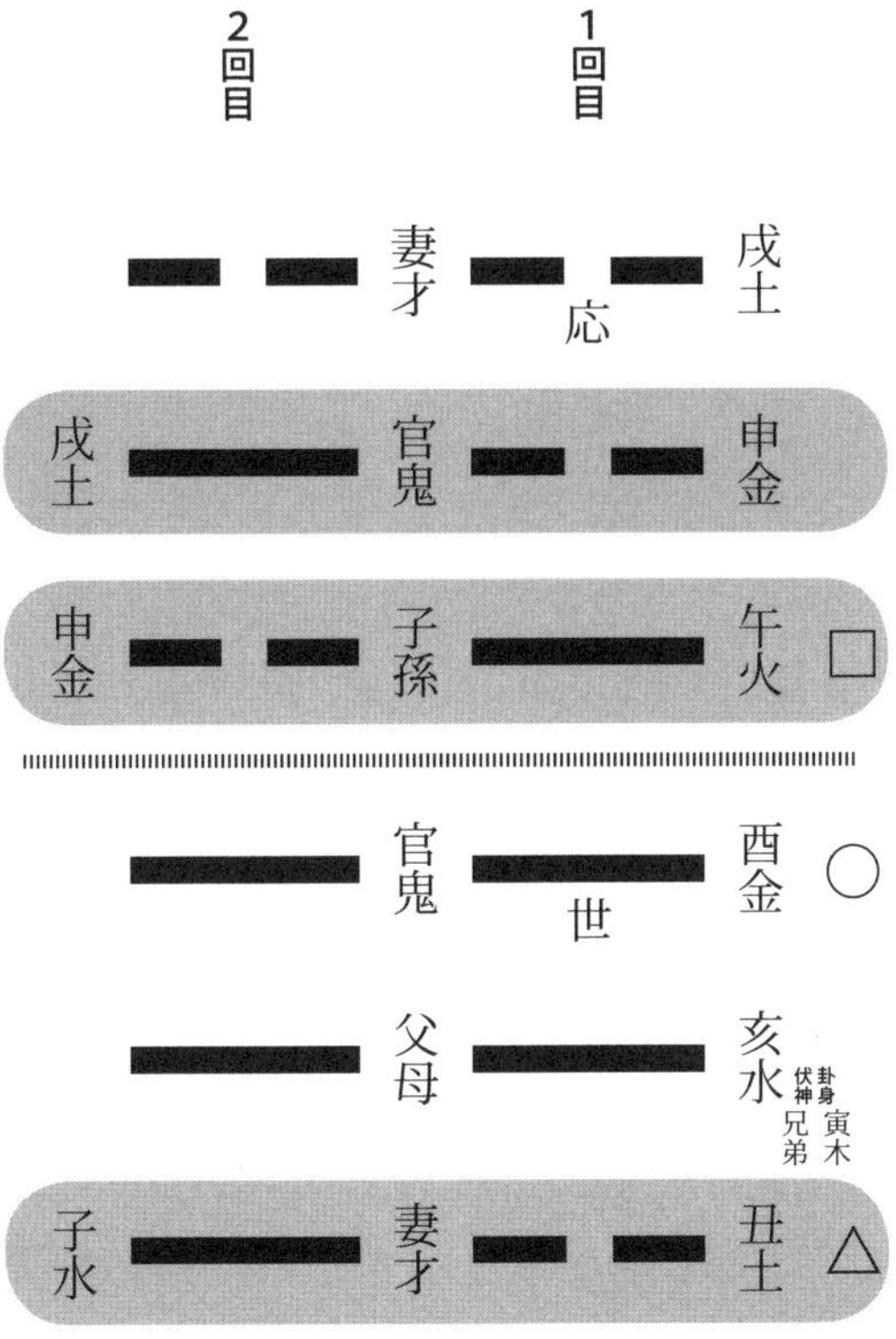

〔図3〕

初心者でも、ある程度の吉凶判断は可能である

それ以外にも、日辰帯類法や応期断法、三合会局など、色々な判断法があり、それゆえに断易の占断は複雑になるわけですが、ともかく占断の中心は、月日の二つの十二支・五行と、選ばれた三つの爻（用神・原神・忌神）の十二支・五行との相関関係（生剋合冲）をみていくことがメインになり、全くの初心者でも、六十四卦配当表、納爻表、生剋合冲表等を駆使すれば、おおまかな吉凶判断は可能になるのです。

これはあくまで概略にすぎませんが、今まで断易が難しいといって挫折していた方も、ぜひとも本書の学び方で学んで、断易のコツをつかんでいただければと思います。

それでは、本編に入っていきましょう。

第一章　断易（五行易）とは

＊「陰陽消息観」とは

前漢（紀元前２０２〜後８）の時代に、京房《けいぼう》（紀元前７７〜前３７）という易学者が、断易の根本思想である「陰陽消息観」を元にした「卦気説《かきせつ》」という理論を大成させたといわれています。この「卦気説」は、京房が武帝の時代に、「陰陽消息観」（後に、「五行」と呼ばれる循環思想に敷衍されていく）を、二十四節気や天文律暦、易の象数などと組み合わせ、その理論体系を具体的に爻の上に展開したものです。これが後の「断易」としての理論の源となっていきます。

古代中国において「陰陽消息観」は、生きる上での自然観や宇宙観における摂理でした。太陽は東から昇り西に没し月が満ちれば欠けていきます。また季節観でいえば、春が去れば夏になり、夏が去れば秋となって冬がやって来るというような自然の廻りを、京房は、易理として爻の上に表現したのです。

＊五行とは何か

五行とは中国思想から伝来したもので、万物は、「木《もく》」「火《か》」「土《ど》」「金《ごん》」「水《すい》」の五要素から成り立っているという考え方です。この五つの要素が自然や宇宙間に作用することで、物事が安定し存在する、という思想になっています。この「五行」とは、漢字の「五」が「行く」と書くように、五つの要素が順に廻っていくことを意味しています。相生《そうしょう》とは「木火土金水」の順に循環していくことですし、相剋《そうこく》とは「木土水火金」の順に、向かう要素に打ち剋《か》つということです。

先述しましたように、この五行の「循環思想」と周易からの八卦を結合させたのは、前漢の時代に活躍した京房の貢献によるところが多く、「陰陽消息観」の理論を卦爻上に具現化した漢易の象数易は、後に「断易」という名において光彩を放っていきます。

＊断易の原典

周易と呼ばれる六十四卦に、十二支、六親五類を配して、そこに陰陽五行の思想を組み入れたのが「断易」ですが、別名「五行易」、「鬼谷易」、「漢易」、「納甲易」とも言います。

断易（五行易）の原典とされるもので現存するものに『卜筮正宗』があります。清代に王洪緒が編纂したものです。この書物に収載されている『黄金策総断千金賦直解』は、劉伯温（１３１１～１３７５）の著述した明代の断易書で、断易を研究する者にとっては必携とされているものです。

また、『卜筮正宗』と双璧をなす書物としては、野鶴老人（１５９９～１６９９）著『増刪卜易』が挙げられます。これは『卜筮正宗』の応用、発展版ともいうべきものです。

断易を研究されたい方は、先ずは『黄金策総断千金賦直解』を、その後に続くものとして『増刪卜易』を研究するのが良いかと思います。

＊五行易としての断易

本書での占法は、『黄金策総断千金賦直解』に基づくもので、六親五類を中心にして、五行易であるところの五行を基本とした吉凶判断に拠ります。

この『黄金策総断千金賦直解』では、劉伯温の断則でも「五行の生剋の判断は自分でよく見ること」と説き、「是故吉凶神煞之多端、何如生剋制化之一理」とあるように、吉凶神殺は多くあるが、それよりも六親五類を重要視すべきであって、神殺を交えての乱占はしてはいけない、と戒めています。

日本での断易の研究家で中興の祖である九鬼盛隆も『鬼谷古法断易精蘊』で、この神殺については「全部を断則から斥除するも敢えて古断易の価値に何等の影響をするところはない」と著述しています。占断に神殺を入れて吉凶判断することの難しさや曖昧さをも示唆しているのです。

新しい時代に対応する断易占法は、日々の研究によって培われていきますが、古占法を踏襲しながらも、「断易」を「五行易」という別名で称する所以である「五行の基本的原理」を厳守し模索していくことが大事なことである、と考察する昨今です。

＊断易と周易

「周易」は、「断易」に先立って周《しゅう》の時代に成立したもので「易経」とも呼びます。周易は「三易」の一つとされています。三易とは、夏《か》と殷《いん》と周の三代の易のことを言い、夏の易は「連山易」、殷の易は「帰蔵易」、周の易は「周易」になります。連山易と帰蔵易は現代には伝えられてはいませんが、易経はこの両者に手を加えて作られたとされています。
「周易」は、四書五経の一つに数えられており、中国知識人の哲学、思想書としての教養の書とされているものとして現在に至って伝えられています。

断易は、周易と同じく「陰」を⚋「陽」を⚊（爻《こう》と言います）と表して、「陰陽」から成る六十四卦（重卦）を使うのですが、周易のように「卦辞《かじ》」（彖辞《たんじ》）といって、六十四卦の意味を説明したものや、卦を構成する「爻辞《こうじ》」についての解説を使って解釈するということはしません。ですから六十四卦にある卦のそれぞれの意味を覚える必要がないのです。

「断易」とは周易の卦の形を取りながらも似て異なるものだと言えます。立筮し得卦しましたら、日月からの十二支の五行（木火土金水）を見て、その示された日月の五行から、主体となる三神（用神、原神、忌神）に当てられた十二支(五行)への作用がどのようになっているのかを判断していくのが断易(五行易)です。

断易は、易の六十四卦の十干、十二支を六爻に納めた「納甲」を使って占断して解釈していきますので、別名、「納甲易」とも言います。この納甲（納爻）を使って占断していくことに断易としての特徴を見ることになります。

＊爻とは何か

易においては、「陰」を⚋「陽」を⚊と表します。これを爻と言います。

後漢の経学者の馬融は、易学で論じられる宇宙の万物の始まりを易の太極の北辰（北極星）として、太極（一）は両儀（二）を生じるとしています。最初にこの陰と陽の二つを重ねてみますと、出来る組み合わせは四つですが、その四種に更に陰、陽の爻を一つ足してそれぞれを重ねると爻が三つになります。この三つの爻は八種類出来ますが、これを「八卦《はっか》」（小成卦）といいます。八卦は爻を三つ重ねたもののことです。

「八卦」のそれぞれは、「乾《けん》」、「兌《だ》」、「離《り》」、「震《しん》」、「巽《そん》」、「坎《かん》」、「艮《ごん》」、「坤《こん》」と言います。さらに、八種類の卦に八種類の卦を重ねると六十四卦（大成卦）になります。その際には三つの爻で構成される卦に、更に三つの卦が重なりますので、爻が六つ重ねになっています。

この八卦の六十四卦についての説明を「卦辞」といい、卦を構成する爻についての説明を「爻辞」といいます。この「卦辞」「爻辞」「十翼《じゅうよく》」をまとめて「易経」と言います。

八卦が、宇宙観から自然現象、人生観に至るまでの全般の事象に対して、配当されて考えられているのは、「説卦伝」（十翼の第八編）の理によるものです。

家族の配当で考えるならば、乾（陽）は父であり、坤（陰）は母となります。一陽二陰を男子、一陰二陽を女子とします（繋辞伝下伝より）。

卦主として一陽一陰を最初の爻に持つものが長子で、長男と長女になります。二爻に陽爻を持てば二男であり、陰爻であれば二女となります。そして三爻に陽爻を持てば三男であり、陰爻であれば三女となるのです。

長男は父親の後を継ぐものなので父に属し、長女は母を助けるものであるから母に属するというように、家庭生活を喩えた配列になっています。現代に生きる我々にとっては多少の理不尽さをも感じさせられますが、その時代の思想、文化が反映されていることには、とても興味深いものがあります。

次頁の「爻と八卦」で、爻の配列を示しましたので、参照して下さい。とてもシンプルな構成であることが分かります。

*爻と八卦

〔図1〕

両儀　　太極

⚊ 陽
⚋ 陰

四象

⚌ 老陽
⚍ 小陰
⚎ 小陽
⚏ 老陰

八卦

	八卦	（自然現象での配当）	（家族での配当）
☰	乾《けん》	（天）	父
☱	兌《だ》	（沢）	三女
☲	離《り》	（火）	二女
☳	震《しん》	（雷）	長男
☴	巽《そん》	（風）	長女
☵	坎《かん》	（水）	二男
☶	艮《ごん》	（山）	三男
☷	坤《こん》	（地）	母

*八卦と数字

断易では周易のように、得卦した六十四卦の意味を暗記する必要はありません。

また、六十四卦配当表を使えば、八面体サイコロの出た目（漢字）だけで、六十四卦に割り当てた数字を割り出し、占断に進むことができます。極端な話、六十四卦を暗記しなくても断易の占断は可能なのです。

筆者は、八卦においても、割り当てた数字を覚えて卦を認識しています。本書においては、八卦の数字と六十四卦の数字が混在することを避けるために、本文中には八卦の数字は表記しておりませんが、得卦した卦を卦の名称より数字で解釈する方が、早く合理的ですので、〔図2〕に示すように、覚えておいたほうがよいかもしれません。

〔図2〕

番号	卦	
1	☰	乾
2	☱	兌
3	☲	離
4	☳	震
5	☴	巽
6	☵	坎
7	☶	艮
8	☷	坤

第二章　実践の前の予備知識

＊五行の作用について（五行の生剋）

「断易」は、別名「五行易」といわれるように、基本は五つのエレメント（木・火・土・金・水）の作用によって吉凶判断をしていく占術です。占断した月日に該当する十二支の五行から、各神の五行への作用の度合いを見ながら占断していく訳ですが、五行の作用はいたってシンプルです。

＊基本となる作用

五行の作用の基本は、①相生（そうしょう）と②相剋（そうこく）、この二つの作用です。

①相生（五行の木↓火↓土↓金↓水↓木の生ずる関係）
②相剋（五行の木↓土↓水↓火↓金↓木の剋する関係）

①を図で表しますと、〔図4〕のようになります。

①相生（生ずる関係）

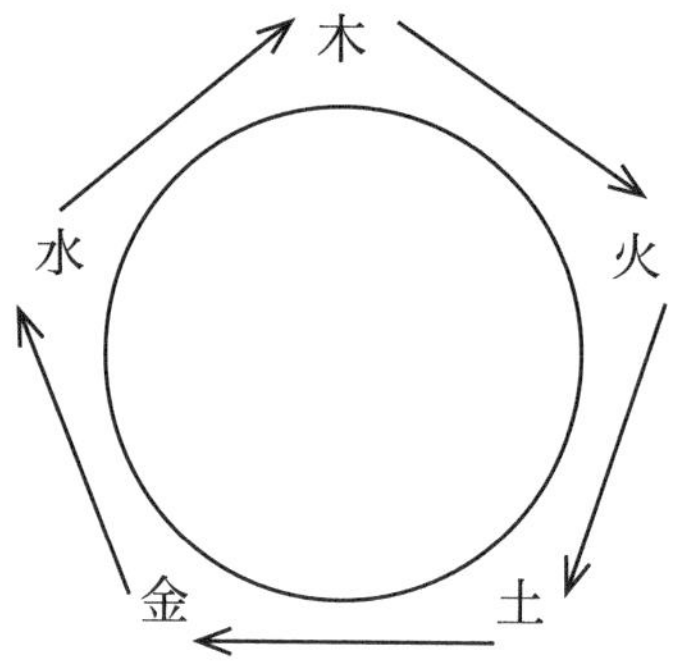

〔図4〕

木生火……火は木から生ぜられ、木は勢いが失せ、火は勢いを増す。
火生土……土は火から生ぜられ、火は勢いが失せ、土は勢いを増す。
土生金……金は土から生ぜられ、土は勢いが失せ、金は勢いを増す。
金生水……水は金から生ぜられ、金は勢いが失せ、水は勢いを増す。
水生木……木は水から生ぜられ、水は勢いが失せ、木は勢いを増す。

五行の生ずる関係は順番で覚えるようにして下さい。木生火（もくしょうか）、火生土（かしょうど）、土生金（どしょうきん）、金生水（きんしょうすい）、水生木（すいしょうもく）というようにです。反対に覚えたりすると頭が混乱します。反対廻りの規則もありますが、これについては後で説明します。

※生じられた十二支は力を持ちます。

※作用を表記するときは「生」（しょう）と記します。

次に、②の五行の「木↓土↓水↓火↓金↓木」の剋する関係についての説明をします。

作用は矢印の方向で、星の形になるような方向に進んでいきます。

木剋土（もくこくど）、土剋水（どこくすい）、水剋火（すいこくか）、火剋金（かこくきん）、金剋木（きんこくもく）といった順番です。

②相剋（剋する関係）

〔図５〕

木剋土……土は木から剋されて、土は勢いが減じます。
土剋水……水は土から剋されて、水は勢いが減じます。
水剋火……火は水から剋されて、火は勢いが減じます。
火剋金……金は火から剋されて、金は勢いが減じます。
金剋木……木は金から剋されて、木は勢いが減じます。

※「剋」されれば力が弱くなります。

「剋」する関係もまた、木剋土（もくこくど）、土剋水（どこくすい）、水剋火（すいこくか）、火剋金（かこくきん）、金剋木（きんこくもく）というように順に覚えるようにして下さい。

この剋する関係でも、逆に覚えますと頭が混乱しますので、必ず木剋土（もくこくど）火剋金（かこくきん）……というように覚えていって下さい。

ここまで五行の作用について説明をしてきましたが、実占では十二支間の五行の「生剋」を基本として吉凶判断をしていきます。この「生剋」の作用の他に、「休囚」、「休囚でなおかつ剋されるもの」、そして「合」「冲」（八三頁参照）の関係の作用もありますが、先ずは「生剋」のあることを理解しましょう。

＊十二支の五行の配当について

断易では十干は特に使用しません。大事なのは十二支に属している木、火、土、金、水の五行のエレメントです。

【十二支のエレメント】

ね	うし	とら	う	たつ	み	うま	ひつじ	さる	とり	いぬ	い
子	丑	寅	卯	辰	巳	午	未	申	酉	戌	亥
↑	↑	↑	↑	↑	↑	↑	↑	↑	↑	↑	↑
水	土	木	木	土	火	火	土	金	金	土	水

このように十二支に五行が配当されていますので、慣れるまでは表にしてみたり、ノートに書いてみたり、壁に貼ってみたり、と自分で工夫をして出来るだけ早く覚えるようにして下さい。すぐに覚えられない方は、占断するときにこの配当表を見ながら判断していって下さい。何回か占断しているうちに、なんとなく慣れて覚えられるものですので心配は要りません。

＊十二支の陰陽

「子」は十二支の一番最初に登場してきます。これは古代より既に決まっていることですので、必ずこの順番の通りとなります。「辰」が好きだから、最初の並びを「辰」からにしたい、という勝手なことはできません。

呪文のように、「ね、うし、とら、う、たつ、み、うま、ひつじ、さる、とり、いぬ、い」と覚えていって下さい。

なお、十二支にも陰陽がありますので、左表を参考にしてください。

【十二支の陰陽】

陽	陰
子	丑
寅	卯
辰	巳
午	未
申	酉
戌	亥

年、月、日、時間の全ては、十二支と十干とで表記されますので、初めて見る方は慣れるようにして下さい。
最初に十干、次に十二支、というような組み合わせです。例えば「甲子月」とか「乙丑日」などです。

＊十干

十干は断易の判断には特に使わないのですが、知識として一応知っておいても良いかと思いますので、記しておきます。十干もまた陰と陽とに分かれています。

（木）		（火）		（土）		（金）	
甲	乙	丙	丁	戊	己	庚	辛
きのえ	きのと	ひのえ	ひのと	つちのえ	つちのと	かのえ	かのと
陽	陰	陽	陰	陽	陰	陽	陰

（水）	
壬	癸
みずのえ	みずのと
陽	陰

音で読めば、甲（こう）、乙（おつ）、丙（へい）、丁（てい）、戊（ぼ）、己（き）、庚（こう）、辛（しん）、壬（じん）、癸（き）となります。

【十干表の陰陽】

	陽	陰
木	甲	乙
火	丙	丁
土	戊	己
金	庚	辛
水	壬	癸

このように十干にも五行の要素である「木火土金水」が配当されていていることが分かります。「えと」(兄弟)とは本来十干のことであったようですが、それが十二支と相成り、六十干支、または六十甲子となりました。現在での「えと」とは、十二支のことを指し表現されています。

読み方が「○○え」、「○○え」と、言葉の最後が「え」となっているものは全部陽性です。また、「○○と」など、最後に「と」なっているものは陰性です。このように訓読みの読み方さえ覚えれば、十干の陰陽は理解しやすくなりますが、なにぶん読めないことにはどうしようもないので、しっかり読み方を間違わないように覚えて下さい。音読みでしたら、「こう」、「おつ」、「へい」、「てい」、「ぼき」、「こう」、「しん」、「じん」、「き」となりますから、こちらの方が覚えやすいかもしれません。

順番は必ず最初に甲（こう）が来て、次に乙丙丁戊己庚辛壬癸となりますから、干支の始まりを自分の好みで順番を変えたりしないようにして下さい。

第三章　三伝について（年・月・日）

断易（五行易）では、まずは立筮して、そして納爻表によって得卦しますが、いつそれを占ったかという年、月、日が重要になります。例えば今日占うとすれば、今日が何年何月何日なのかということを最初に調べる必要があります。

この年月日は、暦では十干と十二支の組み合わせたものの表記がされていますが、この年月日のことを断易では「三伝」（さんでん）と言います。必ずいつ占ったのかという月日の記録を残しておくことを忘れないようにして下さい。また、暦で表記する際には、カレンダーの日付を横にちょっと書いておけば、後からその日付を再確認する場合にもとても便利です。

ちなみに、断易では、その日に占断したということを重要視しますので、三伝のうち、「日」が一番大切になります。つまり、年や月よりも「日」にかなりの影響力を持たせることになります。

通常、私達が「今日は何日かな」と調べるときに見るカレンダーは、太陽暦（グレゴリオ暦）、または新暦とも言われる、数字を使った年月日で表記されている暦になります。ところが、改暦以前には六十干支を使った暦が作成されていました。

例えば、カレンダーで二〇一八年八月一一日でしたら、六十干支で見ますと〔戊戌年　庚申月　乙亥日〕となります。

この「年」のことを「歳星」（さいせい）、または「太歳」（たいさい）といい、「月」は「月建」（げっけん）、「日」は「日辰」（にっしん）といいます。

これからは年、月、日のことを、年は歳星、または太歳、月を月建、日を日辰と表記しますので、慣れるようにして下さい。

【月の干支】

年干	2月	3月	4月	5月	6月	7月	8月	9月	10月	11月	12月	1月
甲己	丙寅	丁卯	戊辰	己巳	庚午	辛未	壬申	癸酉	甲戌	乙亥	丙子	丁丑
乙庚	戊寅	己卯	庚辰	辛巳	壬午	癸未	甲申	乙酉	丙戌	丁亥	戊子	己丑
丙辛	庚寅	辛卯	壬辰	癸巳	甲午	乙未	丙申	丁酉	戊戌	己亥	庚子	辛丑
丁壬	壬寅	癸卯	甲辰	乙巳	丙午	丁未	戊申	己酉	庚戌	辛亥	壬子	癸丑
戊癸	甲寅	乙卯	丙辰	丁巳	戊午	己未	庚申	辛酉	壬戌	癸亥	甲子	乙丑

【時間の干支】

日干＼時間	甲己日	乙庚日	丙辛日	丁壬日	戊癸日
午後11時～午前1時	甲子	丙子	戊子	庚子	壬子
午前1時～午前3時	乙丑	丁丑	己丑	辛丑	癸丑
午前3時～午前5時	丙寅	戊寅	庚寅	壬寅	甲寅
午前5時～午前7時	丁卯	己卯	辛卯	癸卯	乙卯
午前7時～午前9時	戊辰	庚辰	壬辰	甲辰	丙辰
午前9時～午前11時	己巳	辛巳	癸巳	乙巳	丁巳
午前11時～午後1時	庚午	壬午	甲午	丙午	戊午
午後1時～午後3時	辛未	癸未	乙未	丁未	己未
午後3時～午後5時	壬申	甲申	丙申	戊申	庚申
午後5時～午後7時	癸酉	乙酉	丁酉	己酉	辛酉
午後7時～午後9時	甲戌	丙戌	戊戌	庚戌	壬戌
午後9時～午後11時	乙亥	丁亥	己亥	辛亥	癸亥

第四章　六十干支（六十甲子）

六十干支、または六十甲子とは、十干（天干）と十二支（地支）を相配したもので、甲子から癸亥までの配合を表したものです。

十干と十二支とを相配し、干（甲乙丙丁戊己庚辛壬癸）と支（子丑寅卯辰巳午未申酉戌亥）とをそれぞれ組み合わせて六十通りの組み合わせにしたものですが、年・月・日・方位・時刻などに当てて占術に用います。

現在では、暦といえばカレンダーで、年月日を数字で表記していますが、改暦以前にはこの六十干支が数字の役割を果たしていました。

断易では、現在のカレンダーではなく、六十干支を使っている暦に見たてて、その日の年月日を表記します。その日に該当する六十干支で書かれている暦を見ればいいわけです。

＊空亡

「空亡」（くうぼう）は、旬空（じゅんくう）とも言います。十干と十二支とが組み合わされる時に、二支が余ります。この余った二支を空亡と言います。この空亡とは、自らの力を全く発揮できないという意味です。空亡は十日間効力があります。空亡の出し方は日辰の干支によって決まります（詳細は四八頁参照）。

【六十干支表】

										空亡
甲子	乙丑	丙寅	丁卯	戊辰	己巳	庚午	辛未	壬申	癸酉	戌亥
甲戌	乙亥	丙子	丁丑	戊寅	己卯	庚辰	辛巳	壬午	癸未	申酉
甲申	乙酉	丙戌	丁亥	戊子	己丑	庚寅	辛卯	壬辰	癸巳	午未
甲午	乙未	丙申	丁酉	戊戌	己亥	庚子	辛丑	壬寅	癸卯	辰巳
甲辰	乙巳	丙午	丁未	戊申	己酉	庚戌	辛亥	壬子	癸丑	寅卯
甲寅	乙卯	丙辰	丁巳	戊午	己未	庚申	辛酉	壬戌	癸亥	子丑

第五章　実占（準備するもの）

＊実占にあたっての必需品

断易をするためには必ず必要なものがありますので、事前に用意して頂きたいと思います。

①八面体のサイコロ二個（赤と黒）

市販されているものには、八面体のサイコロ二個と六面体のサイコロ一個が一組で販売されているものもありますが、これは周易の占筮用であって、断易に必要なのは八面体のサイコロ二個のみです。

八面体のサイコロは、面に乾（けん）、兌（だ）、離（り）、震（しん）、巽（そん）、坎（かん）、艮（ごん）、坤（こん）などの個性的な漢字が書いてありますが、黒の八面体のサイコロ一個と赤の八面体のサイコロ一個が必要になります。

※八幡書店で「占筮用骰子」（八面体のサイコロ二個と六面体のサイコロ一個をセット）を販売しています。

②納甲表と六十四卦配当表

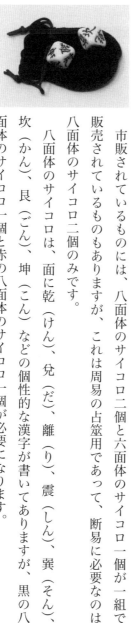

八面体のサイコロで得た八卦の二つを組み合わせ六十四卦を簡易に導き出すための「六十四卦配当表」を用い、そこで得られた六十四卦の納爻を確認するのが「納爻表」です。

※一般的には「納甲表」ですが、本書では「納爻表」と表記します。

③ノートと筆記用具

④暦（巻末特別付録）

六十干支で書かれている暦です。巻末の付録では二十年分を収載していますが、数十年先まで網羅している万年暦も市販されています。必要であれば、占術専門店、または一般書店などでも購入が可能かと思います。

＊実占での心得

占事《せんじ》る上で気をつけたいことは、雑念を払ってから行うということです。心を静かに安定させることは大事です。たまに、心の安定が長すぎて却って雑念が増えてしまうこともありますので、あまり気張らずに何気なく立筮して下さい。

・立筮

立筮は、中筮法といって八面体のサイコロ二個（赤と黒）を同時に振りますが、合計二回振ることになります。一回振って得卦し、続けてサイコロ二個を再び振って卦を「得卦」します。「得卦」とはサイコロを振って出た卦のことを意味します。

最初にサイコロを振って得卦した卦を「本卦」（ほんか）といいます。そして二度目に振って出た卦を「之卦」（しか）といいます。赤字のサイコロと黒字のサイコロでは、最初に読む卦をどちらにするのかを前もって決めておかなければなりません。因みに私は黒を先に見ていますが、特に理由はありません。

・得卦

本卦を出してから之卦を出しますので、合計二回サイコロを振る訳ですが、「本卦」の後にすぐに「之卦」をサイコロを振って重ねるように卦を出すという行為は、筮立としては理に叶っていると思います。注意すべきことは、本卦は出したものの、之卦を出すのはちょっと顔を洗ってからにしよう、というようなことは避けてください。必ず一回目の本卦を得卦したなら、続けてすぐに二回目の之卦の卦を出していきます。

一回目の得卦をしたら、何の卦が出たのかをすぐにメモをしましょう。「本卦」が出たらすぐにメモをして、それから「之卦」を出してメモをするということです。

＊占的

占う内容のことを占的《せんてき》といいますが、占的は必ず一占ごとにノートに記録を残すようにして下さい。よく忘れるのが年月日と占的です。特に外出した際に占断した場合には、その時に書いたメモなどを忘れずに後でノートに転記、または貼り付けたりして研究の対象にしていって下さい。

占断しましたら、必ず後日その結果がどうであったかの記録を残して検討していくことも大事です。実占では占う内容が一つとして同じものがありませんので、丁寧に記録を残して研鑽していくことが大切になります。また、占断中に気になったことや、こうかもしれないなどという些細なことでも、必ずノートに記録するようにしましょう。後の結果に関係していたり、その結果の可能性を示していたりすることがあります。

まずは吉凶判断を修得することを目指して下さい。吉凶判断を最初から曖昧な判断にしないことです。勘違いや間違いを恐れずに、その場その場での占断の吉凶をはっきりと判断していく癖をつけましょう。作用の間違いなどをするとよく記憶に残るものですが、間違いは上達の早道とも言えるのではないでしょうか。占断の吉凶を自分で判断することで、後に何が原因だったのか、何で違っていたのかも明確になります。

吉凶の判断に迷うときには、何が原因で判断できなかったのかもノートに明記しておきましょう。

次に、実占の順序をどのようにすれば良いのか、例題に沿って説明したいと思います。

第六章　実占（身命占・自己占）

自分自身のことを占うことを身命占《しんみようせん》、または自己占《じこせん》と言いますが、占的は「明日の運勢」として明日の自分の吉凶判断をします。

先ずは身命占・自己占で自分のことを吉凶判断して、断易に慣れていくようにしましょう。自分のことが自分で判断できることが一番大事です。自分のことも客観的に見れるようにしましょう。

＊実占の順序

例題一（二〇一八年三月一四日実施）
占的　明日の運勢（身命占・自己占）

①占う日付を暦で調べる

巻末の暦を見て、例題の二〇一八年三月一四日が、〇〇年〇〇月〇〇日になるかを調べます。二七五頁の二〇一八年の暦を見てください。西暦二〇一八年の横に「戊戌年」と書いてあります。そして三月の項を見ると「乙卯月」となっています。その三月の項の下をずっと見ていくと、三月十四日は乙巳日になっています。

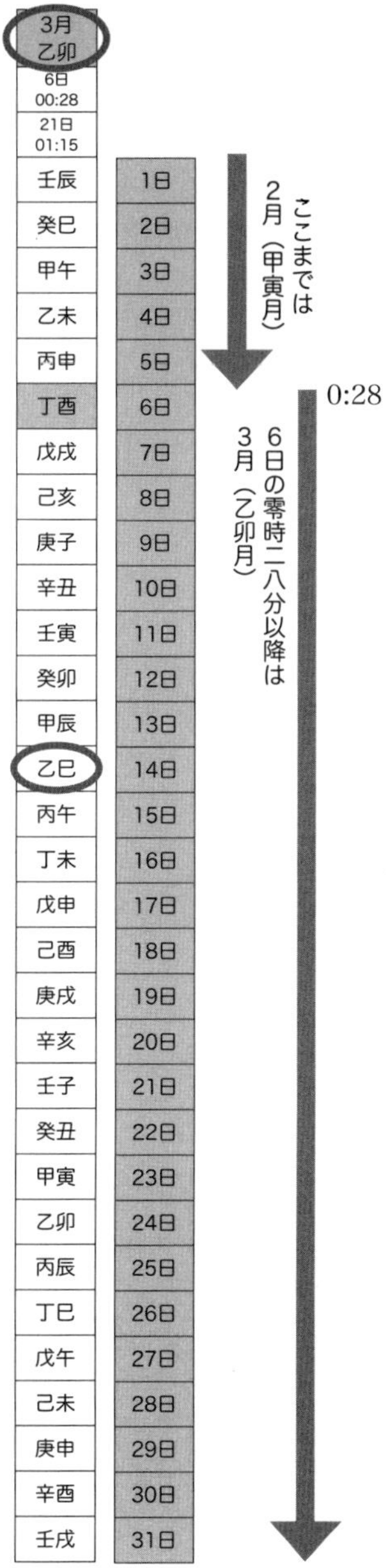

「年」は立春から立春までが一年と見ますので、二〇一八年は二月四日の立春六時二九分より戊戌年が始まることになります。

そして月に関しましても、三月は節入り三月六日の啓蟄《けいちつ》零時二八分より三月が始まって、次の月、四月の節入り四月五日の清明《せいめい》の五時一二分までが三月となります。月日はこのようになっていますので、暦の見方を間違わないようにして下さい。例えば三月一日はカレンダーでは三月ですが、暦では二月になり、表記は甲寅月となります。

改暦のこと

新暦を太陽暦またはグレゴリオ暦といい、太陰太陽暦は旧暦になります。改暦は、旧暦明治五年一一月九日に改暦の詔《みことのり》がなされて、旧暦明治五年一二月三日から太陽暦を始めました。そして旧暦の一二月三日を新暦の明治六年一月一日に制定したのです。従来丑月は十二月でしたが、改暦によって丑月が一月になってしまいました。このように、古書などの古い文献で何かを調べる場合には注意が必要です。

②空亡を導き出す

・**空亡の出し方**

十二支は十二個、十干は十個なので、それぞれ組み合わせていくと、十二から十を引けば二つ余ります。順に十二支と十干を合わせて、例えば甲子の日に占事たのでしたら、順に次は、乙丑、丙寅、丁卯、戊辰、己巳、庚午、辛未、壬申、癸酉となり、十二支の戌、亥が余ります。これが空亡となります。

※空亡は静爻（六三頁参照）のみ適用されます。

※伏神（一〇三頁参照）の場合にも現れます（占題五、一四七頁参照）。

※月建、日辰より旺相している場合は空亡にはなりません（下巻　占題三十、一三一頁参照）。

※日辰から合したり冲している場合も空亡にはなりません（占題十八、一二三頁参照）。

・**六十干支表の見方**

断易では日の六十干支の表から空亡を導き出します。

例えば、二〇一八年五月二八日でしたら、二八日は「庚申日」となっています。次の六十干支表を参照して下さい。庚申から真っ直ぐ一番下にある空亡欄が子丑となっています。

また、占事た日が乙丑日でしたら、六十干支表にあるように、乙丑から真っ直ぐ一番下を見れば、空亡欄が戌亥となります。先述しましたように、十二支と十干では二つ余る訳ですから、数えて空亡を出すことも出来ますが、時間のかかりそうな人は表を見た方が早いので、六十干支表も利用して下さい。

【六十干支表】

甲寅	甲辰	甲午	甲申	甲戌	甲子	
乙卯	乙巳	乙未	乙酉	乙亥	乙丑	
丙辰	丙午	丙申	丙戌	丙子	丙寅	
丁巳	丁未	丁酉	丁亥	丁丑	丁卯	
戊午	戊申	戊戌	戊子	戊寅	戊辰	
己未	己酉	己亥	己丑	己卯	己巳	
庚申	庚戌	庚子	庚寅	庚辰	庚午	
辛酉	辛亥	辛丑	辛卯	辛巳	辛未	
壬戌	壬子	壬寅	壬辰	壬午	壬申	
癸亥	癸丑	癸卯	癸巳	癸未	癸酉	
子丑	寅卯	辰巳	午未	申酉	戌亥	空亡

①庚申からまっすぐ下を見る→（庚申）

ココ→（子丑）

③占的を書く

占的とは占う内容のことです。この占例では「自己占・身命占」ですが、具体的に書けば「明日の運勢」ということになります。占的は簡潔に内容が分かるように書きます。後から占的を読んで意味が分からないようでは困るのです。

④立筮する

邪念を払い心を無にして八面体のサイコロ二個を手の中に入れて同時に振り出します（黒を先に読む）。

⑤得卦（本卦・之卦）する

・本卦（ほんか）・之卦（しか）

本卦は初めて出す卦のことですが、吉凶の中心となるものです。之卦は二回目に出す卦で、副次的な変化を観ていきます。

ここでは、本卦は〔震（黒）巽（赤）〕、之卦は〔坎（黒）乾（赤）〕が出たと仮定します。

次に、六十四卦の何の卦になるのかを「六十四卦配当表」を使って調べます。

・六十四卦配当表の見方

本卦（震　巽）之卦（坎　乾）

まずは本卦のほうから見ていきます。

先に出た卦を「外卦」（がいか）、後に出た卦を「内卦」（ないか）とします。

外卦の欄の「震」から左にスライドしていき、次に内卦の欄の「巽」から上にスライドしていき、その交差するところを見ると、28の数字がありますので、28番の納爻となります。

【六十四卦配当表】

									外卦
	4	3	47	2	37	48	22	1	乾
	59	60	58	31	32	13	57	54	兌
	7	42	44	43	38	41	21	8	離
	26	63	27	28	25	14	64	53	震
	5	24	46	33	36	35	23	34	巽
	56	61	9	30	11	12	10	55	坎
	6	17	45	40	39	18	20	19	艮
	49	62	16	29	50	15	51	52	坤
内卦	坤	艮	坎	巽	震	離	兌	乾	

次に之卦ですが、同様に「坎」と「乾」の交わる55の数字が、納爻の番号となります。

・納爻表（納甲表）について

納甲とは十干十二支の六十甲子を六十四卦の内卦、外卦、六爻に入れて配当する方法のことで、断易では納爻表を使って占断していきますので、そこが納甲易とも言われる所以です。納爻表は既存のものがありますので、初めから作る必要もなく便利に出来ています。たまに六十四卦を全て暗記している方もいらっしゃいますが、特に暗記する必要はありません。占断する方が大事ですので、毎日一つでも多く実占していくことが上達への近道かと思います。

・納爻表の見方

納爻表には、全六十四卦が縦に八列、横に八列並んで配置されていますが、各卦の右上に数字が振ってあります。納爻表から28の数字を探すと、そこには「恒」という字が書かれています。

納爻表は一覧性を重視したものになっており、卦名を略して記していますが、周易を学んでおられる方には、すぐに「雷風恒」であることがわかると思います。まだ慣れていない方は、二五七頁の六十四卦表を見て、やはり28の数字を探すと、「雷風恒」（らいふうこう）と書かれています。

之卦も同様です。六十四卦配当表で、外卦の欄の「坎」から左にスライドしていき、次に内卦の欄の「乾」から上にスライドしていき、その交差するところを見ると、55の数字があります。

「六十四卦表」（二五七頁参照）で確認すると、これは「水天需」であることが分かります。

本卦　（震　巽）⇩28（雷風恒）

之卦　（坎　乾）⇩55（水天需）

これで、得卦した卦は、本卦28（雷風恒）から之卦55（水天需）となったことが分かります。

〔得卦した爻図〕

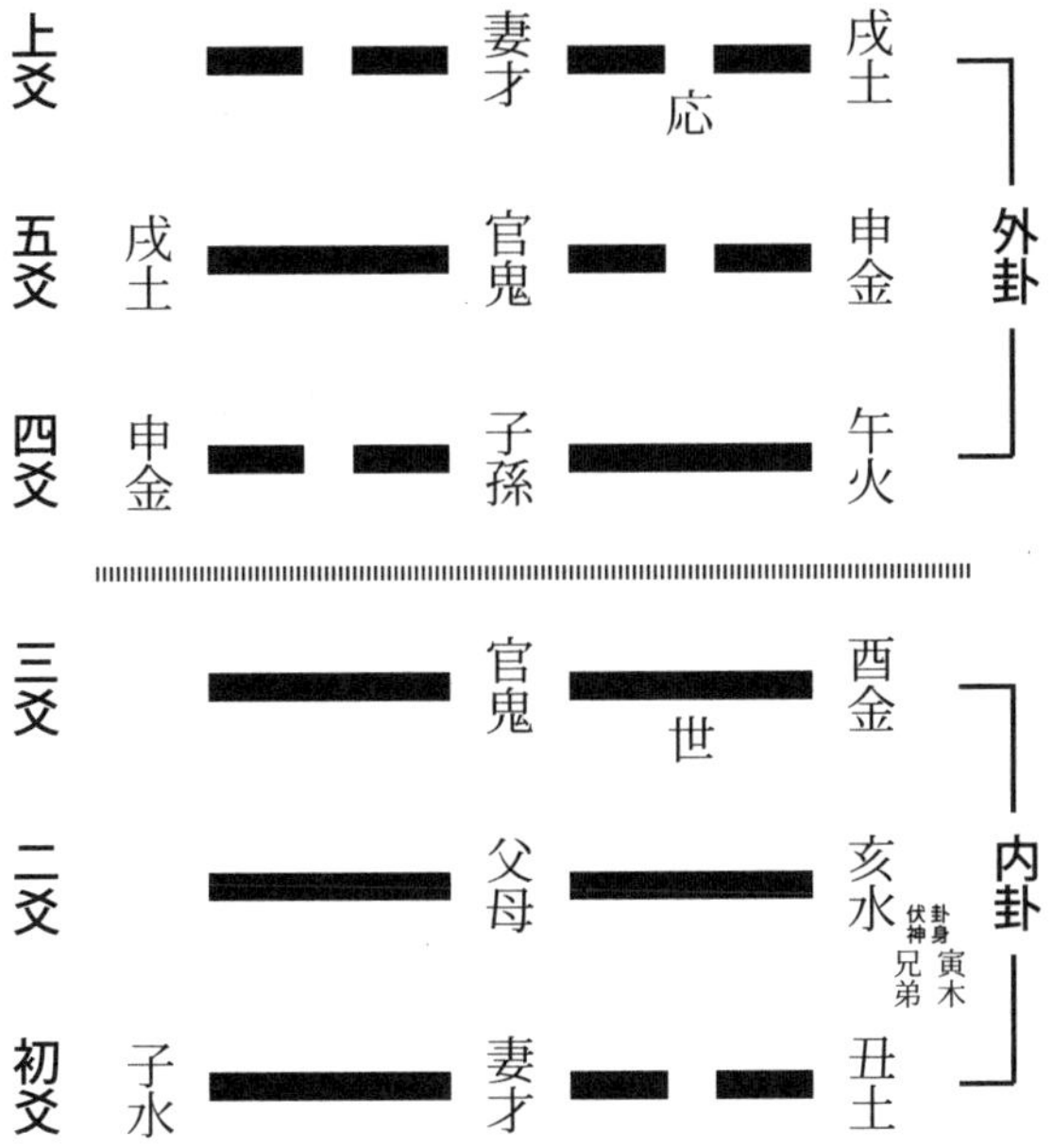

爻の一番下を初爻といいますが、その初爻、次に二爻、三爻までを内卦といいます。内卦は場所でいえば「下」であり、「近い」、「内」などを表します。外卦は四爻、五爻、上爻のことをいい、場所でいえば「上」であり、「遠い」、「外」などを表します。なお、占断においては、これらの意味を参考にする場合もあります（〔占断十六〕〔占断十九〕参照）。

今まで順を追って説明した①から⑤までの作業を左に整理しましたので、確認して下さい。

【例題一】

二〇一八年三月一四日

占的　明日の運勢（身命占）

乙卯月　乙巳日　空亡（寅卯）

本卦（雷風恒）（震　巽）＝28

之卦（水天需）（坎　乾）＝55

本卦→之卦（28→55）

⑥得卦した卦をノートに記入する

次に、得卦した卦の書き方の説明をします。
本卦の28（雷風恒）は、納爻表では左記のようになっています。

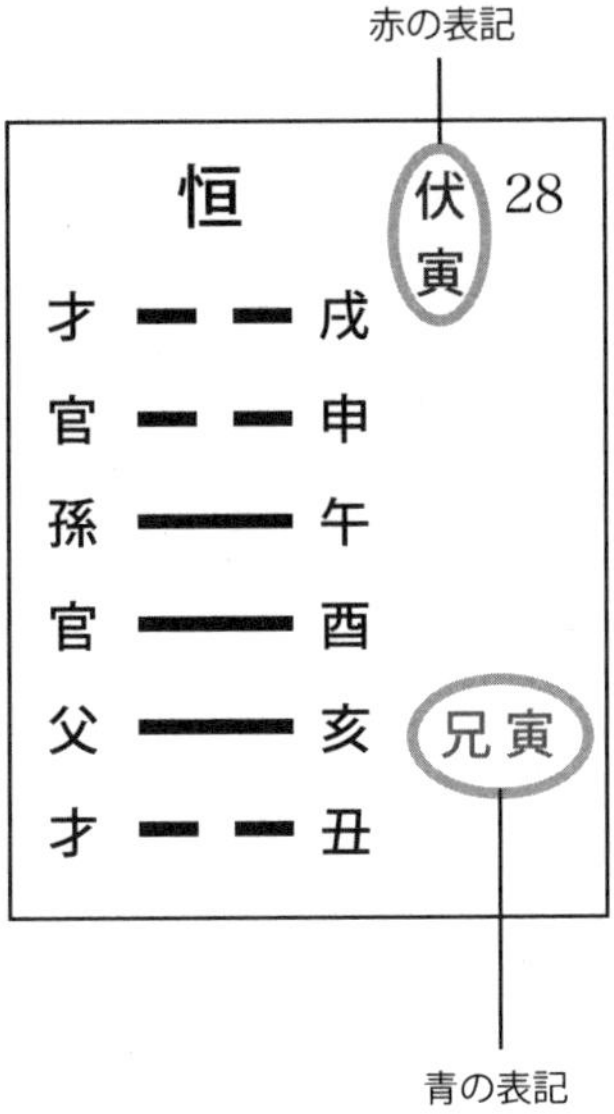

納爻表は、一覧性を重視しているため、各々の表記を略していますので、初学の方には少しわかりにくいかもしれません。慣れてくるとそのまま転記するだけで十分ですが、まずは慣れるまでは次頁のように記載していくのがよろしいかと思います。

28

雷風恒

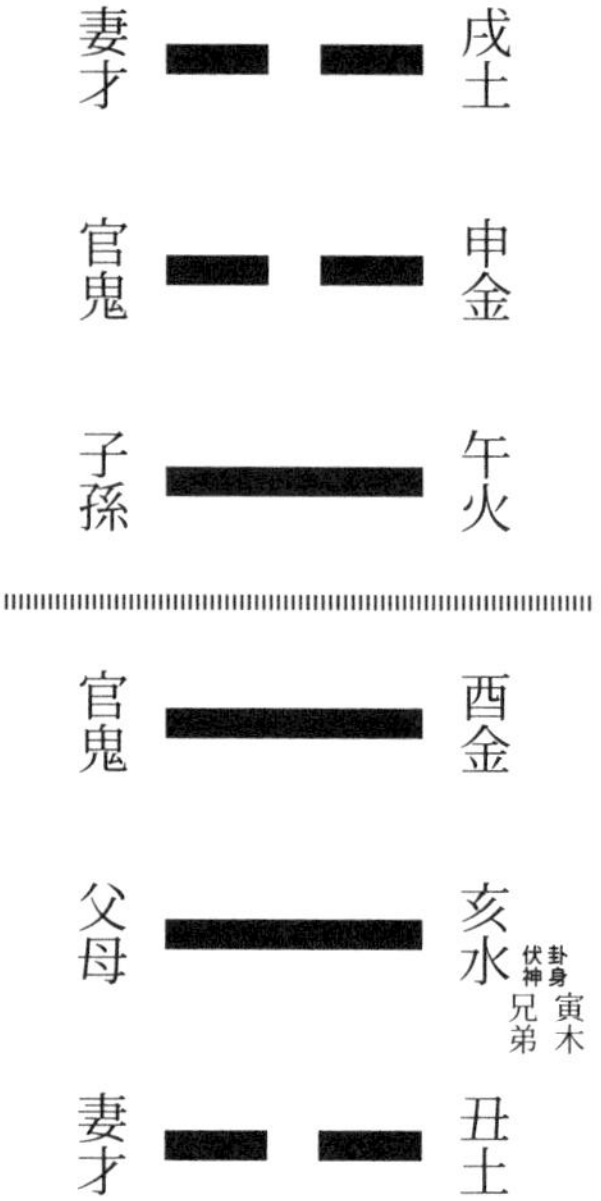

＊爻の太さや長さにこだわる必要はありません。転記するときは、「⚋」のように、自分でわかるように記すだけで結構です。

次頁の【十二支のエレメント】を見ながら、一番上の爻の右側の表記「戌」は「戌土」、二番目の爻の右側の表記「申」は「申金」として、順次記載していきます。

わざわざ十二支に五行（木火土金水）を併記させるのは、このほうがイメージ的にも各十二支の特性を把握でき、早い段階から五行への理解が容易になるからです。完全に頭に入ってしまったら、それ以降は十二支のみの表記でよいと思います。

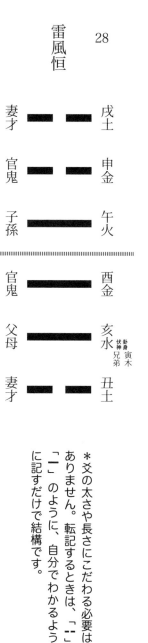

次に爻の左側の表記ですが、「才」は「妻才」、「官」は「官鬼」、「子」は「子孫」、「父」は「父母」、「兄」は「兄弟」と記載します（「第十章 六親五類」を参照）。これも慣れてしまえば略記でよいと思います。

「亥」の横の青字の「寅兄」は伏神（ふくじん）となります（「第十七章 伏神」を参照）。「亥」の下に隠れているので、前掲図のように右下にやや小さく記載します。「寅」は「寅木」、「兄」は「兄弟」としておいてください。これも慣れてしまえば略記でよいと思います。

右上の赤字の「伏」は、卦身となります。ここでは前述のように「寅兄」が伏神となっているので、これが卦身を兼ねることになります（「第十八章　卦身」を参照）。そこで、「卦身　伏神」が「寅木　兄弟」であることを前頁図のように記載しておきます。

なお、納爻表の見方については、次章で詳しく説明します。

【十二支のエレメント】

ね	子	←	水
うし	丑	←	土
とら	寅	←	木
う	卯	←	木
たつ	辰	←	土
み	巳	←	火
うま	午	←	火
ひつじ	未	←	土
さる	申	←	金
とり	酉	←	金
いぬ	戌	←	土
い	亥	←	水

第七章　納爻表の解説

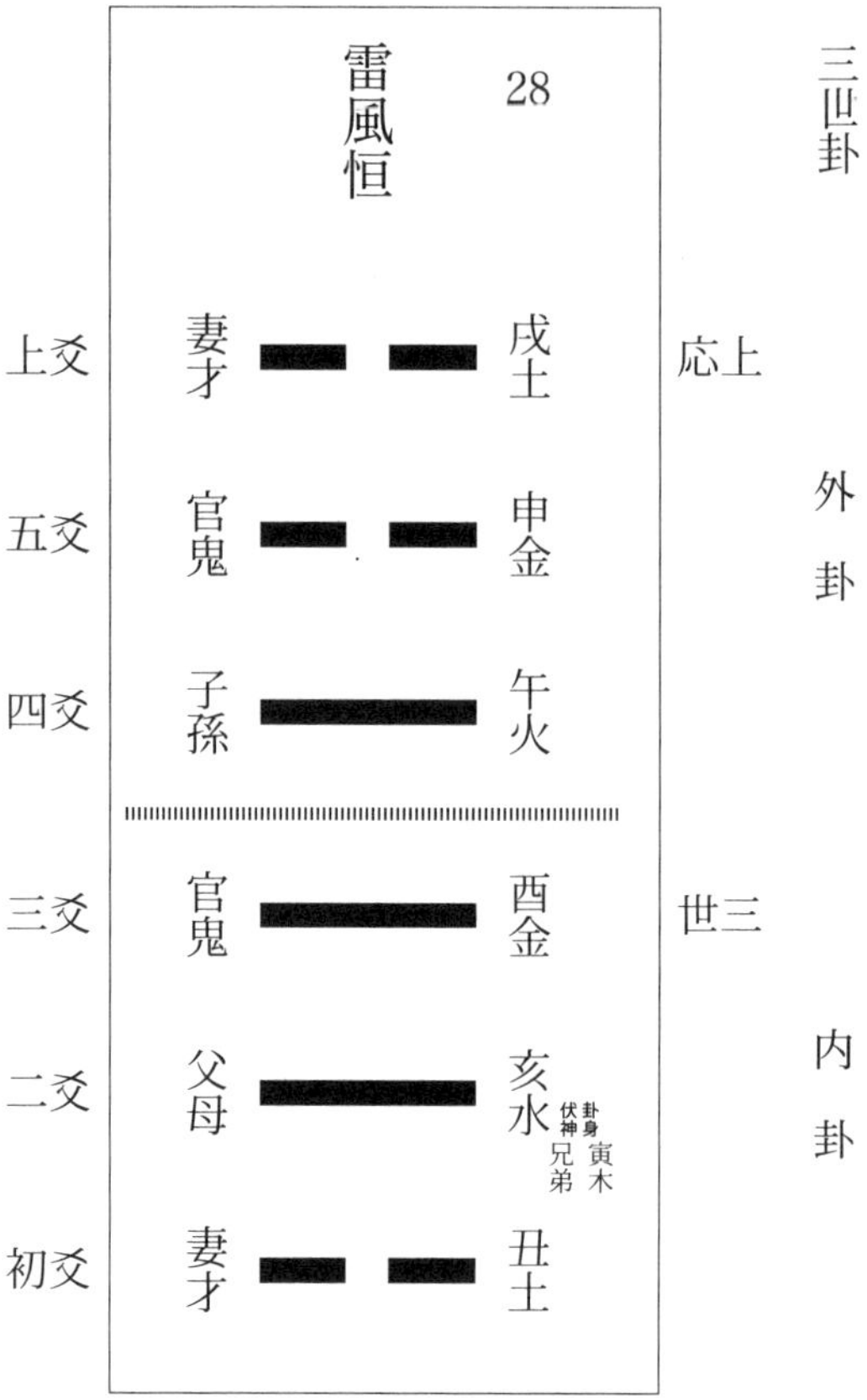

三世卦
雷風恒
28
外卦
内卦
上爻　妻才　戌土　応上
五爻　官鬼　申金
四爻　子孫　午火
三爻　官鬼　酉金　世三
二爻　父母　亥水　卦身 寅木　伏神 兄弟
初爻　妻才　丑土

＊納爻表の見方

「雷風恒」䷟の「⚊」や「⚋」は爻といいますが、各爻の読み方は、六爻の一番下から上に向かって順に「初爻」「二爻」「三爻」「四爻」「五爻」「上爻」となります。これからは爻をそのように読んでいきますので慣れるようにして下さい。

納爻表の28番の（雷風恒）の欄を見て下さい。28番の（雷風恒）から右にスライドしていくと、その一番右端に、「三世卦　応上　世三」と書かれています。

納爻表に「三世卦」と書いてあるのは、元になる卦から数えて三番目の卦であるという意味です。そして三爻が「世爻」（せこう）になります。三爻とは下から三番目の爻のことです。ノートに記すときは、「世爻」を略して三爻の下に「世」と書きます（六二頁の図参照）。

雷風恒は「震宮」が元になっています。「震」の卦☳が二つ重なった六爻編成の「震為雷」が、親の卦・元になる卦ですが、これを「八純卦」といいます。順に「一世卦」「二世卦」「三世卦」「四世卦」「五世卦」と変化して、次に「遊魂卦」「帰魂卦」となります。納爻表の上部に各宮が書いてありますが、各宮の下に一世卦から帰魂卦まであり、これらは親の卦・元となる卦から派生していると考えます。

次に「上応」とは「応爻」が上爻にあるという意味です。そして青色で兄寅とありますが、青字は伏神のことを意味しています。二爻の横に書いてありますから。二爻の下に伏している（隠れている）ということです。

前述しましたが、「三世」とは「世爻」が三爻にあるという意味です。

＊世爻・応爻とは

世爻は「自分」のことになりますので、身命占、または自己占の場合、世爻が中心になります。世爻を主にして占事るということです。

それに対して、応爻（おうこう）は、「あの人」、「あの場所」、「知人」、「他人」などを示したりします。世爻が「自分」であるのに対して、応爻は世爻に対する「相手」とも言えますが、世爻は「我」である、とはっきりしているのに対して、応爻が何を表すのかは結構、蓋然的です。ですから中心となる用神がはっきりしない場合などに、用神として使用することがあります。

用神とは、断易を占断するときにその占的の主体となる爻のことです。用神を決定する内容は六親五類の意味に依ります。六親五類は、第十章で説明します。

次に、それ以外の納爻表の見方を示しましたので確認して下さい。

【左上水色】六冲・六合の表示（「六冲卦」、「六合卦」の爻姿のことです）

【中上赤字】①漢数字や「初」「上」の記載→卦身の爻の位置を示します。

※59の「沢地萃」のケースでは、「上」「初」と連記されていますが、これは卦身が上爻と初爻の二つの爻に卦身がつくことを示します。

「伏」の記載→伏神が卦身となります。すなわち、右中下青字と同じです。

※63の「雷山小過」のケースでは、「伏」「卯」と連記されていますが、これは伏神の卯には、卦身がついていることを示します。孫・亥の青字は四爻に伏しているだけの表示です。

②十二支の記載→裏卦身となります。

【右上黒字】卦の番号

【右中下青字】伏神の表示

「伏神」、「卦身」等の用語の意味については順を追って説明していきますが、とりあえずここでは、納爻表の見方と、ノートへの転記のし方をおおまかに理解して頂きたいと思います。やがて慣れてきますので心配は要りません。

第八章　納爻の書き方

次の図は、納爻表を見て本卦28（雷風恒）を書き出したものの最終形です。内卦と外卦の間に分かりやすいように一本線を入れておきます。

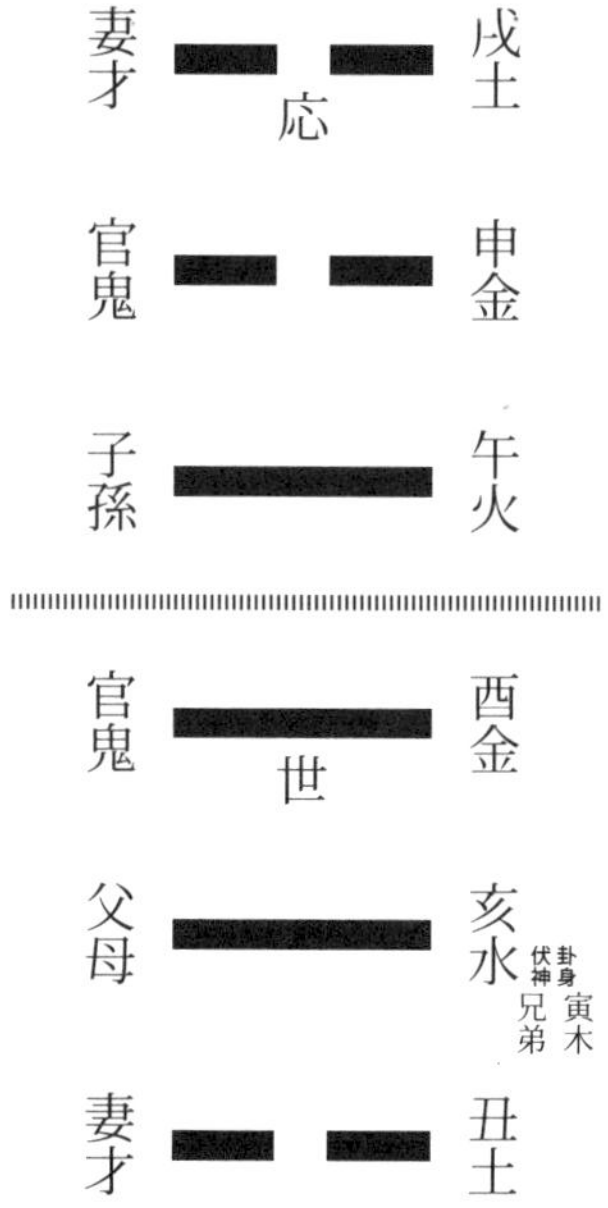

次に之卦を書いていきます。之卦の55番（水天需）を納爻表から探して下さい（下図参照）。

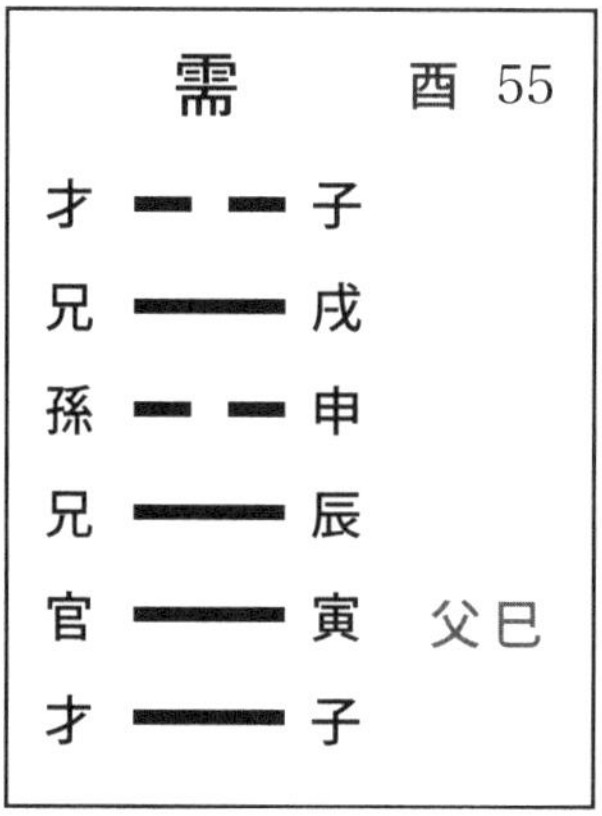

先ずは55番の爻だけを28番（雷風恒）の左横に書いていきます。

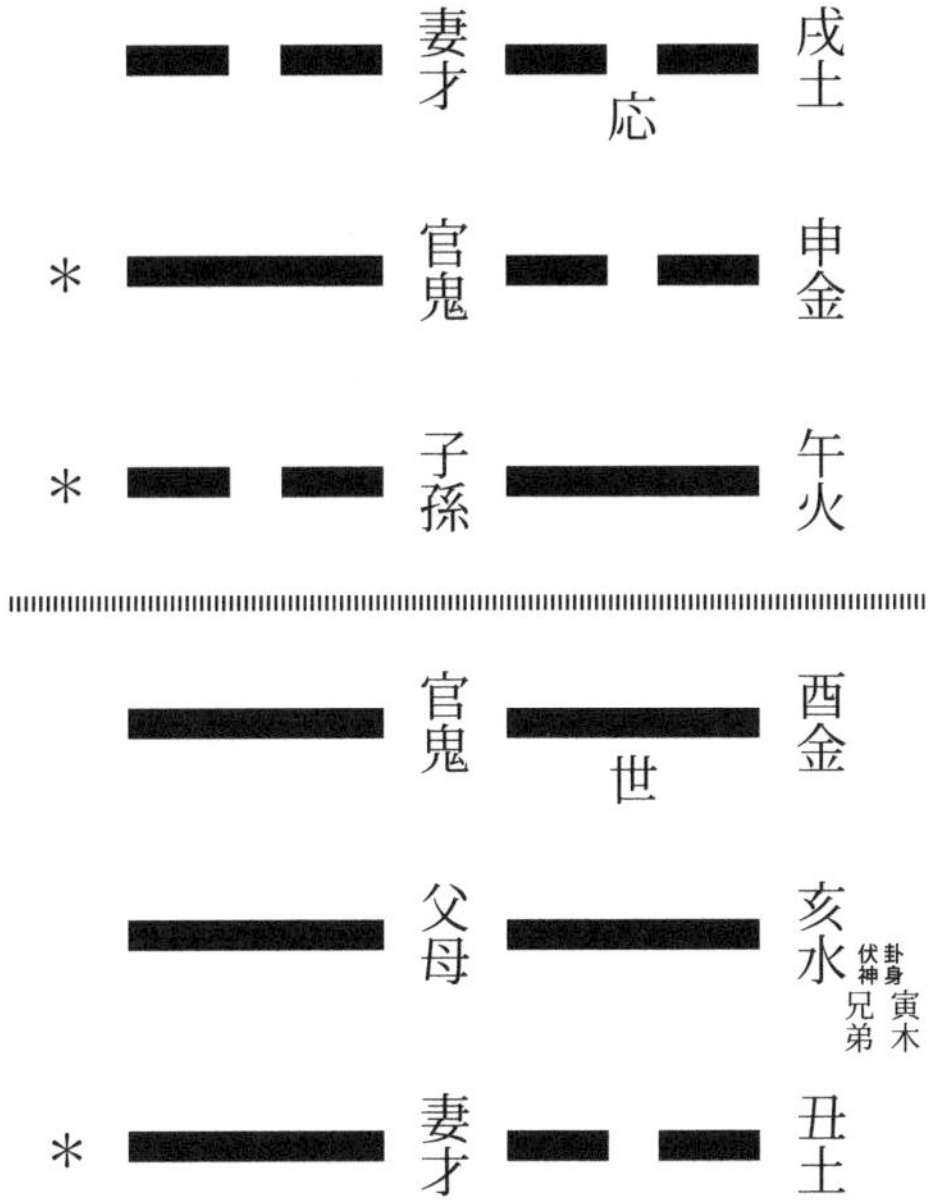

そして次に、爻の変化した爻のみに55番（水天需）の十二支を入れていきます。この変化した爻のことを化爻（かこう）、または変爻（へんこう）といいます。

前図で＊印を入れているところが本爻より変化した爻です。この化爻は動いている爻のみに対応しています。動いていない爻は、ここでは二爻、三爻、上爻になりますが、これらを静爻（せいこう）といいます。動いている卦は動爻（どうこう）といいます。

字の如く、静爻は静かですが、動爻は動いていますから勢いがあるというように見ます。

五爻の申は陰爻╍から陽爻━へ変化し、四爻の午は陽爻━から陰爻╍へ変化し、初爻の丑は陰爻╍から陽爻━へ変化しました。

変化した爻だけに十二支・五行を加えていきますと、次の図のようになります。

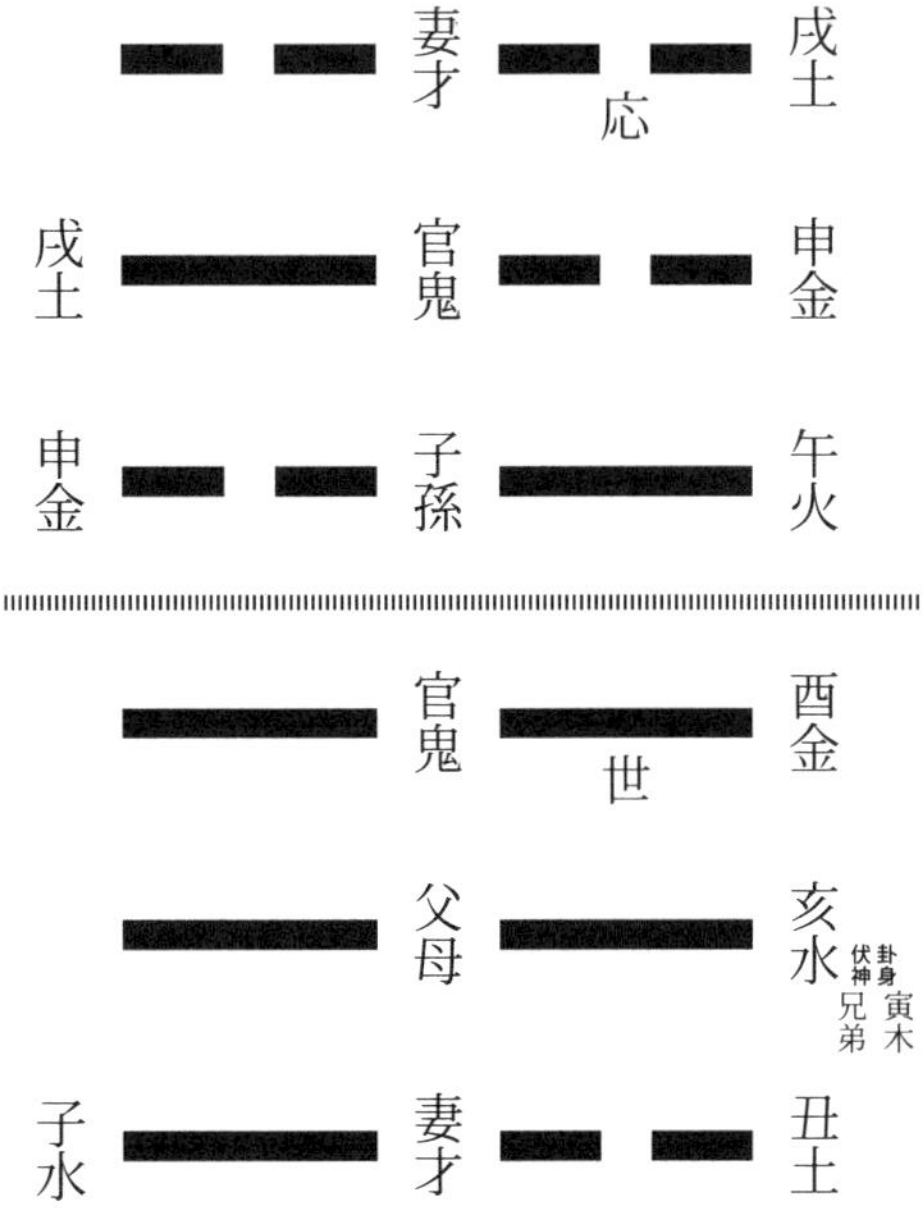

・例題一　身命占

（二〇一八年三月一四日）

占的　明日の運勢

戊戌年　乙卯月　乙巳日　空亡〔寅卯〕

本卦〔雷風恒〕　之卦〔水天需〕　28→55

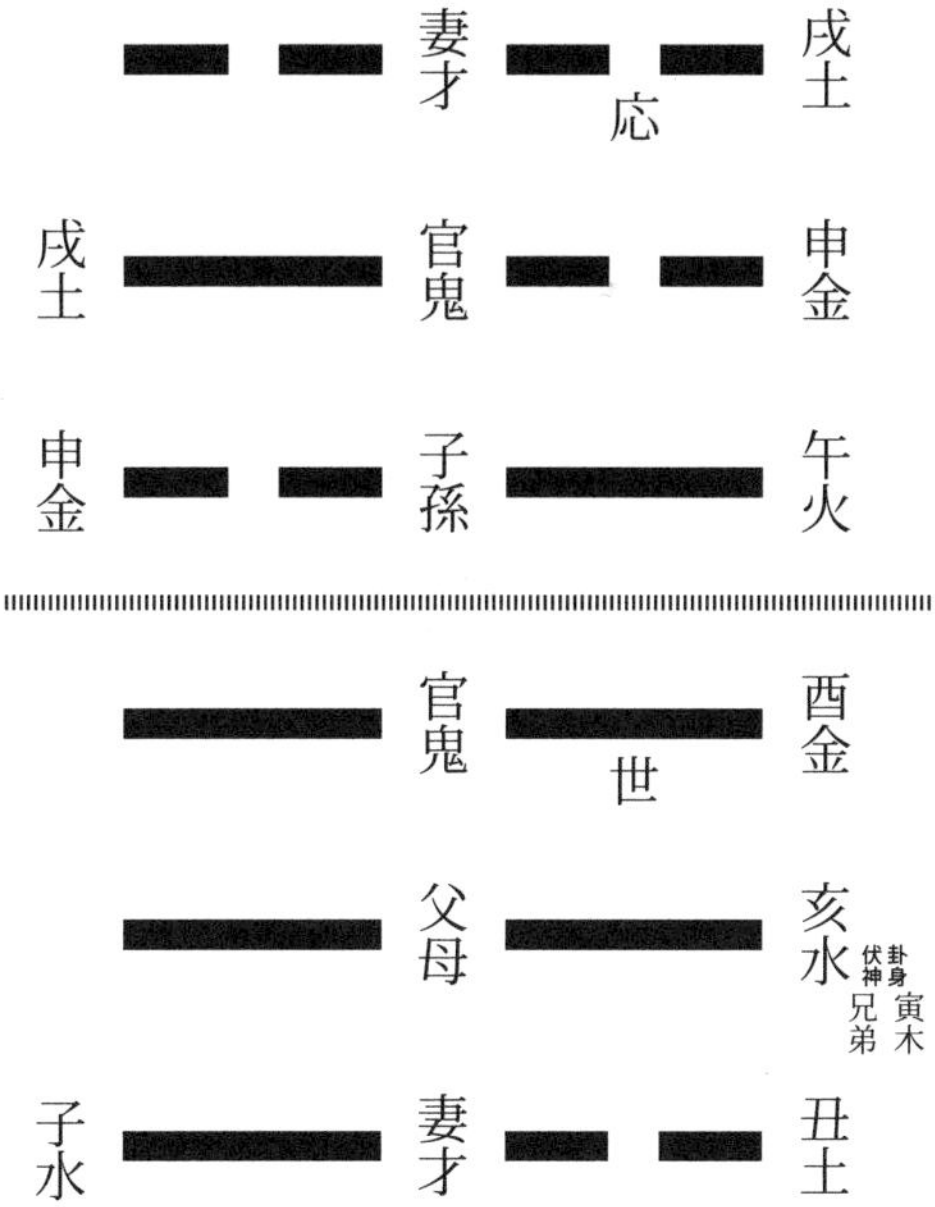

第九章　用神・原神・忌神・仇神

＊用神について

断易で占断する場合に、占いの中心となる事柄、または主体となる人や物というように具体的な内容を凝縮させ、その内容に相当する六親五類（第十章参照）を選定し、本爻から十二支を決定します。この支を用神といいます。そして月建（月）と日辰（日）の十二支の五行からどのような作用の力加減があるのかを見ていく訳です。

まずは最初に用神を決め、そして、原神、忌神、仇神と順に決めていきますが、用神の十二支が決まれば、五行のエレメントも決定しますので、選定の仕方は五行サイクルの反対廻りの左廻りとなります。

〔五行サイクルの左周り〕木↓水↓金↓土↓火

もし用神が「木」のエレメントであれば、順に各神が木↓水↓金と決定されます。

＊各神の意義

・用神↓占的の主体となるものです。

・原神↓用神の補佐、味方。継続性を表します。
・忌神↓用神を潰す、剋し制する、用神の敵です。
・仇神↓忌神を助け、原神を剋し潰します。

最初は用神、原神、忌神の三神で判断して慣れるようにしましょう。仇神は場合によっては見ることもありますが、あまりこだわらなくても良いでしょう。

第十章　六親五類

断易では占的（占う内容）をよく吟味、理解をして、何が問題なのかを見極めて用神を決定しなければなりません。その内容を六親五類から選んで用神を選定するのです。

先ず、「我」は自分のことです。身命占ではこの「我」を中心に見ていきますので、用神は世爻になります。「我」を中心にして生剋の法則によって、人間関係、事物、事象を六親五類に当てはめて用神の選定をします。

「我」、「父母」、「兄弟」、「子孫」、「妻才」、「官鬼」の六つを称して「六親」と言い、「父母」、「兄弟」、「子孫」、「妻才」、「官鬼」を称して「五類」と言います。

六親五類も、生じたり剋したり、「比和」と言って同じ力をもつということもあります。比和するのは兄弟しかありません。この関係を図で表しますと次のようになります。

【六親五類生剋表】

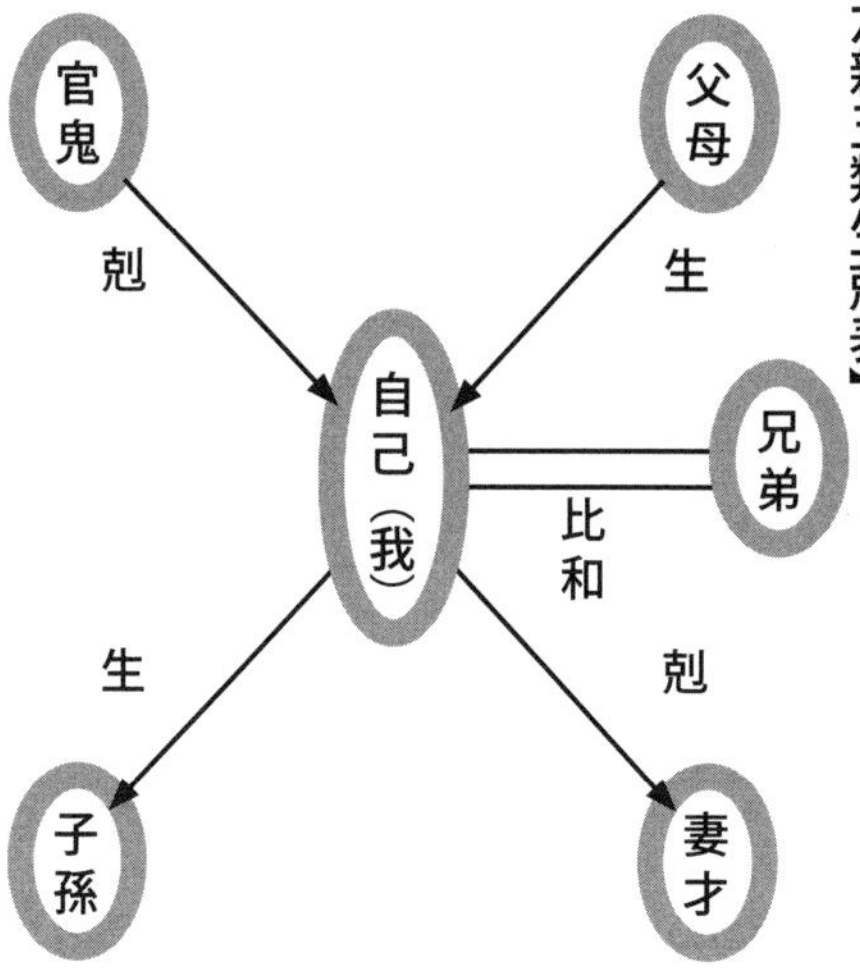

六親五類の考え方は図のようになりますが、「我」を中心としてそれぞれの生剋があることを理解しましょう。

・我を生じてくれる　↓父母
・我が生ずる　↓子孫
・我と対抗し同等　↓兄弟
・我を剋するもの　↓官鬼

・我が剋するもの　↓妻才

＊用神選定

この六親五類の意味からそれぞれを拡大解釈して用神を決めていきます。用神は、巻末（二五三頁）のようにすでに分類されていますので、その中から選定していけばよいのですが、無ければ、「我」を中心として占的の内容に順じて拡大解釈して六親五類から決定します。

用神分類は用神を決める際に、何をもって用神にするのかの判断基準にもなります。

例えば、占的で「兄は元気でやっているかどうか」といった占例であったとしたら、用神は兄弟爻になります。

【五類関係図】

第十一章　用神分類の考え方

・父母（父）

「両親」、「祖父母」、「師」、「家」、「文章」などを表します。我を生じるという拡大解釈から、「衣類」、「通信」、「着物」、「文具」などが、占事る時の用神となります。

※身命占（自己占）では、自分の為に生じてくれるわけですから、「心労」などの判断にも解釈します。

・子孫（子）

我が生じ、自分が犠牲となりますので、その意味合いから拡大解釈しますと、「子供」、「孫」、「弟子」などを表します。また、官鬼を剋する関係から「薬」、「医者」、「神主」などの用神にもなります。

※身命占の場合には、「喜び」や「ラッキー」といった意味で捉えます。

・兄弟（兄）

我と同じものとして兄弟は対抗するものですから、「兄弟」、「姉妹」、男性からは「ライバルの男性」、女性からは「ライバルの女性」を表します。妻才を剋する関係にあります。

※身命占の場合には、「兄弟姉妹関係」、または才を剋する「財運」に関しての意味を持ちます。

・官鬼（官）

我を剋するもの、潰すものが官鬼ですから、意味としては「災い」、「病気」、「勤務」、「官庁関係」、「霊」、「上司」などを表します。女性からは官鬼は「男性」を表わし、夫の用神は官鬼で見ます。拡大解釈から「名声」、「功名」、「威厳」、「人気」などを表します。

※身命占の場合では、「災い」、「病気」、「会社（勤務）」などの解釈をします。女性からは官鬼は「男性」、「災い」の意味になりますから、占的をよく理解した上で解釈、占断しなければなりません。

・妻才（才）

我が剋するのが才です。我が剋して、支配するという意味合いから、「宝石」、「金銭」、「従業員」を表します。また、男性からは「妻」、「愛人」の用神になります。

※身命占では、「財運」として見ていきます。

＊身命占での星の吉凶

・吉星：　子孫（子）、妻才（才）

・凶星：　父母（父）、兄弟（兄）、官鬼（官）

☆表記

兄弟爻は「兄」、子孫爻は「孫」、妻才爻は「才」、官鬼爻は「官」、父母爻は「父」というように略して書きます。

このように見ていきますと、特に日辰に六親五類の何を帯類しているのかも吉凶の判断に繋がることがわかります。用神として捉える時、または関連性として意味を成す時などによって意味も違ってきます。一度に理解するのは難しいと思いますが、各占的を多く学ぶことによって理解も深まっていきますので、沢山の占事を研究することが大事です。

※用神分類のまとめを巻末（二五三頁）に収載していますので、用神を選定する際の目安にして下さい。

第十二章　日辰帯類法

日辰帯類法というのは、日辰に六親五類の何を持っているかによって、その占断の要となるものです。占断で吉凶判断を的確に判断するための一つの方法にもなります。用神と同じものが日辰にあると、それだけでも用神の力の度合いが計れますし、占断の的確な判断にも係わってきますので、占事推断法の一つとして、占断時には必ず取り入れて判断していきます。

次頁で例題をあげてみていきます。

乙卯月　乙巳日　空亡（寅卯）　本卦（雷風恒）　之卦（水天需）　28→55

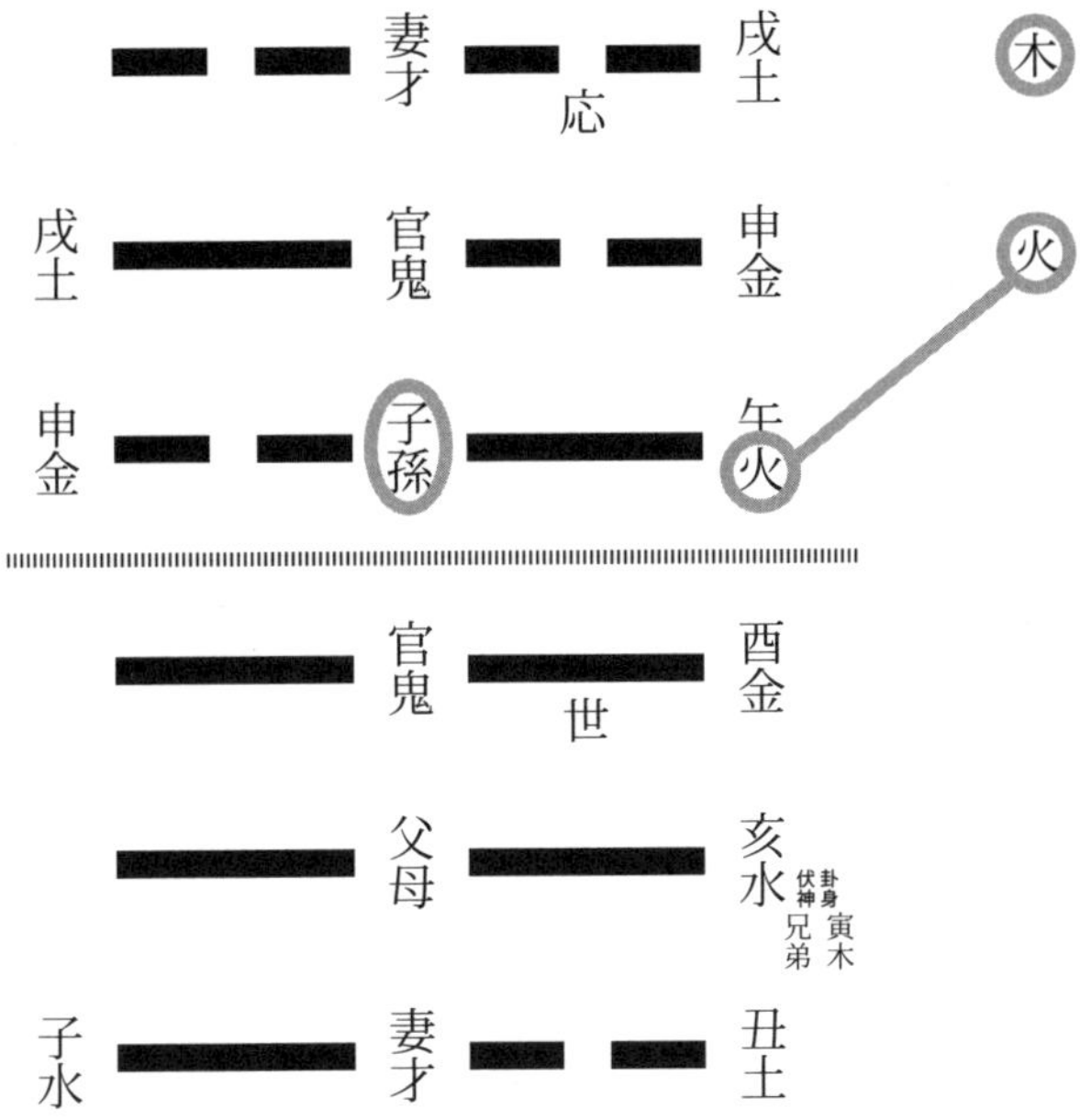

右の例でいえば、日辰の巳（火）は、本爻の四爻の午（火）の子孫爻と同じ五行ですので、「日辰に子孫爻が帯類している」という表現をします。もし、三神のいずれかに日辰と同じ五行がついていれば、その神は、日から強くなる可能性があります。

＊日辰帯類による占事の判断

・日辰に父母爻帯類　家宅、親、心労、旅行、書類、通信、先生、学問、車、他
・日辰に妻才爻帯類　男性から女性問題、金銭、食事、充実感、宝石、貴重品、他
・日辰に子孫爻帯類　相続、子供、慶び、神官、幸福感、ペット、医者、法事、他
・日辰に官鬼爻帯類　女性からは男性問題、病気、官事、仕事、上司、人気、功名、他
・日辰に兄弟爻帯類　兄弟、ライバル（三角関係）、損失、同僚、焦り、出費、不実、他

日辰に六親五類の何が帯類しているかによって、占事の推断ができますが、この他は用神分類の各六親五類に示されている内容に準じます。

第十三章　月建・日辰からの作用

＊五行の生剋について

断易では、月建と日辰の五行から、用神・原神・忌神へのそれぞれの五行を見て、生剋合冲などの作用の割合で吉凶判断をしていきます。

①相生（生ずる関係）
②剋（剋する関係）
③合・冲の関係

五行の作用で「生剋」は基本の形ですが、他にも「合」と「冲」の作用があります。追って順次説明していきます。

＊生剋合冲表

各作用に慣れるまでは、七九、二五六頁の「生剋合冲表」を使用して、その作用を導き出すのも良いと思います。

この表を活用すれば、徐々に「五行」に慣れ親しんでいくようになります。

月建、日辰からの作用は、旺相（併・比和・生・合）したり、休囚したり、冲したりします。「旺相」とは力のあることを意味しますし、「休囚」とは休んでいて勢いがないという意味を持ちます。このそれぞれの作用は、月建、日辰に該当する十二支の五行から用神、原神、忌神となる各神の十二支に当てられた五行に対して、作用していきます。

〔例一〕月建が未月で用神が酉の場合

生剋合冲表で、支の中から「未」を探します。未は五行では（土）になります。その下を見ると、（土）（金）（午）（水）（木）（火）（丑）となっています。

①（土）に該当する十二支は「**辰**」「**未**」「**戌**」「**丑**」の四つがあります。このうち「**丑**」だけは後述⑦のように「**朋冲**」となりますが、残りの三つは「未」から及ぼす作用として「**月併・日併**」「**比和**」が該当します。

②（金）に該当する十二支は「**申**」「**酉**」で、作用は「**生**」となります。

③「**午**」は作用は「**合**」となります。

④（水）に該当する十二支は「**亥**」「**子**」で、作用は「**休囚　剋**」となります。

⑤（木）に該当する十二支は「**寅**」「**卯**」で、作用は「**休囚**」となります。

⑥（火）に該当する十二支は「**巳**」「**午**」で、「**午**」は前述③のように「**合**」となりますが、「**巳**」の作用

は「**休囚**」となります。

⑦「**丑**」は作用は「**朋冲**」となります。

では、用神が「酉」の場合であれば、どうなるでしょうか。「酉」は五行では（金）になりますので、「未」から及ぼす作用としては、②の「**生**」となります。

〔例二〕日辰が子日で用神が酉の場合

生剋合冲表で、支の中から「子」を探します。子は五行では（水）になります。その下を見ると、（水）（木）（丑）（火）（土）（金）（午）となっています。

①（水）に該当する十二支は「**亥**」「**子**」で、これらは「子」から及ぼす作用としては「**月併・日併**」「**比和**」が該当します。

②（木）に該当する十二支は「**寅**」「**卯**」で、作用は「**生**」となります。

③「**丑**」は作用は「**合**」となります。

④（火）に該当する十二支は「**巳**」「**午**」で、「**午**」は後述⑦のように「**冲**」となりますが、「**巳**」の作用は「**休囚　剋**」となり

【生剋合冲表】

支／作用	寅	卯	辰	巳	午	未	申	酉	戌	亥	子	丑
・併（月・日） ・比和	木		土	火		土	金		土	水		土
生	火		金	土		金	水		金	木		金
合	亥	戌	酉	申	未	午	巳	辰	卯	寅	丑	子
・休囚　剋	土		水	金		水	木		水	火		水
・休囚	金		火	水		木	火		木	土		木
・休囚	水		木	木		火	土		火	金		火
冲	申	酉		亥	子		寅	卯		巳	午	
朋冲			戌			丑			辰			未

ます。
⑤（土）に該当する十二支は「**辰**」「**未**」「**戌**」「**丑**」で、「**丑**」は前述③のように「**合**」となりますが、それ以外への作用は「**休囚**」となります。
⑥（金）に該当する十二支は「**申**」「**酉**」で、作用は「**休囚**」となります。
⑦「**午**」は作用は「**冲**」となります。

では、用神が「酉」の場合であれば、どうなるでしょうか。「酉」は五行では（金）になりますので、「子」から及ぼす作用としては、⑥の「**休囚**」となることがわかると思います。

※「合冲」のほうが「生剋」より優先になる場合があります。

＊併の関係
十二支が同じである時に「併」という言葉を使います。

例えば月建が巳月であった場合に、用神が同じ巳であったなら、併起している訳です。

月建から併起している場合に月併（げっぺい）といいます、日辰から併起している場合には日併（にっぺい）といいます。

☆表記
・月建が巳月で用神が巳の場合→月併
・日辰が巳日で用神が巳の場合→日併

用神や他の神が、月建・日辰と同じ十二支の場合には、併起して勢いも強く力のあることを示しています。

★この表記については、原神、忌神、仇神も同じ表現を使います。

＊比和の関係

五行のエレメントが同じものをもつ時に「比和」（ひわ）といいます。

例えば、巳から午を見てみますと、巳（火）と午（火）の関係は十二支が異なっていますが、同じ五行のエレメントの（火）をもっています。生剋合沖表を参照すればわかりますが、他には、寅（木）と卯（木）の組み合わせ、酉（金）と申（金）などもあります。

☆表記
・月建が巳月で用神が午の場合→比和

・日辰が巳日で用神が午の場合↓比和

★比和も併起と同様に力が強いのですが、十二支が同じで力のある併起よりは若干力量が落ちます。勢いが劣るといった方が良いかもしれません。

＊併・比和のまとめ

五行の作用である「生」、「併起」、「比和」という作用で、月建、日辰より力を得られることを「旺相」、または「旺相している」という表現を使うことがあります。

大まかな目安として、合冲を除いて力の関係を示すと、強いものから順に、「併起」「比和」「生」となります。

第十四章　合冲の関係

＊合冲

・合（ごう）とは、お互い共に協力し合いながら勢いがあることです。

・冲（ちゅう）とは、お互いに対立し阻害し合う関係のことです。冲は別名、衝（しょう）ともいいます。

①合の関係

午―未
巳―申
辰―酉
卯―戌
寅―亥
丑―子

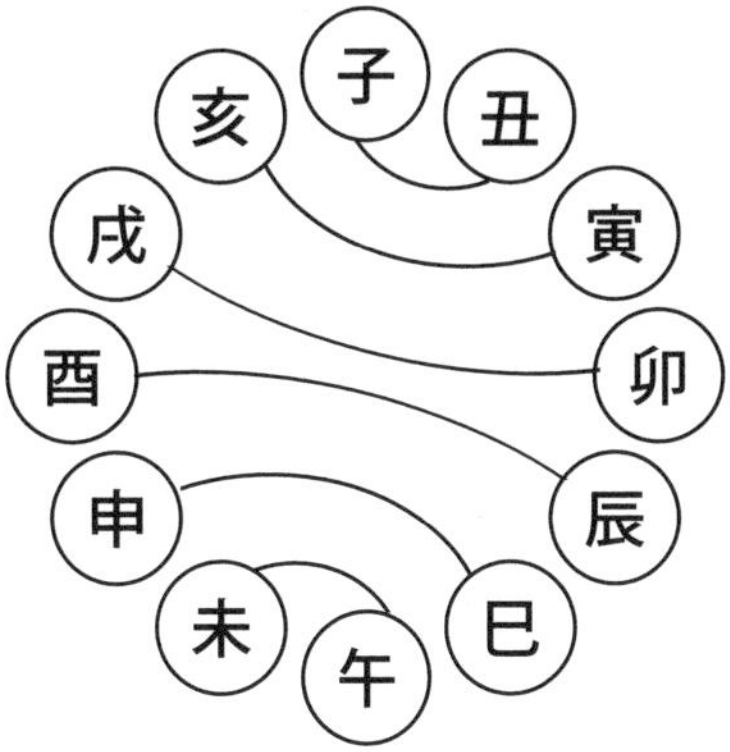

②冲の関係

巳―亥
辰―戌（朋冲）
卯―酉
寅―申
丑―未（朋冲）
子―午

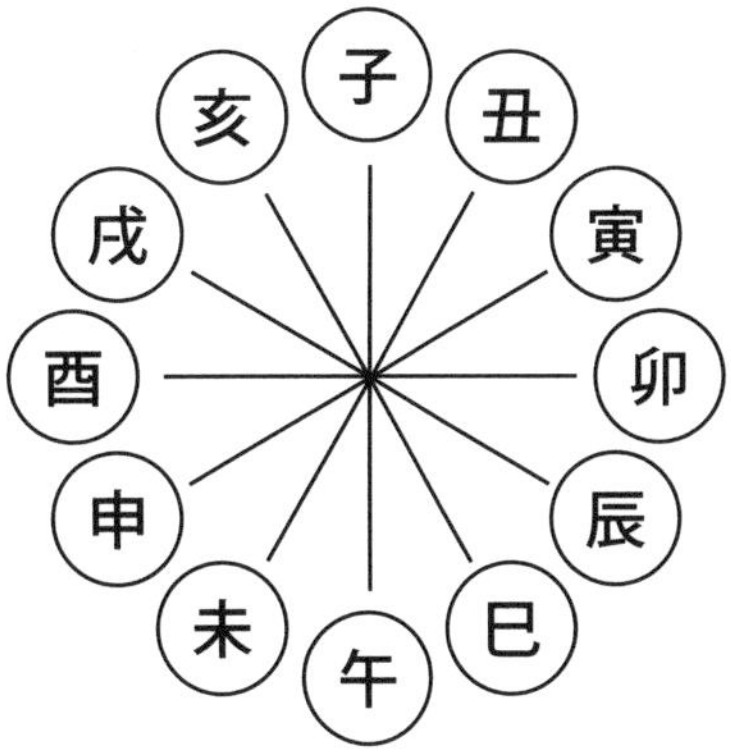

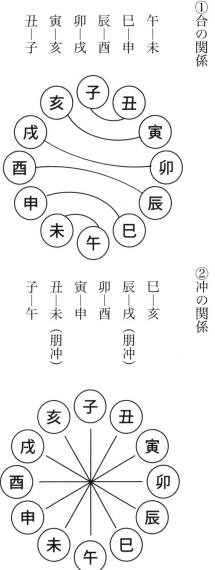

合と冲の関係を図で示すと前頁図のようになります。「冲」の関係は午―子のように、冲の方向は午から子へもいきますし、子から午にもいきます。他の十二支も同じです。冲（衝）は「対立する」という意味で捉えてはいますが、占断では、むしろ冲することによって、二つの支が密着するというようにも考えます。冲の関係になっているのだから、対立が益々激しくなり離れてしまう、という判断にはしません。

①合の関係

前頁図での「合」は、午と未、次は巳と申が合になる、というように、〔午・未〕のペアのうち、午からは右廻り、未からは左廻りが順繰りにペアになっていきます。「合」は言葉の通り「密着」を意味します。「合」も「冲」も生剋よりも重要と考えますので、生剋よりも優先して占断しなければなりません。

②冲の関係（異行の冲・同行の冲）

前頁の「②冲の関係」を見て下さい。「冲」の五行の関係で見ますと、巳―亥のように火と水の関係や、卯―酉のように木と金の関係といった五行の違う組み合わせの支があります。これを異行の冲といいます。同行の冲は朋冲（ほうちゅう）といいますが、同じ五行の「土」同士の組み合わせとなります。同行の冲には、辰と戌、丑と未のこの二つの組み合わせしかありませんので覚えやすいと思います。

※「冲」には異行の冲と同行の冲があります。

＊月建からの合・冲

・月建から合したときには「**月合**」（げつごう）といいます。
月合は、月建（月）から合されますので、作用は力があると見ます。
・月建から冲されたときには「**月破**」（げっぱ）といいます。
月破は、月建（月）から冲されて破れますので、力がない状態を示しています。

＊日辰からの合・冲

爻には静爻と動爻がありました(六三頁参照)。日辰から用神、原神、忌神が合したり、冲されるときには、静爻と動爻では作用が違ってきますので注意しましょう。また使う言葉も意味も違いますので、慣れるまでは、何度も作用の規則を見たり確認してください。

●日辰から合の関係

・静爻で合された場合……月建に関係なく「**合起**」（ごうき）します。合起とは、旺相して力のあることを示しています（占題二、一二八頁参照）。
・動爻で合された場合……「**合住**」（ごうじゅう）します。合住とは、進んでいたところ、途中で止まってしまい進むに進めず、退くにも退けないという状態で中途半端な状況となります（占題七、一六〇頁参照）。

●日辰から冲の関係

①静爻で冲された場合

・月建より旺相していれば、「**冲起暗動**」（ちゅうきあんどう）といって、静爻でありながら動爻のように勢いと力が出てきます（占題十八、二三三頁参照）。

・月建より休囚などをして力がない場合には、日辰は「**冲散**」（ちゅうさん）といって、物事がバラバラに散ってしまうというような状況になります（占題四、一三九頁参照）。

・（辰—戌）と（丑—未）の組み合わせは朋冲ですので、「**冲起暗動**」の作用になります。
例えば、日が辰日で用神が戌であった場合です。

②動爻で冲された場合

日辰からの冲は全て、朋冲・異行の冲に関わらず「**冲散**」となります（占題十五、二一四頁参照）。

★日辰からの合冲は、実占を通して徐々に理解できるものですので、数多くの占例を踏むことが大事かと思います。慣れるまでは何度も作用の規則を確認するようにしてください。筆者も毎回ノートを見ながら合冲の占断をしたことを思い出します。

＊Ⅰ　トレーニング

〔問題Ⅰ〕

①八卦

・例　よみ　番号
離（り）（3）

1、坤（　）（　）　2、巽（　）（　）　3、艮（　）（　）
4、兌（　）（　）　5、乾（　）（　）　6、坎（　）（　）　7、震（　）（　）

②十二支と五行

・例　よみ　五行
丑（うし）（土）

1、申（　）（　）　2、午（　）（　）　3、未（　）（　）　4、子（　）（　）
5、辰（　）（　）　6、卯（　）（　）　7、巳（　）（　）　8、酉（　）（　）

9、亥（　）（　）10、戌（　）（　）11、寅（　）（　）

③合・冲

・例 合
申・(巳)

戌・（　）亥・（　）丑・（　）酉・（　）未・（　）

・例 冲
子・(午)

巳・（　）卯・（　）寅・（　）丑・（　）辰・（　）

④朋冲

未・（　）辰・（　）

☆「＊I トレーニング」の回答は、各々の説明箇所に戻ってご自分で確認するようにして下さい。

〔問題Ⅱ〕

図4・完成図の括弧に十二支の五行を入れてください。

・例題一　身命占（二〇一八年三月一四日）

占的　明日の運勢

戊戌年　乙卯月（　）　乙巳日（　）　空亡〔寅卯〕　本卦〔雷風恒〕　之卦〔水天需〕　28→55

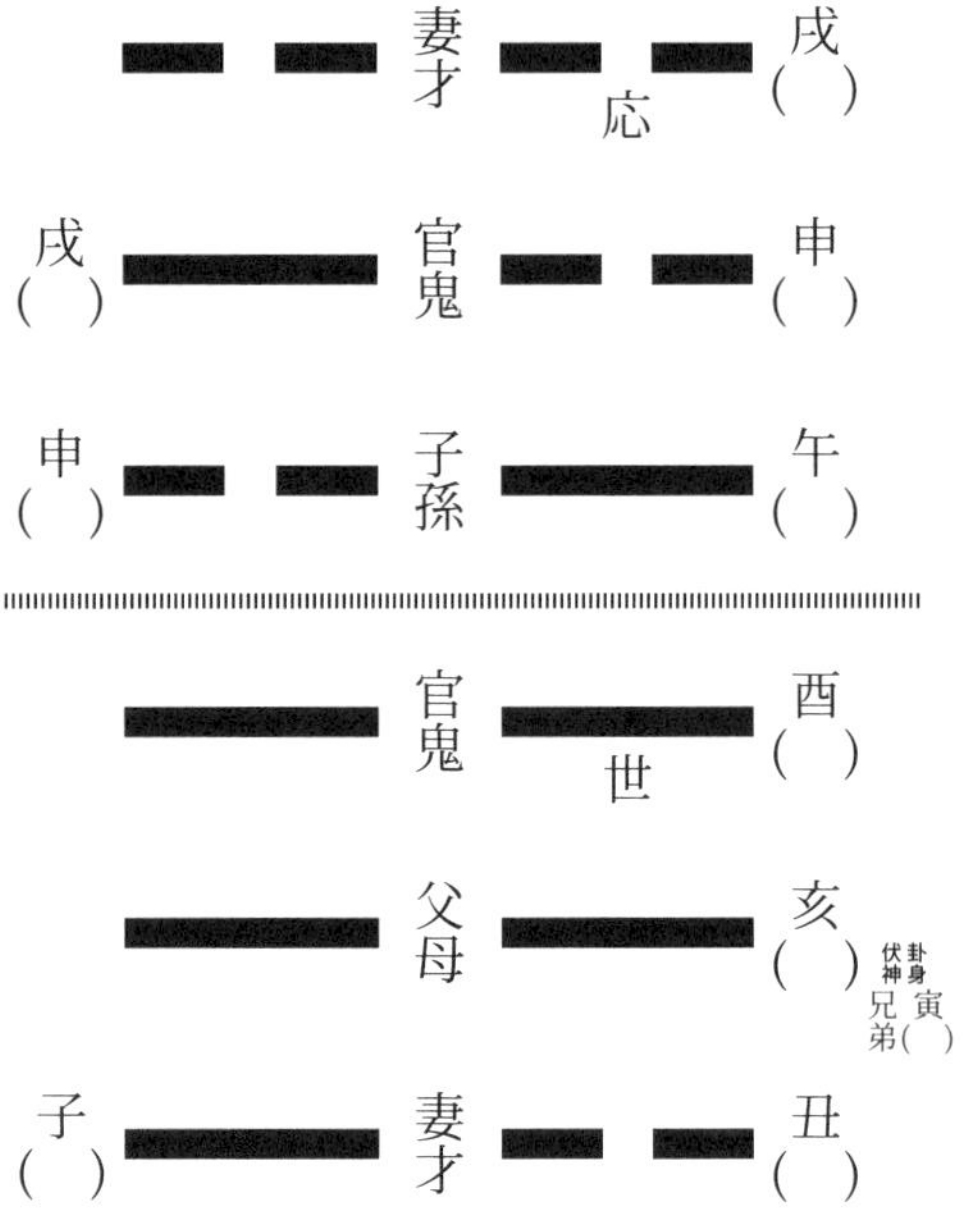

十二支の五行については、理解出来ましたでしょうか。次の十五章に解答を載せてありますから確認してください。半分くらい解けた方はもう一息です。全く解けなかった方は、呪文のように何度も唱えれば自然に覚えられるものです。

それでは次に占断の仕方を説明していきます。

第十五章　問題Ⅱ（例題一）の解答と身命占の解説

（例題一）　身命占（二〇一八年三月一四日）

占的　明日の運勢（身命占）

戊戌年　乙卯月（木）　乙巳日（火）　空亡（寅卯）　本卦（雷風恒）　之卦（水天需）　28→55

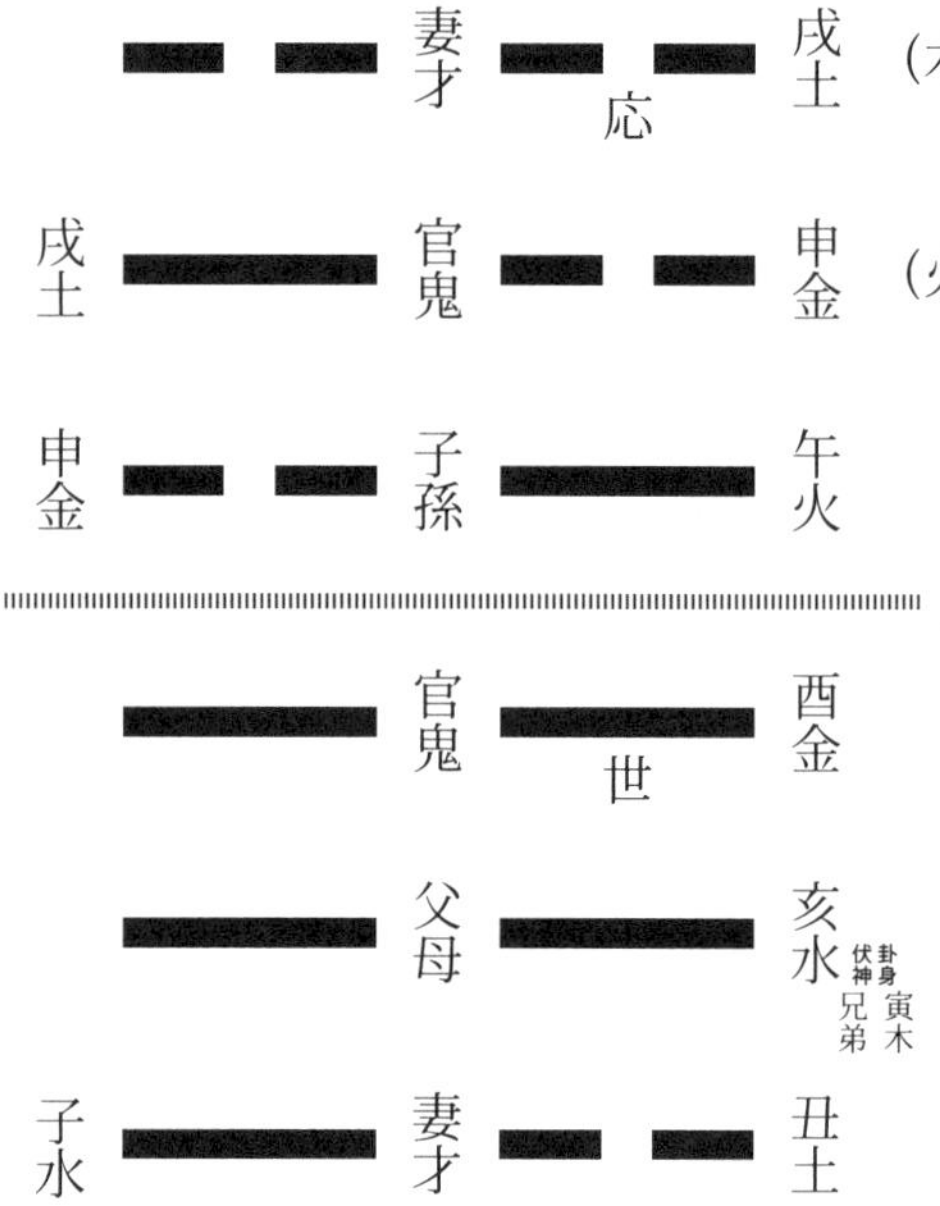

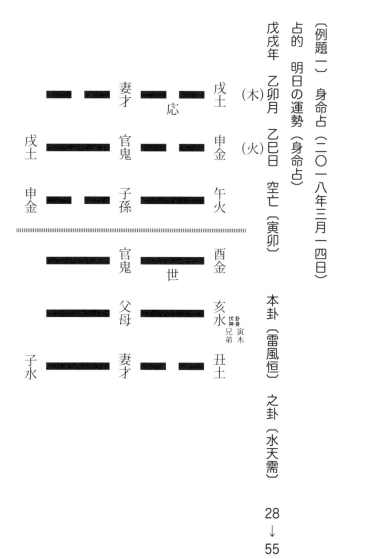

用神・原神・忌神の選定をします。

占的は身命占ですので、ここでは世爻を中心に見ていくことにします。

三爻に世爻がありますので、三爻の官鬼の酉（金）が用神となります。そして各神の決め方は前述しましたように五行のサイクルの左廻りとなります。

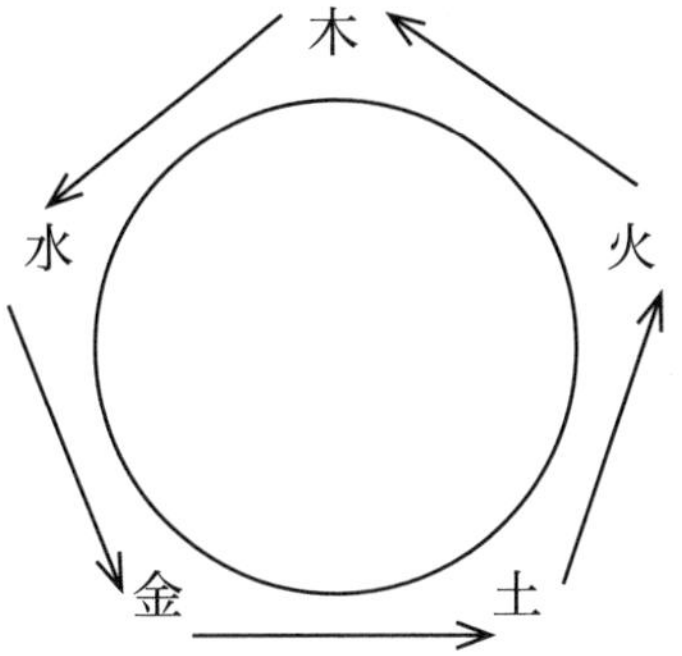

次に示す図のように用神から、原神、忌神を決めていきます。

＊各神の決め方（用神・原神・忌神・仇神）

用神というのは、占う中心となるものですが、その主体となる用神を占的の内容に合致した六親五類から選びます。

用神が決まりましたら、用神の五行のエレメントから、原神、忌神を五行の生ずる関係の反対の左廻りで決めていきます。

前頁図のように、左廻りで各神を決めていきます。

・〔例題一〕を例にとりますと、身命占なので世爻が用神となります。用神は三爻の官鬼の酉です。酉は五行のエレメントでいえば、（金）になります。（金）を元として、左に（土）↓（火）となりますので、原神は（土）になり、忌神は（火）となります。

原神と忌神の取り方は、爻上では出来るだけ用神の近くで取ります。ですから原神は初爻の才の丑（土）、忌神は四爻の孫の午（火）となります。

五行の生ずる関係の反対廻りになりますが、表にしますと次のようになりますので、この表も活用してください。

【各神決定表】

用神	原神	忌神	仇神
木	水	金	土
火	木	水	金
土	火	木	水
金	土	火	木
水	金	土	火

・〔例題一〕で、用神、原神、忌神が決まりましたので、用神は○、原神は△、忌神は□というように、決定した各神の右側に図形で併記します。仇神は◇になりますが、ここでは仇神は使いません。先ずは用神、原神、忌神の三つの神で吉凶判断ができるようにしましょう。

☆まとめ

ここで、もう一度各神の役割について復習しておきたいと思います。

用神とは占う中心となるもので、判断ではその占的（占う内容）において考え方も違ってきますが、身命占の場合には旺相しているのが良いのです。用神が力を持ち、原神は継続性も示しますが、用神をバックアップするものですから、原神も力のある方が良いのです。忌神は用神を剋し制する役目ですので、身命占では動かず弱い方が吉とされます。仇神は稀に占断の参考にしますが、通常では用神、原神、忌神で見ていきます。他の占的も基本は用神が強く、原神も強く、忌神が弱いのが吉となりますが、例外もあります。

〔復習〕

＊各神の役割

○用神↓占う対象、中心となるもの
△原神↓用神を助ける、用神の味方となるもの
□忌神↓用神を剋し制する、用神の敵となるもの
◇仇神↓原神を制し、忌神の助けとなるもの

＊各神の取り方

用神が決まりましたら、①爻上では原神と忌神は、用神の近くで取ります。また、②両現（神になる爻が二つ出現していること）した場合は、動爻と静爻があれば動爻の方を取ります。もし動爻で二つ共に動いている場合には二つで取る場合もあります。その際には、例えば原神であったなら「原神両現」と表

示して作用を見ていきます。

・占断の仕方のコツとして

各占事は用神を主として月建、日辰よりそれぞれの神の作用を見ていくわけですが、力の割合として、月建からの作用を三十パーセント、日辰からの作用を七十パーセントとして見ていくようにして下さい。それだけで見ていくというわけではありませんが、各作用からの基本的な考え方です。

＊仇神について

今まで用神、原神、忌神を勉強しましたが、もう一つ仇神という神がありました。原神は用神の味方で用神をバックアップするものですが、忌神は用神の敵で、用神を潰そうとします。かたや仇神は原神を潰し、忌神をバックアップして応援します。つまり用神の敵を助け、用神の味方になるものを潰すのです。

忌神だけでは判断に迷う時などは仇神も見ていきます。必ず見る必要もありませんが、総合的に吉凶の判断をする場合には仇神も加えて見ていきます。占事によっては仇神を必ず見るものもありますから、いつも何が仇神になっているのかはマークしておく必要があります。

それでは、各神が決まりましたので、書き方を次に示し占断に入ります。

用神分類については巻末二五三頁にまとめて載せていますので、それを参考にして用神を決めていって下さい。

第十六章　占断

〔例題二〕〔二〇一八年三月一四日〕

占的　明日の運勢〔身命占〕

戊戌年　乙卯月(木)　乙巳日(火)　空亡〔寅卯〕

本卦　雷風恒　之卦　水天需　28↓55

	戌土	⚋ 応	妻才	⚋		
	申金	⚋	官鬼	⚊	戌土	
□	午火	⚊	子孫	⚋	申金	
○	酉金	⚊ 世	官鬼	⚊		
	亥水（卦身 寅木・伏神 兄弟）	⚊	父母	⚊		
△	丑土	⚋	妻才	⚊	子水	

それでは、生剋合冲表を用いながら、月建・日辰から各神への作用をみていきましょう。

各神	各神の位置	月建からの作用	日辰からの作用	その他の作用
○用神	三爻の官の酉	冲（月破）	休囚・剋	なし
△原神	初爻の才の丑	休囚・剋	旺相（生）	なし
□忌神	四爻の孫の午	旺相（生）	旺相（比和）	なし

《解説》

用神の三爻の官鬼爻の酉（金）は、月建の卯（木）とは冲の関係になります。月建の卯から冲されますので「**月破**」となります。次に、日辰の巳（火）から酉（金）を見ますと剋されています。巳と酉とは合冲の関係ではありませんので、**休囚して剋される**関係となります。用神の官鬼爻の酉（金）は、月建より冲され日辰より休囚剋されますので、日月ともに弱いと判断します。

次に、原神の妻才爻の丑（土）ですが、月建の卯（木）より**休囚で剋されています**が、日辰の巳（火）からは**生じられています**ので、力があると見ます。動爻で動いていますので勢いもあります。静爻と動爻でしたら、動爻は動くので勢いがあると見るのです。

次に忌神の四爻の孫の午（火）は、動いて勢いがあって、月建の卯（木）より午（火）は**生じられ**、日辰の巳（火）からは、十二支は違いますが同じ五行の（火）を持ち、「**比和**」となり旺相しますので、とても強いと判断します。

原神の丑（土）は、日辰の巳（火）から生じられ、動いて用神を助けようとします。忌神の午（火）は、月建と日辰より力を得て用神を潰しにかかります。

空亡は「寅」と「卯」になりますが、用神・原神・忌神に該当するものはありません。

この後の解説は、月建・日辰から各神への作用とは異なる見方になりますが、説明しておきます。用神の世爻には官鬼爻が付きますが、官鬼の用神分類（巻末参照）から考えますと「災い」という意味もありますので、世爻（自分）に官鬼がつくのはあまり良くありません。

〔日辰帯類法〕

次に日辰には「六親五類」の何がついているかをみて、同じ五行のエレメントの十二支を本爻から見つけ出します。巳日は（火）ですから、同じ（火）を持つ十二支は何かと探せば午（火）になります。この午（火）には子孫爻がついていますので、同じ（火）の巳にも子孫爻が付いた日だというように考えます。これを「日辰帯類法」（七四頁参照）と言います。「身命占での星の吉凶」（七二頁参照）では、子孫爻は吉星と出ていますので、災いは回避出来る可能性があるかもしれません。それも総合的な判断が必要です。ここでは世爻を中心として見ていきますので、世爻の様態、様子というように、少し漠然とした吉凶判断になるのは否めません。

吉凶判断も、初めからはっきりと吉、凶と出すのは難しいので、◎、○、△、×というように判断を付けても良いかと思います。慣れてくれば、自ずとはっきり断じられるようになります。

《占断》

用神の世爻には官鬼爻が付き日月ともに弱いのですが、原神の才の丑が動いて日辰より生じますので、その力で用神を助けようとします。忌神にも動きがあって日月から旺相します。原神が動いて何とか用神をバックアップしようとしますが、肝心の用神が月から月破し、日辰より休囚剋されていては、力が皆無なのでどうしようもありません。世爻に官鬼爻が付き日月に弱いということは、官鬼爻には「災い」という意味合いがあるので災いも少ないということにもなりますが、世爻（自分）自体に官鬼がついているということは、常に災いが付いて回るというようにも捉えられます。日辰に子孫爻が帯類するのはその日の吉を表しているものですが、中心となる用神が日月から弱く、用神を潰す役目の忌神が、日月から旺相するのは身命占としては凶象ですので、明日の運勢は「良くない」と判断しました。

吉凶判断は（×）とします。

・身命占（自己占）の実占については、世爻だけを見るのではなく、財運であったり、健康運であったり、仕事運であったり、恋愛運であったりと、クライアントに応じて各々総合的に判断するものです。しかし、最初から複数の用神を取って判断していくのは、時間もかかりますし容易ではありません。慣れるまでの間は、先ずは世爻だけを用神に取って占断していきます。

第十七章　伏神

「伏神」（ふくじん）とは、〔例題一〕の雷風恒で説明しますと、二爻の亥に隠れているように小さく伏と書いてある〔兄弟の寅〕のことです。雷風恒の卦を見ると、各爻の左にある六親五類（兄、孫、才、官、父）の内、兄弟爻がないことが分かります。本来この卦には兄弟爻がない訳ですが、バランスが悪いので首卦（親の卦）から借りてきます。その伏神が隠れている二爻の父（父母爻）を「飛神」（ひじん）といいます。

伏神は月建、日辰からの作用は基本的にありませんが、飛神の作用もありません。単に伏神に対して飛神があるという事だけです。

八純卦
首卦（親の卦）

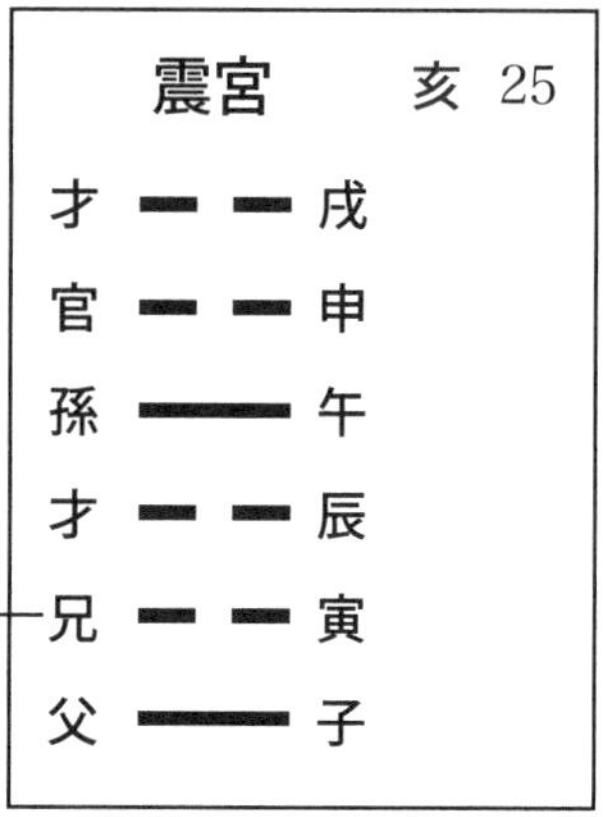

〔例〕28番　雷風恒

・震宮

三世卦

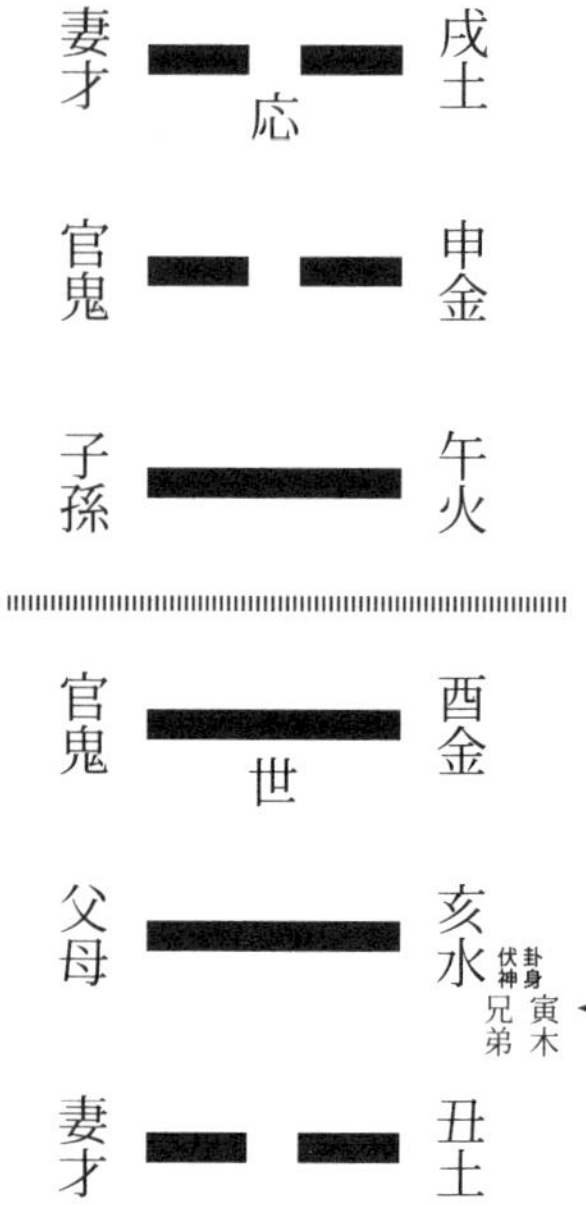

基本的に、伏神が日月から生じられたり、合起や冲起暗動をして旺相することはありません。また伏神からの働きもありませんが、他爻の動きから作用を受けることはあります。そして何に伏しているのかは判断の目安にもなりますから、必ず見ておく必要があります。

例えば用神、原神、忌神の何の神に伏しているのか、または六親五類の何に伏しているのか、などが占断を詳しく見るヒントやポイントになることがあります。

伏神自体での吉凶の判断はありませんが、用神が伏する場合に、年月日としてその値※をもって応期※を判断する場合があります。応期断法では、用神の値と卦身（第十八章参照）の値で判断していくのです。この理論に関しては、後に「第二十二章・応期断法」で説明します。

＊値（ち）……十二支自体を意味します。例えば、申でしたら値は申（さる）だということです。

＊応期（応期断法）……物事がいつ発生し終結するのかといった時期を計ることです。

＊伏したものが日に出る

伏したものが日辰に出る場合、また他に、化爻（変爻）にその爻に伏している支と同じものが出現している場合などは、占断も難しくなります。

「伏したものが日に出る」とは、日辰と同じものが伏しているということです（占題十三【二〇二頁】参照）。例えば、次頁のように日辰が寅日で、伏しているのも寅であったという場合です。このような場合は、天の恵みがあるとして強力な力を得ます。

庚寅月　木
庚寅日　木
空亡（午未）

本卦（地風升）　之卦（天山遯）

29
↓
3

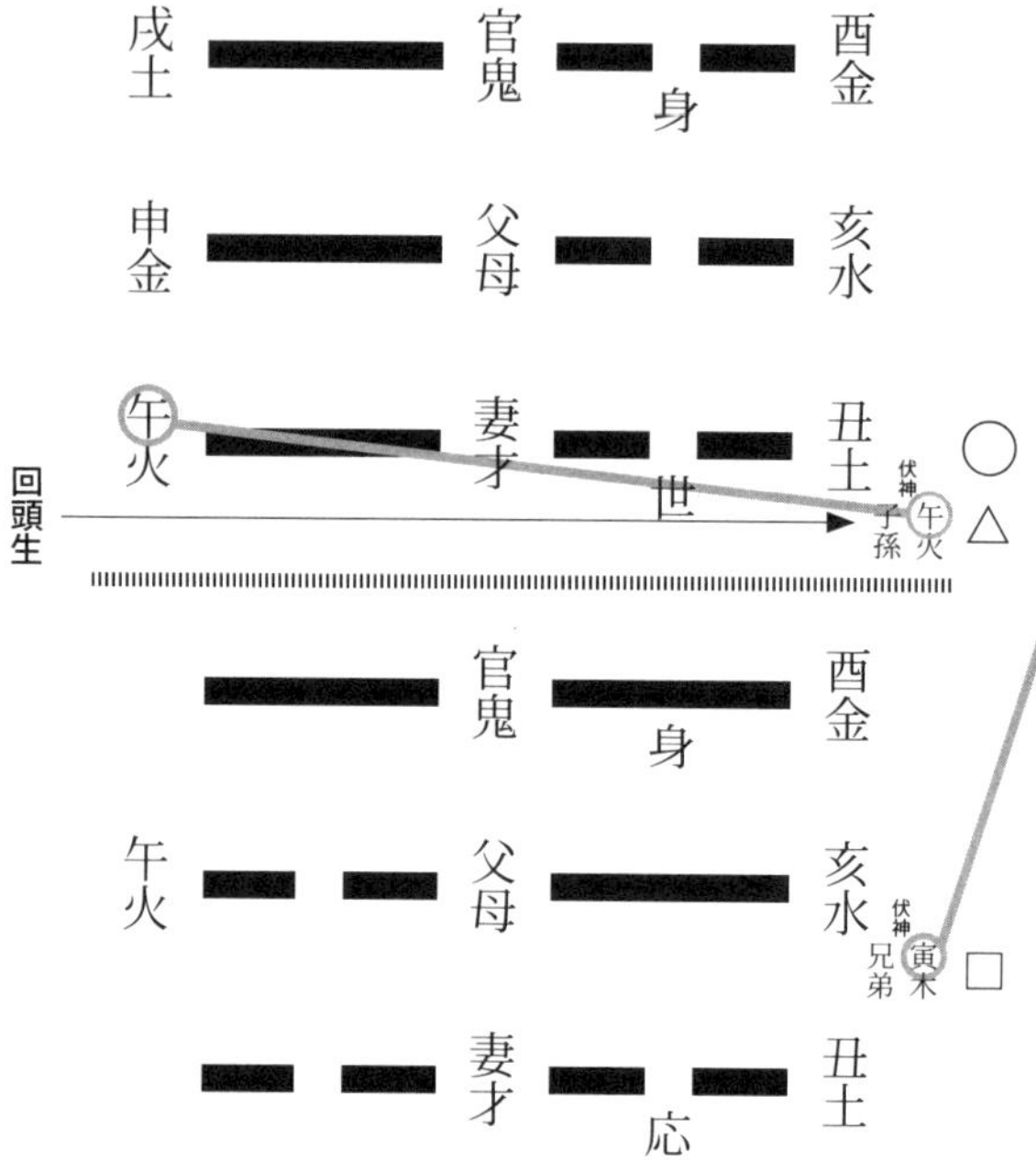

＊化爻にその爻に伏したものが出現する

次に、化爻に伏したものと同じ十二支が出現する場合とは、前頁の例のように、用神が世爻を持ち、丑の動爻で動いて変化して午になっています。その用神の丑に伏しているのも同じ午だということです（占題一【一二三頁】、占題五【一四七頁】参照）。これは占断の解釈の要素の一つとして見ることが出来ます。

四爻の妻才の丑の世爻に伏する子孫の午
＝
四爻の妻才の丑の世爻が動いて化爻に午が出る

「伏したものが日に出る」「化爻にその爻に伏したものが出現する」は、今後の占題の中で取り上げて説明していきます。

第十八章　卦身

卦身（かしん）とは、別名、月卦身のことを言います。例えば次頁の「天風姤」でしたら、四爻の官鬼爻の午に卦身がついています。これは午月に天風姤の卦が旺相するということを示していますが、実際の占断では日月からの作用を優先しますので、それだけで見ていくということはありません。

実占において、卦身は自分の分身として見ていきます。または応期として見ていくこともあります。卦身は自分の分身ですから、必ず占断の際には注意して見ていくことが大切です。

また、「雷風恒」のように、二爻の父の亥に伏したものに卦身がつく場合もあります。（伏兄寅身）の場合の取り扱いは、本爻に付いている卦身の場合とは考え方が違ってきます。伏したものに卦身がつく場合には裏卦身（うらかしん）として判断していきます。その理論については、占例で説明した方がわかり易いので、〔占題十二〕〔占題十九〕でご確認ください。〔占題十二〕では応期断法を、〔占題十九〕では用神としての裏卦身を、爻図と共に詳細に解説を入れています。

ここでは、（かしん）という専門用語があるということと、卦身は世爻の分身として判断していくということを理解して下さい。世爻の分身ですから手とか足とかでしょうか。少しだけ縁があるという意味に捉えれば良いと思います。この考え方に関しては、占的によっても判断が色々と違ってきますが、先ずは世爻中心に占断することが大切です。

天風姤の爻図を見て下さい。これは本爻に卦身がついている例です。四爻の官鬼爻の午に卦身がついています。これをどのように考えるかですが、占的も月建、日辰の設定がないので詳細には見れませんが、官鬼爻の意味（用神分類 二五三頁）にあるような内容が、本人（卦身）との関連性として多少はあるということです。しかしながら世爻は「我」で百パーセントの意味なので、先述しましたように、先ずは世爻を一番に考えて判断していかなければなりません。

天風姤　2

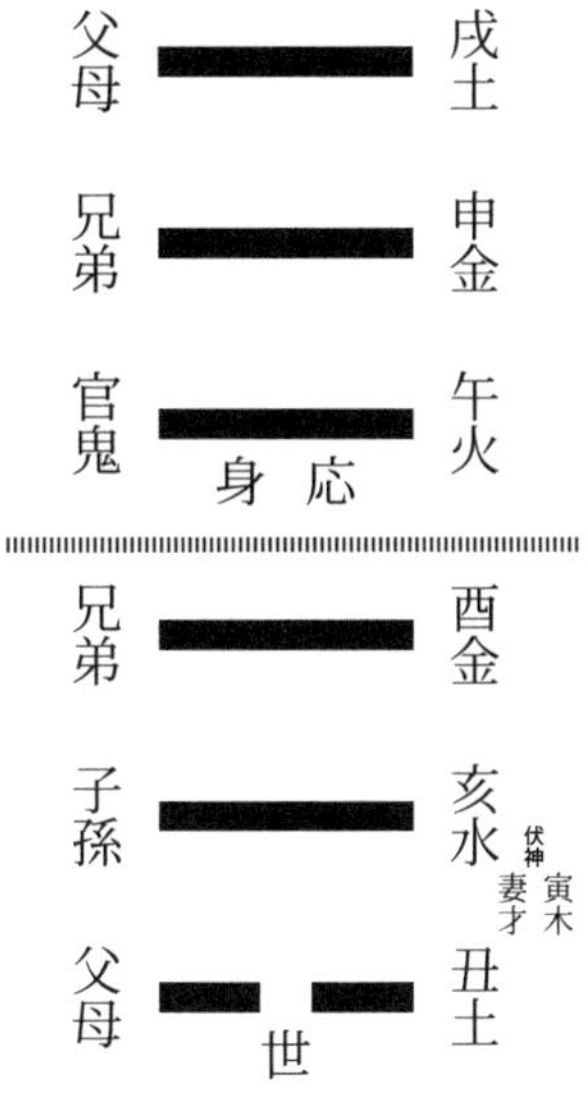

雷風恒　28

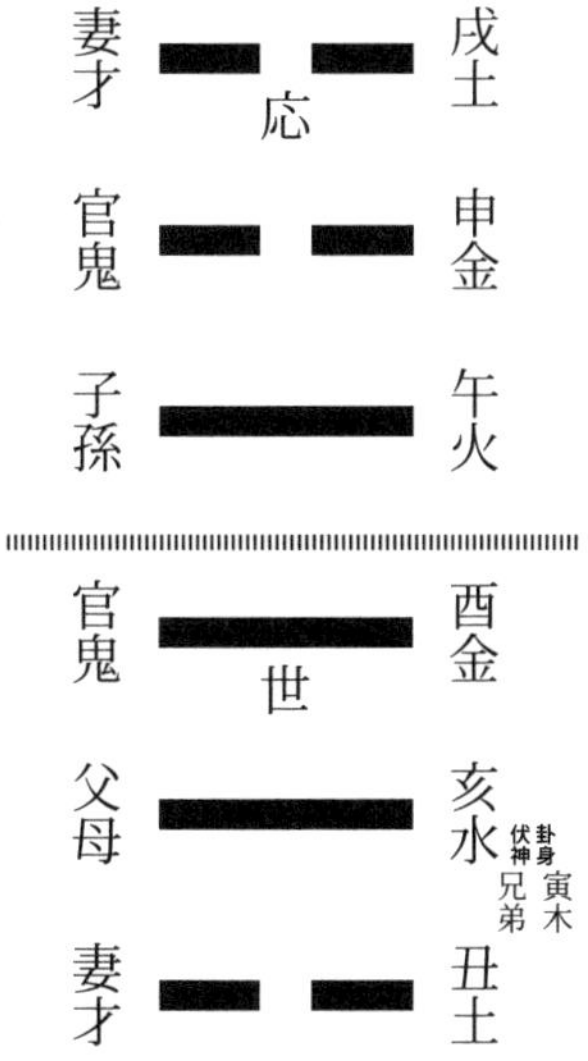

＊ノートの書き方

次の例題に入る前に、ノートの書き方の例を示しておきます。

・例題二　完成爻図

（二〇一八年七月二日）

占的　明日の運勢（身命占）

戊午月（火）　乙未日（土）　空亡〔辰巳〕　本卦〔火山旅〕之卦〔雷山小過〕　42↓63

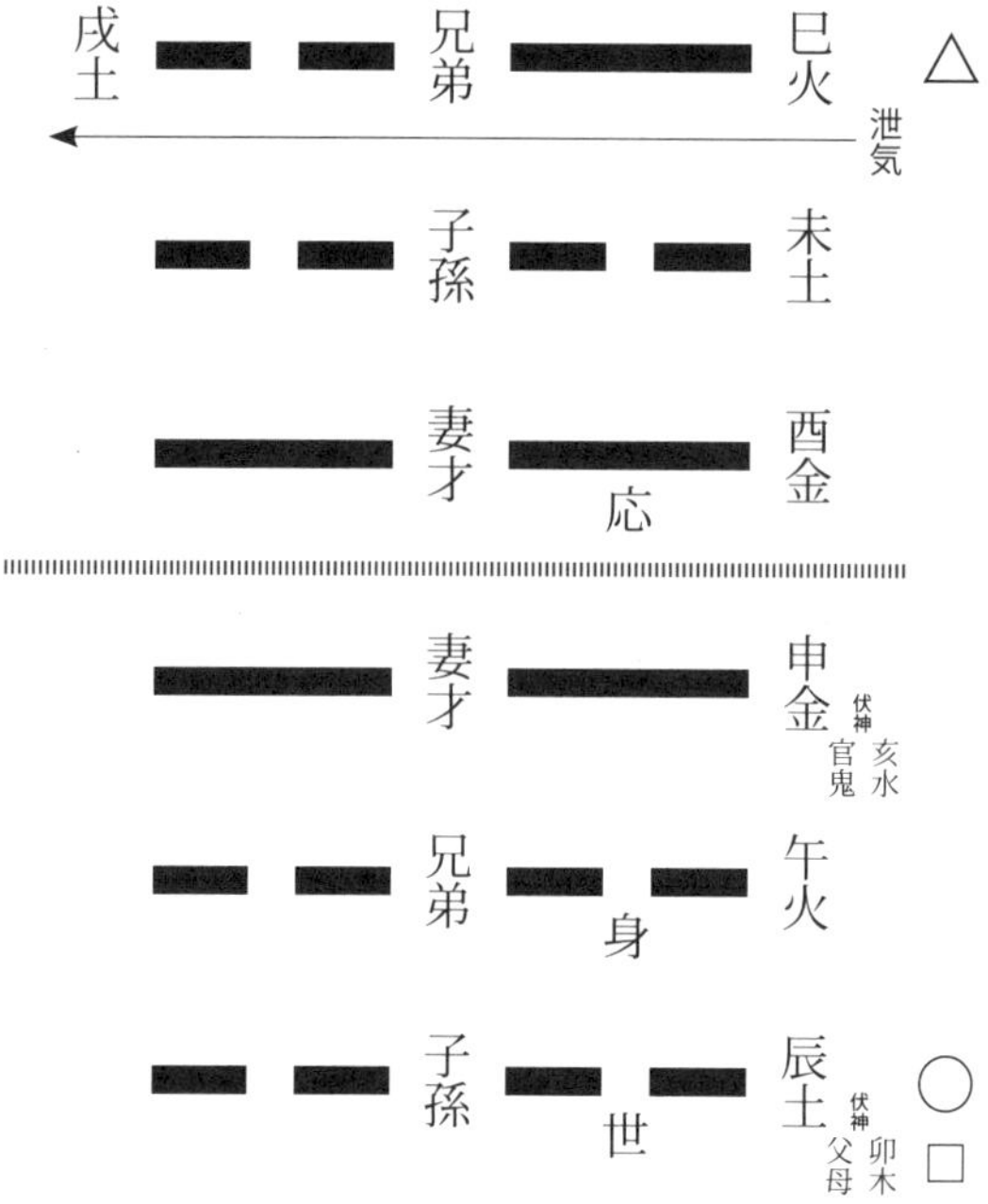

各神	各神の位置	月建からの作用	日辰からの作用	その他の作用
○用神	初爻の孫の辰	旺相（生）	旺相（比和）	なし
△原神	上爻の兄の巳	旺相（比和）	休囚	泄気
□忌神	初爻に伏する父の卯	作用なし	作用なし	なし

・占断

・吉凶判断（　）

レイアウトは、右のように、占題の基本項目ともいえる【占った日付（西暦）】・【占的内容】・【月建日辰（干支月日）】・【空亡】・【本卦】・【之卦】の項目を書き付け、【本卦と之卦の完成図】を完成させます。

☆占断の進め方

先ず用神・原神・忌神を確定させます。身命占ということですから、世爻を用神にして占断していきます。用神、原神、忌神の決め方は五行の循環サイクルの逆廻りになりますので、間違わないようにして下さい。次に月建・日辰からの各神への作用を書き込んでいきます。まだ慣れていない場合には「生剋合冲表」を見ながら考えてみて下さい。とにかく考えるのが大事です。

そして次には占断をしてみます。先ずは吉凶の判断は◎、〇、△、×で考えるようにして下さい。

このようにノートの一頁を使って、一占例ずつ書いていくようにして下さい。そして占断をどのように行ったかを具体的に書きます。また、結果としてどのようになったのかも書いておくと、後に研究する上でとても重宝します。記録を残すことは、後に反復検討する場合にとても役立つのです。

＊ポイント

①占的は必ず忘れずに明確に書くこと。
②暦をみて、月、日を書きますが、その際に今日が何年何月何日なのかを新暦でも横に書いておくと、後に月日の確認をする上で便利です。
③空亡を書き入れること。
④用神は〇、原神は△、忌神は□というように、各神の横に図を添えてわかりやすくしましょう。

⑤吉凶判断では、最初は◎、○、△、×のように四段階で考えても良いと思います。はっきりと吉凶をつけることが大事です。

⑥断易に慣れるために、出来るだけ毎日、明日の運勢（身命占）を占事るようにしましょう。

＊原神には（二爻の兄の午）と（上爻の兄の巳）の二つが候補になりますが、この例題の場合には、上爻の動いている方の爻を原神とします。

解説

用神は、初爻の子孫爻の辰（土）ですが、月建の午（火）より辰（土）は**生じられ**て力を得ます。日辰の未（土）から辰（土）は、同じ五行のエレメントの（土）ですが、十二支が違いますので**比和**になります。比和は日併の次に強いのですが、忘れた方は「＊併・比和のまとめ」（八二頁参照）を確認して下さい。

次に原神は、上爻の兄弟爻の巳（火）になりますが、月建の午（火）から見ると、同じ五行のエレメントの（火）です。これは先ほどの用神にもありましたように、十二支は違いますが五行のエレメントが同じものなので**比和**となります。月建より力があります。

日辰の未（土）から原神の巳（火）を見ますと、（土）から（火）は五行のサイクルでは何の作用もありませんので**休囚**になります。原神は動いています（動爻　六三頁参照）ので、月建の午（火）から力を得て勢いもありますが、日辰からは休囚していますので、今一つ動力にはなりません。

月建が比和をして力強くても百パーセントの力になるわけではありません。百パーセントのうち、月建は三十パーセント位の力で、日辰の力は七十パーセントということになります。日辰が常に主となることを忘れないようにして下さい。

忌神は、初爻の子孫爻の辰（土）に伏する父母爻の卯（木）になります。**伏したものに日月からの作用はありません。**用神を潰す役目の忌神は全く力が無いと見ます。

用神の世爻には子孫爻が付きますが、六親五類の意味を考え合わせますと「幸福感」といった良い意味になります。

次に、日辰に六親五類の何が付いているのかを見ます。日辰には未（土）がついていますので、同じ（土）を持っている十二支を本爻で探すと、初爻の辰と五爻の未の（土）に子孫爻が付いています。日辰は六親五類の子孫爻が付いていることになります。日辰に子孫爻が付きますので、その日一日が、子孫爻の影響にあると解釈します。

※子孫爻は吉とも捉えられますが、各神の日月からの作用を基本とした上での判断をして、最後に総合的な占断をしていきます。

占断

世爻が用神となる初爻は、子孫爻が付き日月から旺相し動きませんが（静爻）、力があります。原神は上爻の兄の巳は動いて（動爻）勢いがあり、月建より比和し日辰より休囚しますので弱く、泄気（えいき【一一七頁】参照）します。泄気とは動爻のみにある作用です。本爻の巳（火）が動いて化爻（変爻）の戌（土）に変わりますが、本爻の巳の（火）から化爻の戌（土）を見たときに、（火）生（土）となる作用のことで、泄気は、字の如く「力が抜ける」という意味があります。忌神の父母爻の卯は初爻の子孫爻の辰に隠れていますので、全く力はありません。

日辰には子孫爻が帯類し、用神の辰も同じ子孫爻を持ち、日月から旺相して強く、原神の巳は月建より比和し力を得て勢いはあるのですが、日辰からが弱く、今一つ力には成り得ません。用神を潰す役目の忌神は伏して隠れますので無力です。用神が日月より強く、用神を助ける原神は微力で、用神に対抗する忌神は全く力がありませんので、総合的にみて吉と判断します。占断は吉の範囲の○にしたいと思います。

〔例題二〕を見て頂くと分かるように、原神の候補が二爻の兄弟爻の午と上爻の兄弟爻の巳の二つがありました。このように原神が二つで出現した場合には、どちらを取れば良いのかと迷うことにもなりますが、動いている方を選択します。

☆各神の選定のまとめ

・各神を決める場合には出来るだけ用神の近くの爻で取る。

・静爻と動爻の二つで出現した場合には動爻で取る（今回の〔例題二〕はこれが適用されます）。

・動爻で二つ出現した場合には二つでとる。

基本的な考え方としては、各神は一つで取るということになっていますが、用神、原神、忌神になる神が同時に二つで現れた場合には、両現として二つで見ていくこともあります。

第十九章　回頭生・回頭剋・泄気

動爻の場合には、本爻と変化した卦との関係によって、回頭生（かいとうせい）、回頭剋（かいとうこく）といった様態が発生します。

＊回頭生

変爻（化爻）から本爻が生じられる場合を回頭生といい、本爻は回頭生で勢いをもち、旺相します。

＊回頭剋

変爻（化爻）から本爻が剋せられる場合を回頭剋といい、本爻は回頭剋で勢いを失い、休囚します。

☆各神が月建、日辰から作用を受けた力に、回頭生、回頭剋の作用は後から加味されます。最初に受けた日月からの力具合に、後からの作用で力加減が変化します。

＊泄気

泄気（えいき）は、〔例題二〕の占断でも説明していますが、ここで爻姿を確認しておきたいと思います。次頁の〔図5〕を見て下さい。

泄気とは、本爻から変爻へと力が流れていく様を言います。作用としては月建、日辰から得られた力が泄気となっていれば、少し力が抜けて弱くなっていくという判断です。

例えば、五行のエレメントでいえば、本爻が木↓変爻が火、本爻が火↓変爻が土、本爻が土↓変爻が金、本爻が金↓変爻が水、本爻が水↓変爻が木にと、それぞれが五行の木↓火↓土↓金↓水↓木というように循環している場合に泄気として作用します。

・〔図5〕での泄気の作用は、本爻が初爻の孫の子（水）で変爻が寅（木）になっています。（水）から（木）へと力が流れているというように見るのです。表記は「泄気」として、日月からの作用の下に書くようにします。

＊回頭生、回頭剋、泄気の爻姿

火天大有↓坎為水　8↓9

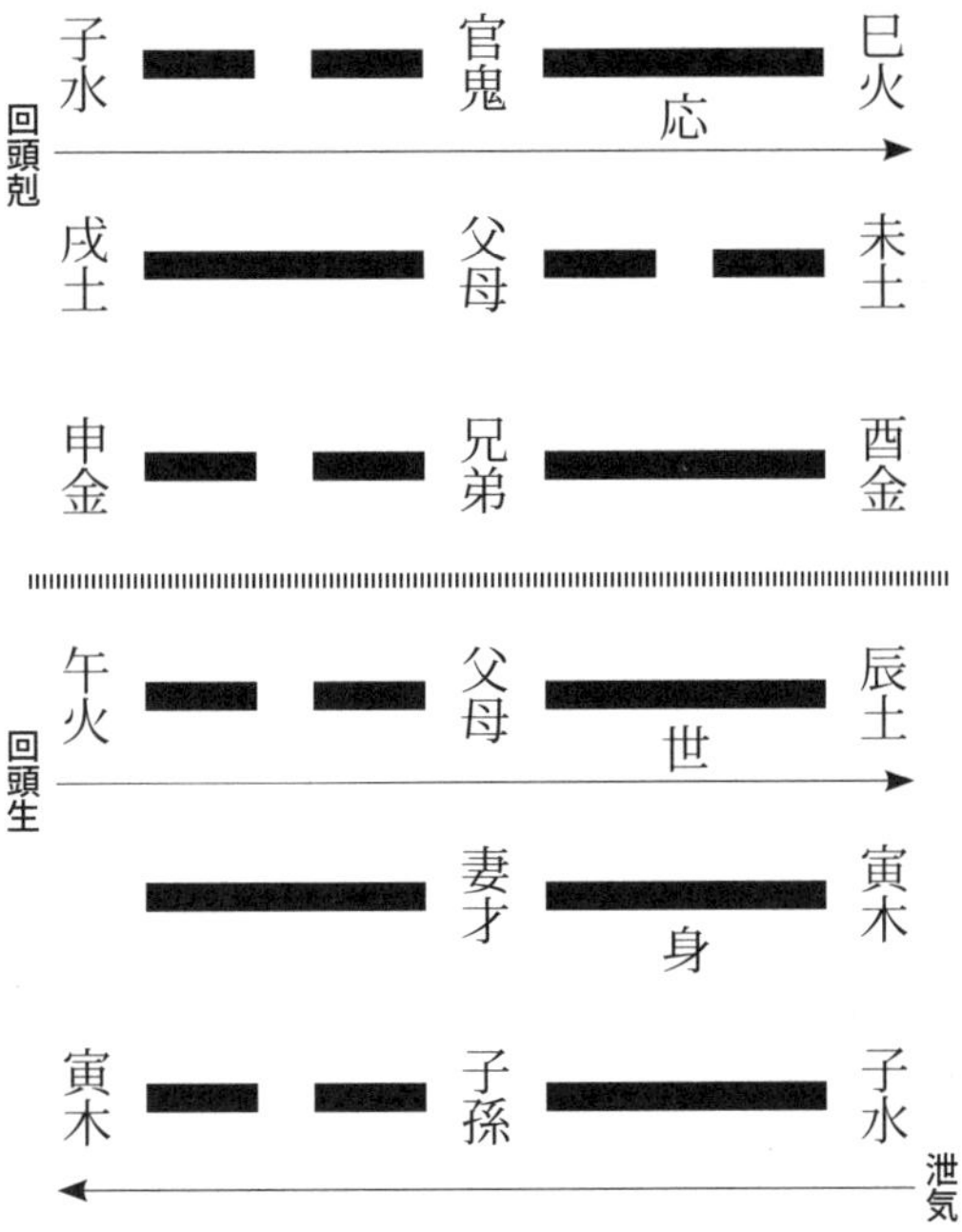

〔図5〕

＊まとめ

・初爻の子孫爻の子（水）から化爻の寅（木）へと泄気

・三爻の父母爻の辰（土）が、変爻の午（火）から辰（土）へ生じられて回頭生

・上爻の官鬼爻の巳（火）が、変爻の子（水）から剋され回頭剋

（表記は回頭生、回頭剋、泄気ともに、日月からの作用の下、「その他の作用」に書くようにして下さい）

☆月建、日辰からの作用で休囚し弱い場合に、回頭生の作用があるからといって百パーセント回復するわけではありません。回頭生という作用は、月建、日辰の作用の後から来る力と考えます。

☆日辰変壊について

月建、日辰からの作用で、日併(旺相)している神が回頭剋になる場合は、「**日辰変壊**」(にっしんへんかい)といって、たとえ月建、日辰から旺相していても全く無力となってしまいます。

〔占題二〕

占的　貸したお金は返済してもらえるかどうか。

辛卯月（　）　丁未日（　）　空亡〔寅卯〕　本卦〔山地剥〕　之卦〔天山遯〕　6↓3

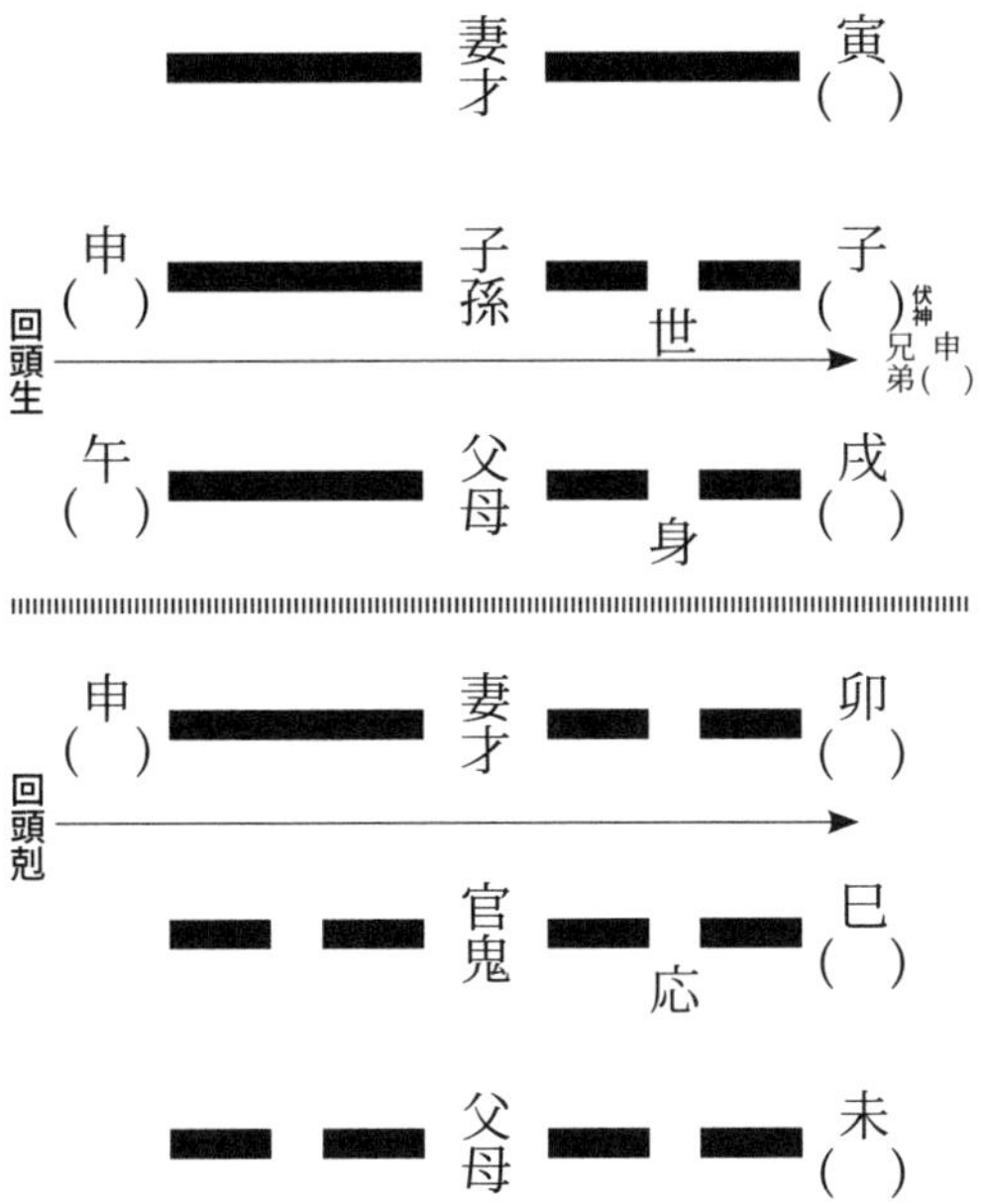

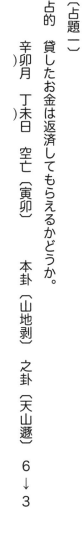

占的から用神は六親五類の何になるかを考えてみて下さい。

用神は（　　　　）

各神	各神の位置	月建からの作用	日辰からの作用	その他の作用
○用神				
△原神				
□忌神				

・占断

・吉凶判断（　　　　）

《占題一・解説》（回頭生・回頭剋）

占的　貸したお金は返済してもらえるかどうか。

辛卯月　丁未日　空亡（寅卯）　本卦（山地剝）之卦（天山遯）6→3

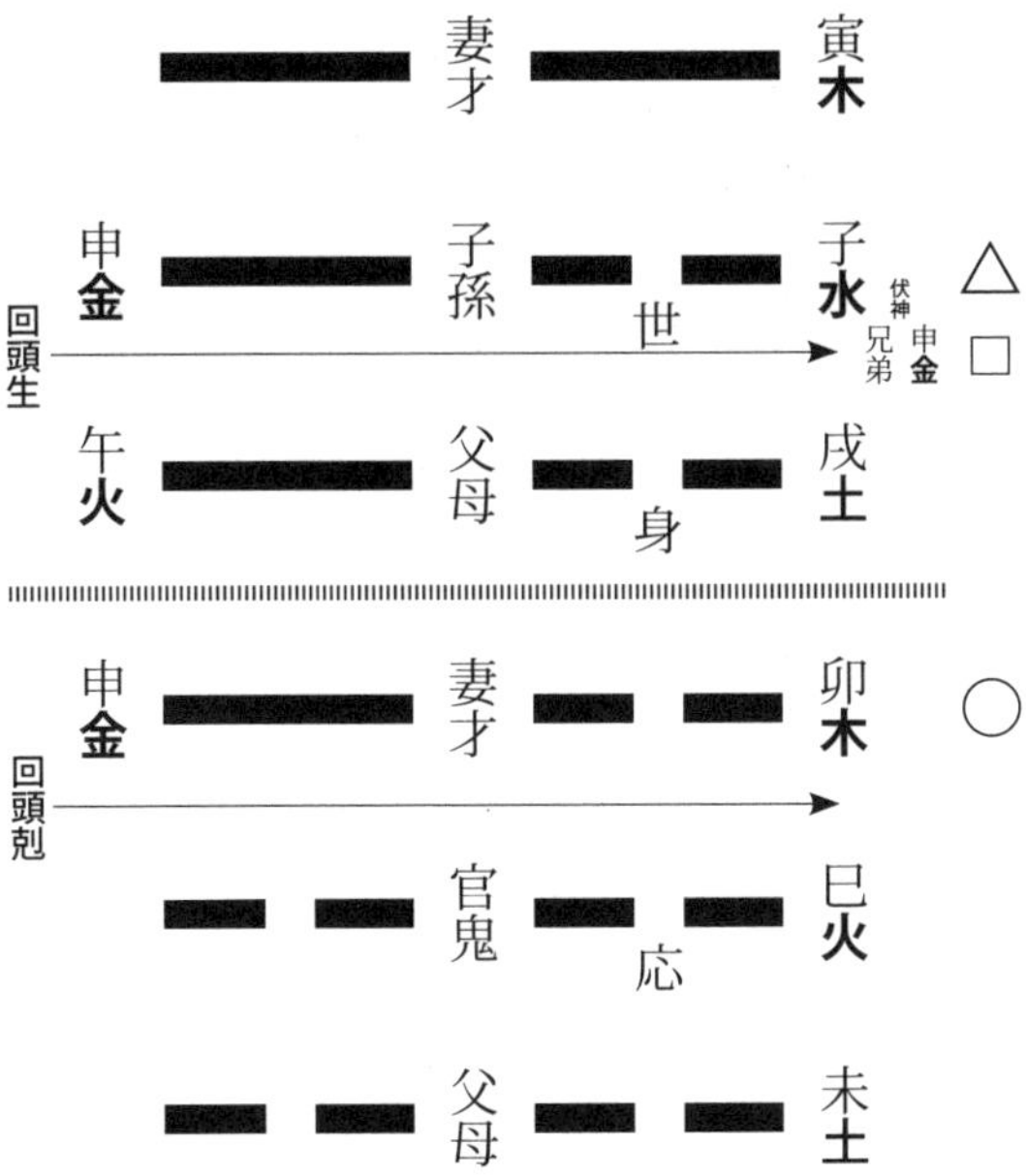

※四爻も回頭生になりますが、四神（用神・原神・忌神・仇神）と関連していませんので、表記していません。

用神は（妻才爻）

用神はお金に関することです。クライアントにとってお金が入ってくるのか、そのまま返してもらえないのかといった「財運」として考えますので、この場合の用神は妻才爻になります。妻才爻は三爻と上爻の二つありますが、動爻のほうをとります。

各神	各神の位置	月建からの作用	日辰からの作用	その他の作用
○用神	三爻の才の卯	旺相（月併）	休囚	回頭剋
△原神	五爻の孫の子	休囚	休囚・剋	回頭生
□忌神	五爻の孫の子に伏する兄の申	作用なし	作用なし	なし

解説

用神の三爻の妻才爻の卯(木)は月建と同じ卯を持ちます。月から併起しているのを**月併**と言いました。月併起するのは、作用で言えば一番強くなります。用神の卯（木）の妻才爻は動いて勢いがあります。月建からは強いのですが、日辰の未（土）から卯（木）は**休囚**しますので、それが弱いところです。そして後から回頭剋の作用が来ます。回頭剋は前述しましたように、後から来る圧力のことですが、回頭剋は用神に力があっても全てを消してしまう力のことです。この用神の場合には月併していますから、百の内の三十パーセントの力はあるのですが、回頭剋になりますので、力はゼロになったということです。

原神は、五爻の子孫爻の子（水）で、用神と同じく動きますので勢いは良いのですが、月建の卯（木）より子（水）は何の作用もなく**休囚**し、また日辰の未（土）より子（水）を見ても何の作用もなく**休囚し剋されて**います。日月から原神の子（水）は休囚し弱いので、用神を支えるだけの力はありません。そして作用として回頭生になっていますが、回頭生は後から少し加わる力でした。本体となる原神が元々力のない休囚の状態ですので、回頭生になっても微力です。

忌神は、五爻の孫の子（水）に隠れています。隠れると**全く力が出せません**ので、用神を潰すことは出来ません。

空亡は「寅」と「卯」です。用神は「卯」になりますが、動爻なので空亡は適用されません。

この占例を力関係で見ますと、用神が弱く、原神も弱く、忌神も弱いというように判断出来ます。各神が弱いので吉凶判断は良くありません。

占断

用神、原神、忌神共に弱く、世爻には原神の子孫爻の子が付きます。原神は用神をバックアップし継続性も表しますので、世爻（本人）は「なんとかしたい」といったところでしょうか。世爻が動いて申（金）の兄弟爻に変わっていますが、兄弟爻は「損失」の意味がありますので、積極的に動けば損をするというようにも捉えられます。このままの状況でしたら、貸したお金は戻りそうにありません。

日辰に父母爻が帯類しますので、父母爻を意味する「通信（例えばメール、電話）」などがヒントになりそうです。世爻(本人)より督促をする必要があるのではないでしょうか。世爻が既に動いていますので、何らかの方法を取っているかもしれませんが、世爻(本人)が動いて申の兄弟爻に変わるのは、兄弟爻が「損失」を意味しますので、他の方法も考えてみるべきと判断します。

この占題では凶として判断しましたが、凶と出た場合には、必ずその凶を回避すべく方法を提示し対策を考えなければなりません。開運する方法をアドバイスするということも大切です。

吉凶判断（×）

☆休囚・休囚剋について

作用には〔占題一〕の原神のように、月建の卯（木）から子（水）を見れば、生も剋も無いので休囚となりますが、日辰の未（土）から子（水）を見れば、作用として（土）が（水）を剋しているのがわかります。作用には生剋の他に合と冲の関係がありました。「併」、「比和」、「生」、「合」や「冲」の関係になっていない十二支とは、「休囚」や「休囚剋」の関係になります。

休囚の意味は「休んでいる」というように捉えますが、休囚で剋されている場合には、休んでいるところに頭の上から大きな石が落ちてくる、というような感じですので、休囚より悪いと考えます。休囚剋は、同じ休囚だからといって、表記上、休囚という表現で一括りにしないように注意して下さい。

〔占題二〕

占的　現在の会社からリストラの可能性があるかどうか。

乙丑月　丁丑日　空亡〔申酉〕　本卦〔水山蹇〕　之卦〔雷地預〕　61→26

〔ポイント〕

・用神は六親五類の何になるかを占的から考えてみて下さい。

・会社というのがヒントになります。

＊一二八頁に解説

〔占題三〕

占的　この人を雇ってどうか〔社長からの依頼〕。

丁未月　戊申日　空亡〔寅卯〕　本卦〔天沢履〕　之卦〔水雷屯〕　22→11

〔ポイント〕

・用神は六親五類の何になるかを占的から考えてみて下さい。

・人事はその会社にとってどのような影響を及ぼすのかということです。

＊一三一頁に解説

《占題二・解説》

占的　現在の会社からリストラの可能性があるかどうか。

乙丑月（土）　丁丑日（土）　空亡（申酉）　本卦（水山蹇）　之卦（雷地予）　61→26

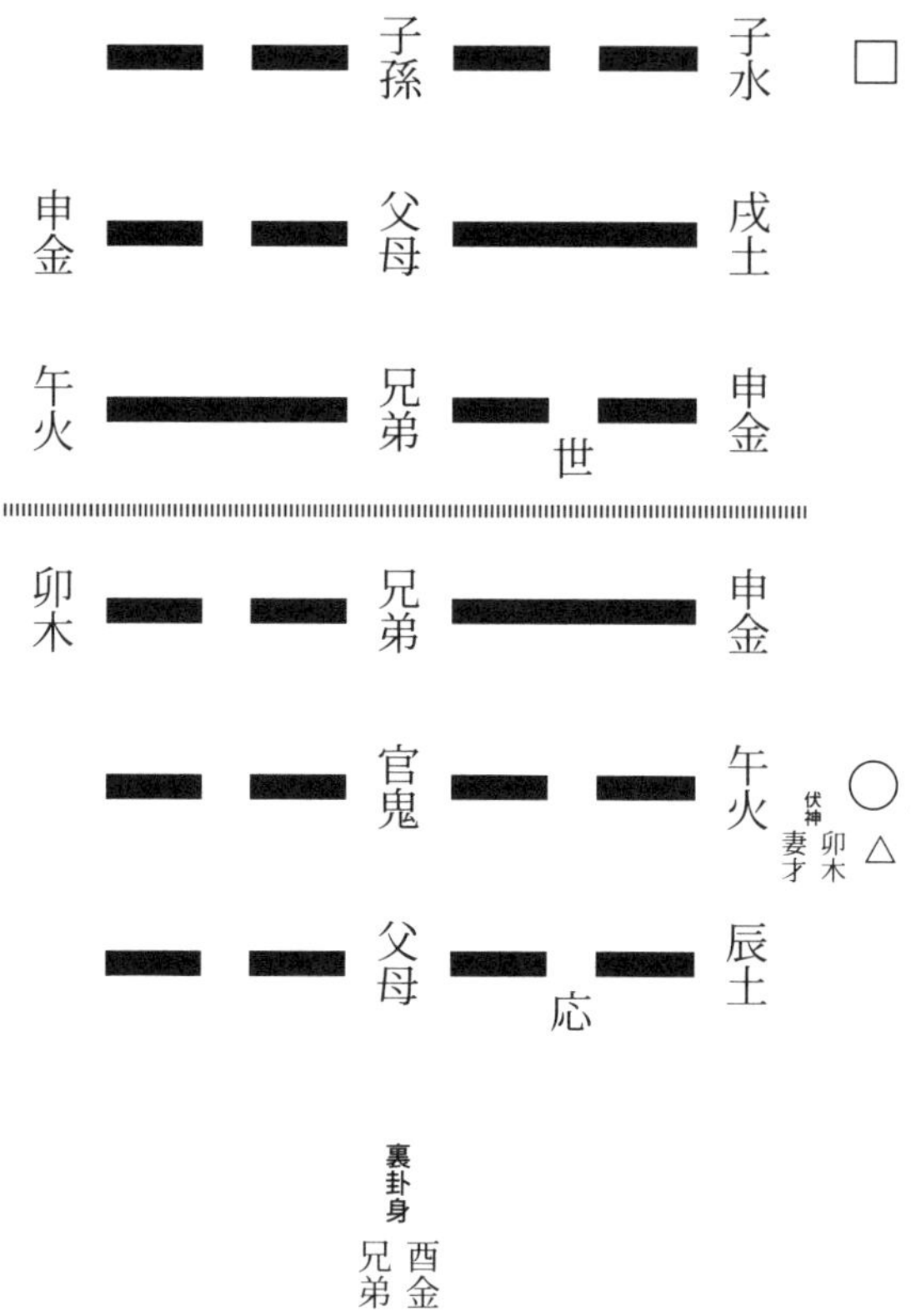

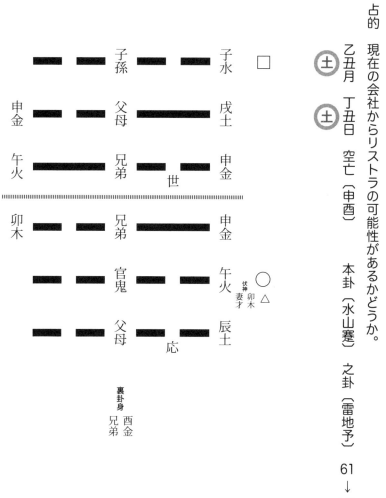

用神は（官鬼爻）

会社関係の占断ということになりますと、用神は官鬼爻になります。

各神	各神の位置	月建からの作用	日辰からの作用	その他の作用
○用神	二爻の官鬼の午	休囚	休囚	なし
△原神	二爻の官鬼に伏する才の卯	作用なし	作用なし	なし
□忌神	上爻の子孫の子	合（月合）	合（合起）	なし

解説

用神の二爻の官鬼爻の午（火）は、月建の丑（土）から（火）を見ますと何も作用がありませんので**休囚**です。日辰も同じ十二支の丑日となっていますので、同じ作用の**休囚**です。用神の官鬼爻は日月から休囚して全く力がありません。

原神は、二爻の官鬼爻に伏する才の卯（木）なので、日月からの作用は受けず、**力は全くありません**。

忌神は、上爻の子孫の子（水）が月建の丑（土）より合の関係になりますので、**月合**となります。忌神の子は静爻ですので勢いには欠けますが、月建より合しますので旺相して力があると見ます。また、日辰からの合の作用は、静爻の場合「合起」、動爻の場合「合住」となりますが（八五頁参照）、ここは静爻ですので**合起**となり、日月からの力を得ます。

占断

四爻の世爻は本人と見るわけですが、兄弟爻を持って動いて午（火）の官鬼爻に変化しています。兄弟爻には、文字通り「兄弟」の意もありますが、「ライバル」や「損失」といった意味もあります。世爻に兄弟爻が付くのは「損失」の意から、このままではリストラをされる可能性があると暗示させられるものですが、動いて官鬼爻になるのは、他の会社が見つかる可能性も暗示させられるものです。

日辰に父母爻を帯類していますが、父母爻には、「通信」、「学問」、「建設」の意味があります（付録二五三頁参照）ので、連絡網を使っての新たな仕事のチャンスもあるかと思います。日辰に同じ（土）が帯類することは、五行の（土）が強いということになります。同じ（土）の五爻の父母爻の戌が動いて日月に旺相しています。そしてもう一つ言えば、この戌（土）が動いて世爻の申（金）を生じますので、学問、建築関連の仕事に繋がる縁が廻ってくる可能性もあるのではないでしょうか。

用神は休囚で弱く、原神も伏して弱く、忌神は日月から合して強いので、吉凶判断としては凶となります。現在のままでしたらリストラの可能性が高いと判断されますので、早急に新たな就職活動をした方が良いと占断しました。

吉凶判断（×）

《占題三・解説》

占的　この人を雇ってどうか（社長からの依頼）。

丁未月　戊申日　空亡（寅卯）　本卦（天沢履）　之卦（水雷屯）　22↓11

㊏　㊎

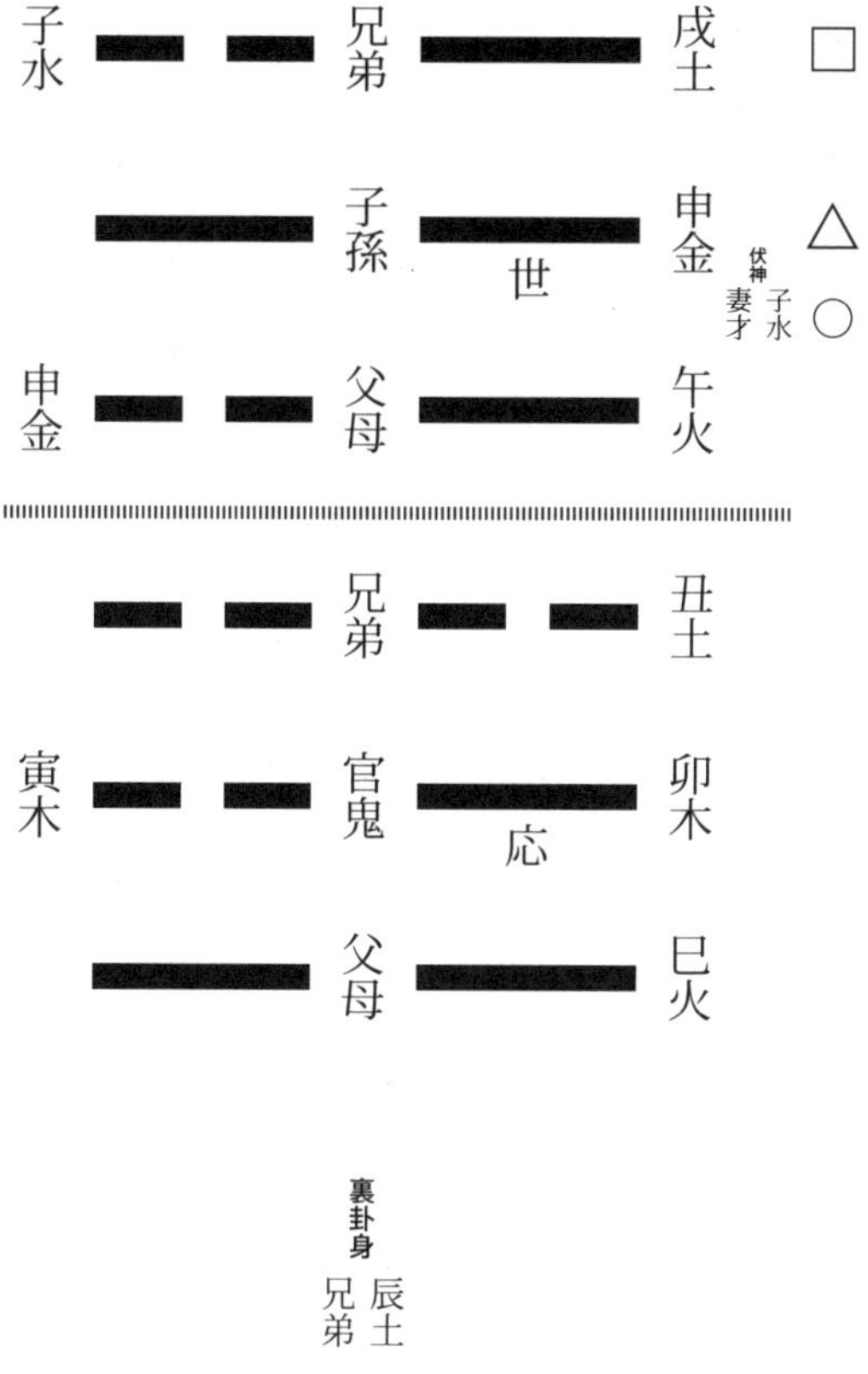

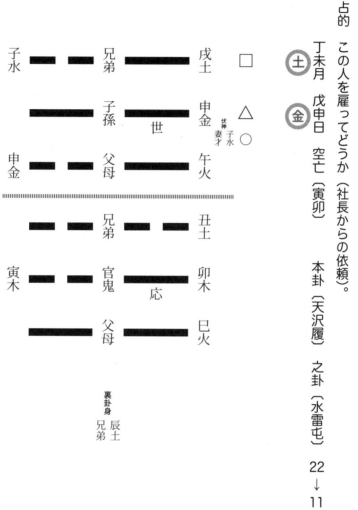

用神は（五爻の孫の申に伏する才の子）

人がお金を運んできますので、人事に関しては、人は財産ということになり、妻才爻が用神になります。

各神	各神の位置	月建からの作用	日辰からの作用	その他の作用
○用神	五爻の孫の申に伏する才の子	作用なし	作用なし	なし
△原神	五爻の孫の申	旺相（生）	旺相（日併）	なし
□忌神	上爻の兄の戌	旺相（比和）	休囚	なし

解説

用神は五爻の子孫爻の申（金）に伏する妻才爻の子（水）で、申（金）に隠れますので、**日月からの力は全くありません**。

原神は五爻の子孫爻の申（金）が、月建の未（土）より**生じられ**、日辰の申（金）と原神の申（金）は同じ十二支ですので、**日併**し旺相します。

忌神の上爻の兄弟爻の戌（土）は動いて、月建の未（土）とは同じ五行ですが、十二支が違うので**比和**となり、日辰の申（金）からは戌（土）は何の作用もなく**休囚**します。忌神は月建からは比和し旺相しますが、日辰より休囚していますので、三十パーセント位の力しかありません。原神の申（金）は日月より強く旺相しているのですが、用神が伏して無力ですので、弱体用神ではバックアップのしようがありません。

占断

用神は伏する妻才爻の子ですが、世爻の申に隠れています。世爻は子孫爻を持ち原神となり旺相します。世爻に子孫爻が付くのは、この人を雇ったら些細なことにも目をかけて面倒を見るというような、世話のかかる人、という暗示もあります。

原神の申には力がありますが、いかせん用神が伏していては力の発揮のしようがありません。また、用神の子（水）から、世爻の申（金）を見たとき、子も申も動かず、生剋合冲はありませんので、縁が無いと判断しました。縁の有無は、用神と世爻の関係でも判断します。

世爻の申の(金)がもし動爻でしたら、動くものから生じたり、剋したりもできます。片方の爻が動いて、もう一つの爻に生じたり剋したり、または合や冲の関係が発生したならば、用神との間に縁があるという見方をします。このような見方は下巻で詳しく解説する予定です。

日辰に子孫爻を帯類し、同じ子孫爻を持つ世爻は原神となり旺相しますので、この人を雇う気持ちは積極的なのでしょうが、用神が伏していて力がないのは、この人を雇っても良くないと判断されます。よって吉凶判断は凶とします。

・吉凶判断（×）

*Ⅱ　トレーニング

〔問題一〕十二支の五行

例　戌（土）

・亥（　）　・子（　）　・酉（　）　・丑（　）　・申（　）

・寅（　）　・未（　）　・卯（　）　・午（　）　・辰（　）

・巳（　）

〔問題二〕五行の生、剋、休囚

例　木↓火（木生火）

・火↓金（　）　・水↓金（　）　・木↓水（　）

・金↓木（　）　・土↓水（　）　・土↓木（　）

・金↓水（　）　・水↓土（　）　・木↓土（　）

・火↓土（　）　・土↓金（　）　・木↓火（　）

・木↓金（　）　・火↓水（　）　・金↓土（　）

・火↓木（　　　）　・水↓木（　　　）　・水↓火（　　　）

〔問題三〕用神、原神、忌神の五行

例　用神（辰）原神（火）忌神（木）

・用神（申）原神（　　　）忌神（　　　）

・用神（亥）原神（　　　）忌神（　　　）

・用神（未）原神（　　　）忌神（　　　）

・用神（寅）原神（　　　）忌神（　　　）

・用神（午）原神（　　　）忌神（　　　）

〔問題四〕合の関係になる十二支

例　申（巳）

・亥（　　）　・子（　　）

・丑（　　）　・戌（　　）

・辰（　　）　・午（　　）

〔問題五〕冲の関係になる十二支

・亥（　　）・子（　　）

・丑（　　）・卯（　　）

・辰（　　）・申（　　）

〔問題六〕問題五で朋冲の関係になる十二支は何か

①（　　）と（　　）

②（　　）と（　　）

☆巻末に回答があります。

〔占題四〕

占的　この薬を服用するが副作用はあるのかどうか。

乙未月　辛亥日　空亡〔寅卯〕　　本卦〔水沢節〕　之卦〔地雷復〕　10↓50

〔ポイント〕

・用神は六親五類の何になるかを占的から考えてみて下さい。

・副作用ということから、自分に害を及ぼすのは何かということで考えて下さい。

＊一三九頁に解説

《占題四・解説》（退神）

占的　この薬を服用するが副作用はあるのかどうか。

乙未月　辛亥日　空亡（寅卯）　本卦（水沢節）　之卦（地雷復）　10↓50

土　水

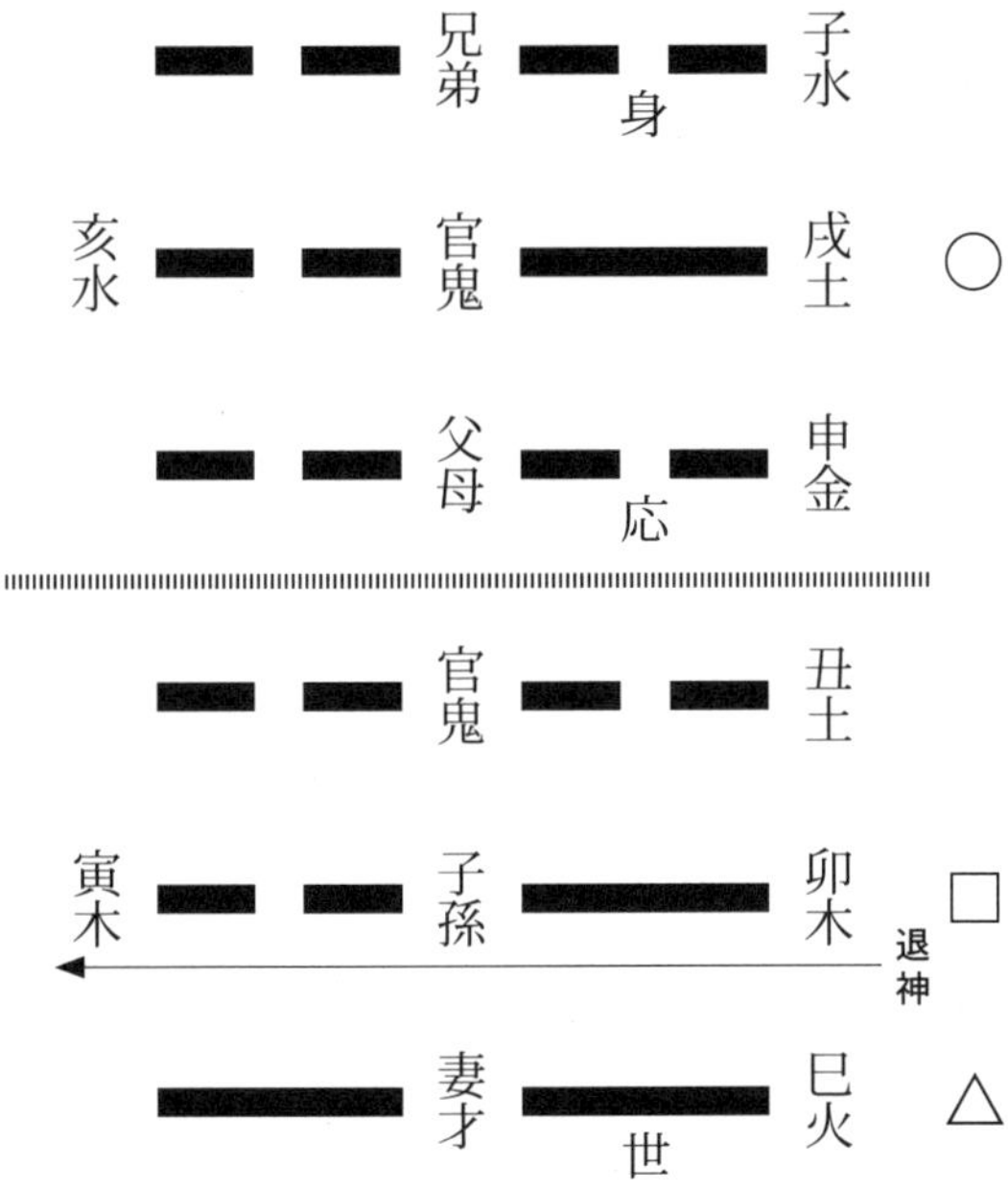

用神は（官鬼爻）

害があるとは我を剋するという考え方になりますので、用神は官鬼爻になります。

各神	各神の位置	月建からの作用	日辰からの作用	その他の作用
○用神	五爻の官の戌	旺相（比和）	休囚	なし
△原神	初爻の才の巳	休囚	冲（冲散）	なし
□忌神	二爻の孫の卯	休囚	旺相（生）	退神

解説

用神の五爻の官鬼爻の戌（土）は動き、月建の未（土）と同じ五行のエレメントを持ちますが、十二支が異なるので**比和**となり力を得ます。日辰の亥（水）からは、戌（土）は何の作用もありませんので**休囚**します。日辰を重要視しますので、月建から力があってもそれほど生かされません。

原神の初爻の妻才爻の巳（火）は、月建の未（土）から（火）は何の作用もないので**休囚**し、日辰の亥（水）からは冲されます。冲の場合は、静爻であるか動爻であるか、また、朋冲であるかで作用が変わってきます（八六頁参照）。原神は静爻で、なおかつ月建より休囚していますので、**冲散**になります。冲散には、バラバラに分散されて力が出ないという意味があります。

忌神は二爻の子孫爻の卯（木）ですが、月建の未（土）より**休囚**して、日辰の亥（水）からは〔水生木〕となりますので、**生じられて**力を得ます。しかし、**退神**していますので、少し力が抜ける感じです。退神は次の第二十章で説明しますが、進神、退神での十二支は既に決まっています。十二支の内の八支が進神、退神のペアとなります。

空亡は「寅」と「卯」です。忌神は「卯」になりますが、動爻なので空亡は適用されません。

占断

用神の五爻の官鬼爻の戌は、動いて月建からの力を得ますが、日辰に休囚しますので三十パーセント位の力しかありません。原神には世爻が付き日辰より冲散します。原神の継続性ということを考えると、その力が続かないと判断します。

この占題では、用神が官鬼爻で「災い」ということを見ていますので、用神、原神が弱い方が吉となりますし、官鬼爻を潰す役目の忌神の子孫爻は、基本的に強い方が良いと判断します。

用神の官鬼爻の戌は月建より力を得ますが、日辰からは休囚で弱く、用神を支える原神も冲散で弱くなります。忌神の子孫爻の卯が動いて日辰より生じられるのは、忌神は用神を潰す役目ですので吉象と取れます。日月からの作用の後に、この忌神は退神となっていますが、全ての力を失うわけではありません。少し力が抜ける感じの判断です。用神は動いて月建より力を得ますが、日辰からは弱いので、この忌神が用神の官鬼を圧迫するには十分だと判断します。

用神が少し強く、原神が弱く、忌神が強いというように判断しますので、薬の副作用はないと判断しました。用神が月建より比和していますので、多少の影響があると考え、◎ではなく○としました。

吉凶判断（○）

第二十章　進神・退神

動爻において、本卦から化爻（変爻）へ変化する場合に、進神（しんじん）、退神（たいじん）という機能があります。本卦から化爻（変爻）へ変化する際に、十二支の順位に変わることを進神、逆の順位に変化することを退神、といった表現をします。十二支の内の八支で作用します。

作用としての判断は、進神は力が増していきますが、退神は力が減少していくという判断になります。

＊進神、退神の順位

・進神　　丑↓辰　寅↓卯　辰↓未　未↓戌　申↓酉

＊退神は進神の反対になります。

・退神　　辰↓丑　卯↓寅　未↓辰　戌↓未　酉↓申

一四五頁に図表としてまとめておきましたので、参照して下さい。

＊進神・退神の爻姿

①進神の例　本卦　火雷噬嗑　之卦　天沢履　38 ↓ 22

②退神の例　本卦　水沢節　之卦　地雷復　10 ↓ 50

①進神

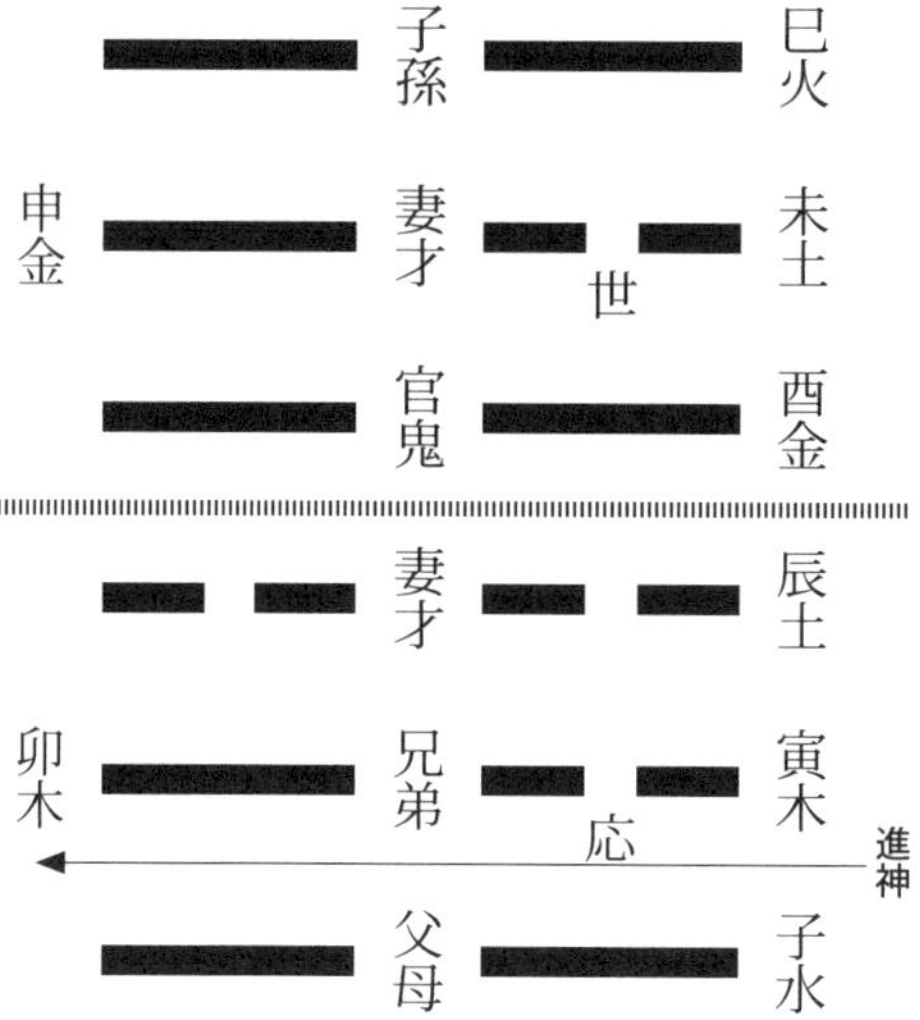

②退神

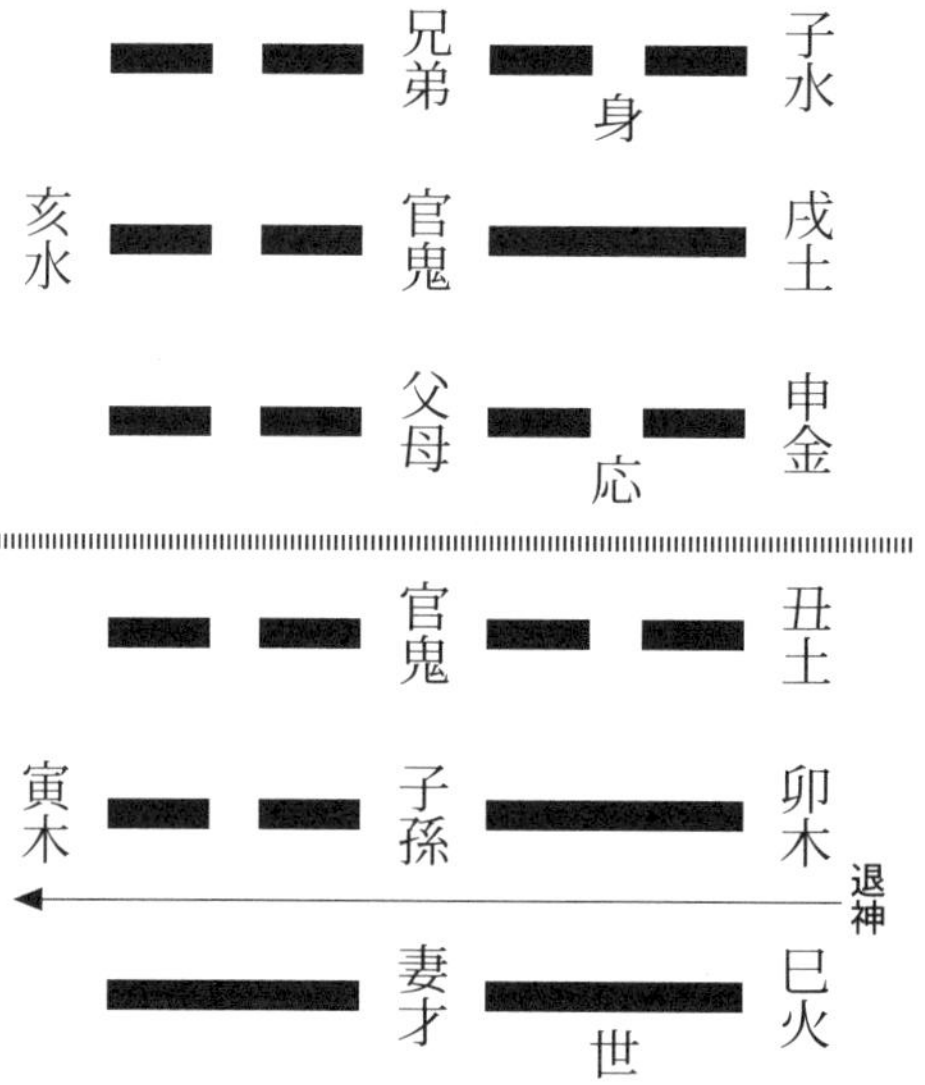

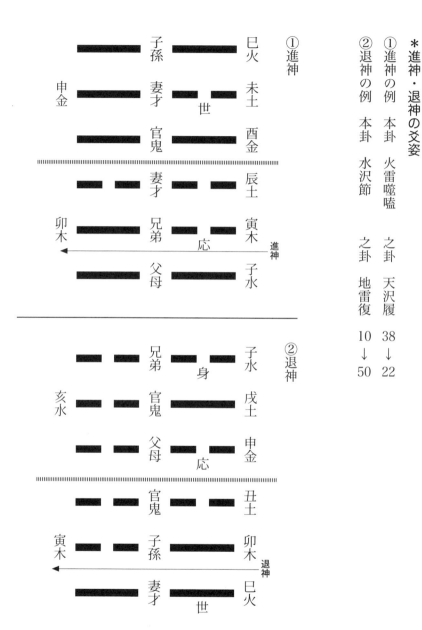

①は進神を表した爻姿です。二爻の兄弟爻の寅から化爻（変爻）の卯に変化しているので進神になっています。勢いが次第に増していくことを意味しています。

②は退神を表した爻姿となっています。二爻の子孫爻の卯が化爻（変爻）の寅に変わり、勢いや力が次第に減少していく様子を表しています。

先ずは進神の順位さえ理解すれば、退神はその反対になりますので、呪文のように進神の順番を唱えていればすぐに覚えられると思います。

進神では「うしたつとらうたつひつじひつじいぬさるとり」…と、こんな感じです。

【進神・退神の順位】

進神	退神
丑↓辰	辰↓丑
寅↓卯	卯↓寅
辰↓未	未↓辰
未↓戌	戌↓未
申↓酉	酉↓申

〔占題五〕

占的　借家人が家賃を払わないが払ってもらえるか。

庚寅月　辛卯日　空亡〔午未〕　本卦〔地風升〕之卦〔天山遯〕29→3

〔ポイント〕

・用神は六親五類の何になるかを占的から考えてみて下さい。

・爻（自分）にお金が入金となるかどうかの問題です。

＊一四七頁に解説

〔占題六〕

占的　弁護士を立てて貸したお金を回収できるかどうか。

庚寅月　辛卯日　空亡〔午未〕　本卦〔雷火豊〕之卦〔山沢損〕14→20

〔ポイント〕

・用神は六親五類の何になるかを占的から考えてみて下さい。

＊一五〇頁に解説

《占題五・解説》

占的　借家人が家賃を払わないが払ってもらえるか。

庚寅月（木）　辛卯日（木）　空亡（午未）　本卦（地風升）　之卦（天山遯）　29→3

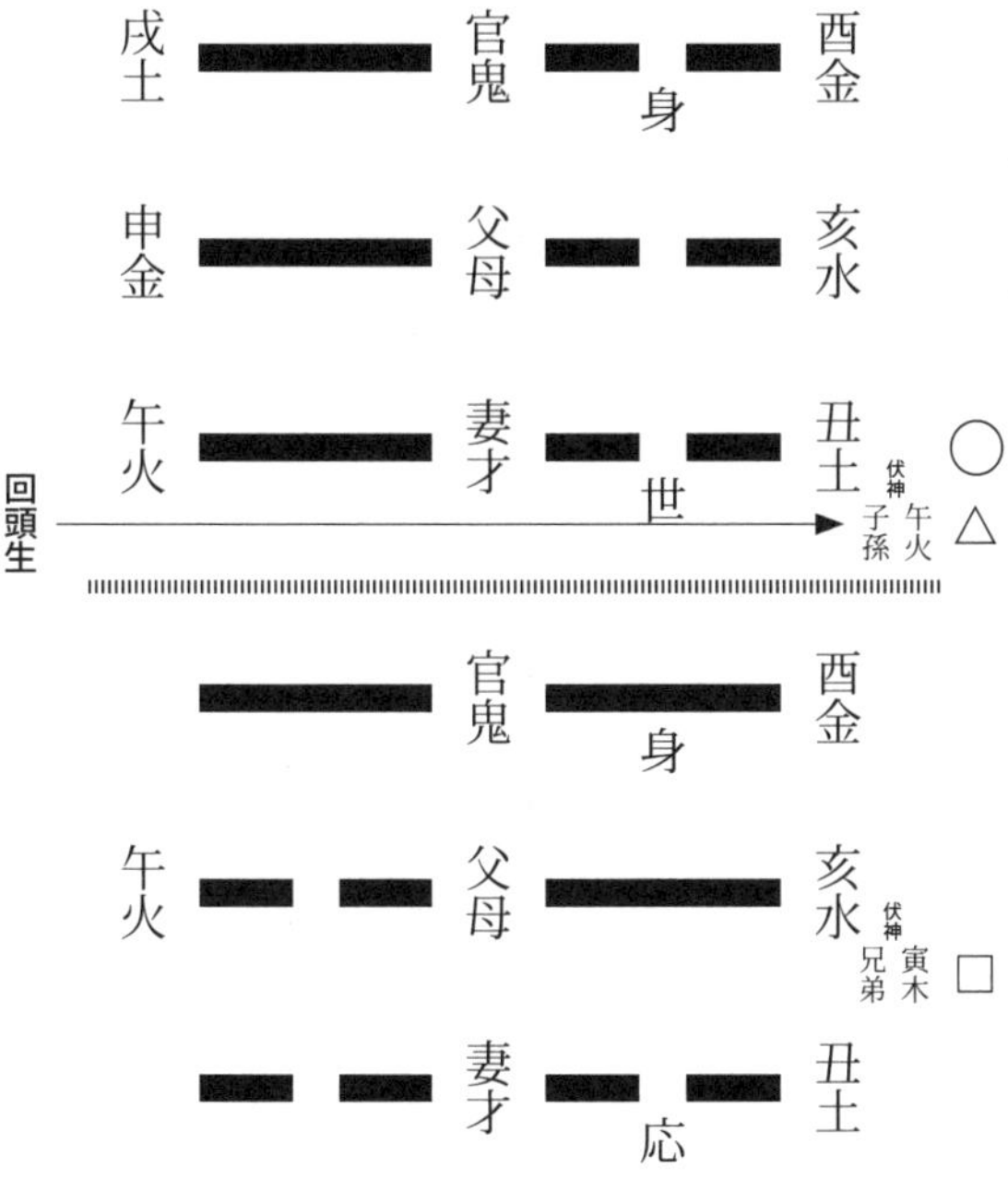

用神は（妻才爻）

家賃など、金銭に関わるものは妻才爻となります。

各神	各神の位置	月建からの作用	日辰からの作用	その他の作用
○用神	四爻の才の丑	休囚・剋	休囚・剋	回頭生
△原神	四爻の才の丑に伏する孫の午	作用なし	作用なし	空亡
□忌神	二爻の父の亥に伏する兄の寅	作用なし	作用なし	なし

解説

用神は四爻の妻才爻の丑（土）で世爻が付いています。動いて勢いはありますが、月建の寅（木）より丑（土）は**休囚し剋され**、日辰の卯（木）からも同じく**休囚で剋され**ますので、全く力がありません。**回頭生**になっていますが、本体が日月より弱いので、回頭生で後から少し力が加わっても過少のことでたいした力にも成り得ません。

原神は四爻の妻才爻の丑（土）に隠れている午（火）なので、**全く力がありません**。午（火）は**空亡**になります（伏神の場合も空亡）。空亡は力が抜けている状態ですので、全くの無力です。

また忌神も二爻の父母爻の亥（水）に伏した兄弟爻の寅（木）なので、同じく**全く力がありません**。

用神は弱く、原神、忌神も弱いので、このままでしたら家賃の支払いは忘れ去られて、借家人が滞納のまま変化のない状況になる可能性が考えられます。ただ、世爻（家主）に才が付きますので、世爻（家主）の努力如何によっては、少しは入金の可能性が残されていると判断します。

占断

四爻の世爻は妻才爻を持って、動いて化爻（変爻）の原神と同じ午の子孫爻に変わります。変化した午が、同じ十二支の原神の午として四爻の丑の下に隠れています（一〇七頁参照）ので、世爻がなんとか対策を講じることで入金のチャンスが得られる可能性もあります。

日辰には兄弟爻が帯類しています。兄弟には「損失」、「出費」といった意味もありますので、損害する暗示もありますが、兄弟爻の寅は、二爻の父母爻の亥（水）に伏して日月から弱いので、大した損失でないとも判断できます。

用神の世爻は日月から休囚剋されて弱いのですが、妻才爻を持って動きますので、入金の可能性が全くないわけではありません。後から回頭生の作用になっていますので、世爻（家主）からの督促、その他の努力により、全額は無理でも、少しはなんとか遅れて回収できる可能性もあるかと思います。吉凶判断としては凶ですが、世爻に妻才爻が付いていることで少しは救われる可能性があると占断しました。

吉凶判断（×）

《占題六・解説》〔泄気・外卦三合会局・回頭剋〕

占的　弁護士を立てて貸したお金を回収できるかどうか。

庚寅月（木）　辛卯日（木）　空亡〔午未〕　本卦〔雷火豊〕　之卦〔山沢損〕　14→20

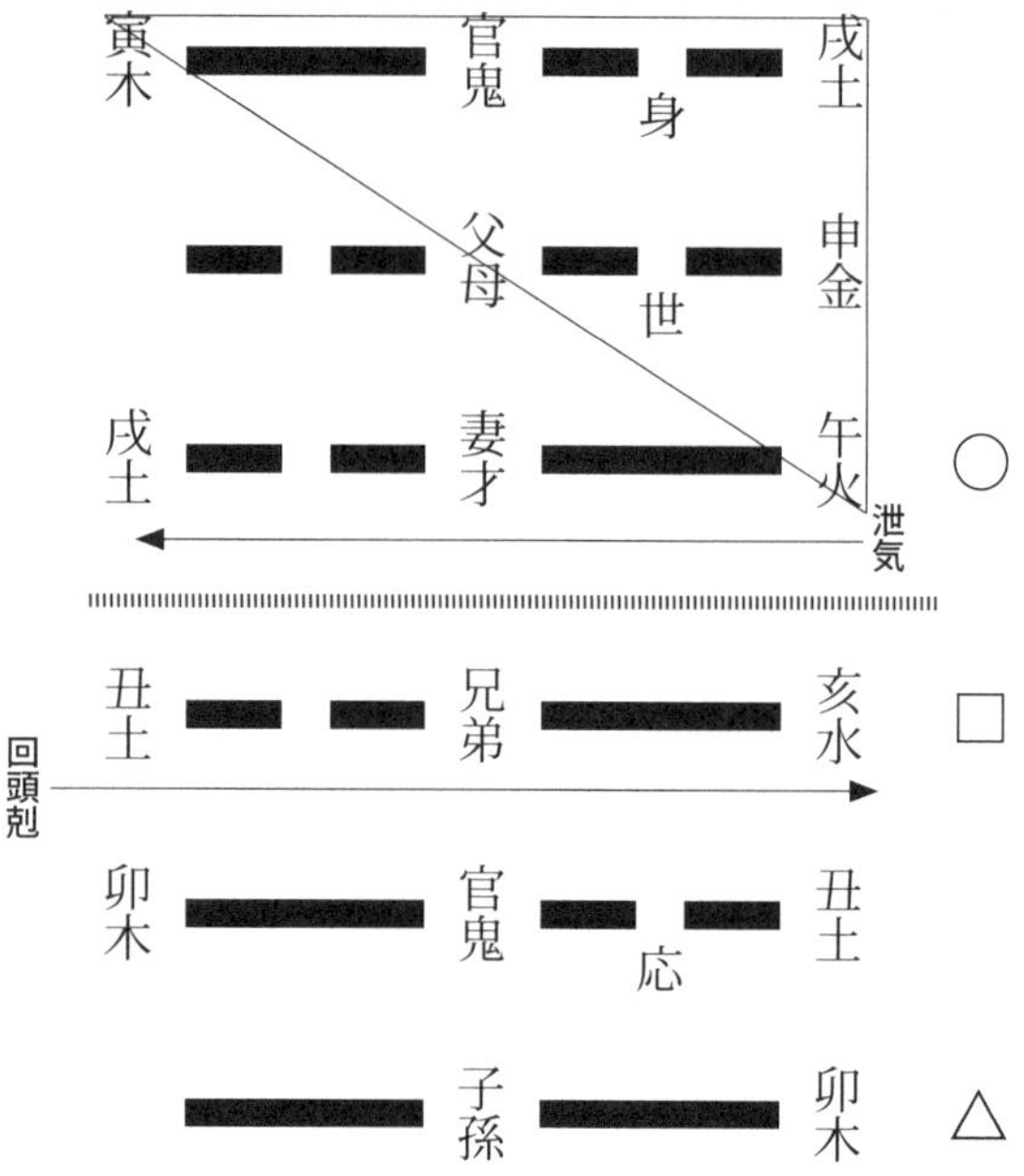

用神は（妻才爻）

貸したお金は、金銭に関わるものなので、妻才爻となります。

各神	各神の位置	月建からの作用	日辰からの作用	その他の作用
○用神	四爻の才の午	旺相（生）	旺相（生）	泄気・三合火局
△原神	初爻の孫の卯	旺相（比和）	旺相（日併）	なし
□忌神	三爻の兄の亥	合（月合）	休囚	回頭剋

解説

用神は四爻の妻才爻の午（火）ですが動いて、月建の寅（木）より午（火）は**生じられ**、日辰の卯（木）からも同じく午（火）は**生じられ**て旺相します。本爻の午（火）から化爻の戌（土）に変わり、〔火生土〕と作用しますので、力が若干抜け、**泄気**になります。そして外卦で三合会局します。動いている動爻同士で化爻と本爻とを合わせて三角の図形を形成できる場合に「三合」となりますが、三合には五種類の局があります。ここは、外卦で出来た「寅・午・戌」の三つで構成される会局になりますが、真ん中の午（火）の五行を取って「**三合火局**」といいます。次の第二十一章で詳しく説明しますが、解釈としては先に泄気をして、その後、三合火局することで、少し力が戻ります。

原神は初爻の子孫爻の卯（木）で動きませんが、卯（木）は月建より同じ五行の寅（木）から**比和**されて力があります。同じ五行の（木）ですが、十二支が違うので比和となります。日辰の卯（木）から原神の卯（木）は、十二支と五行（木）が同じなので併起となります。日からの併起なので**日併**と言います。静爻で勢いはありませんが、とても力があると見ます。

忌神の三爻の兄弟爻の亥(水)は、月建の寅(木)より合して**月合**となり旺相し、日辰の卯(木)から亥(水)は何の作用もありませんので**休囚**です。休囚とは休んでいることなので、力はありません。また、**回頭剋**の作用となっていますので、後から全くの無力となります。

占断

用神の四爻の妻才爻の午は動いて日月に生じられるので、力を得て泄気します。若干の力は抜けますが三合火局で力はまた戻ります。原神の初爻の子孫爻の卯は静爻なので勢いはありませんが、月建より比和し日併しますので、用神をバックアップ出来るだけの力が備わっています。忌神は三爻の兄弟爻で動いて月合で力を得ますが、日辰には弱く、後からの回頭剋で全く力が失せました。

日辰に子孫爻を帯類し、同じ子孫爻を持つ原神の卯が旺相します。子孫爻には「弁護士」という意味もあります。弁護士に相談して貸したお金の返済への道筋を付けたい、という本人の希望の表れとも取れます。

世爻は五爻の父母爻を持つ申ですが、動きはないので消極的です。父母爻は「書類」という意味もあるので、本人（世爻）としては書面で解決したいといったところでしょうか。

占的から求才占として考えますので、用神は妻才爻になりますが、用神が強く、用神を支える原神も強く、用神を潰す忌神が弱いのは、象意としては吉と判断できます。

吉凶判断（◎）

第二十一章　三合会局

三合会局（さんごうかいきょく）には、木局、火局、土局、金局、水局となる五種類の三合があります。

木局は亥卯未、火局は寅午戌、土局は午戌寅、金局は巳酉丑、水局は申子辰になります。例えば、卦の中に亥、卯（〇）、未を見つけることがあれば木局です。ただし、全てが動爻でなければ成立しません。

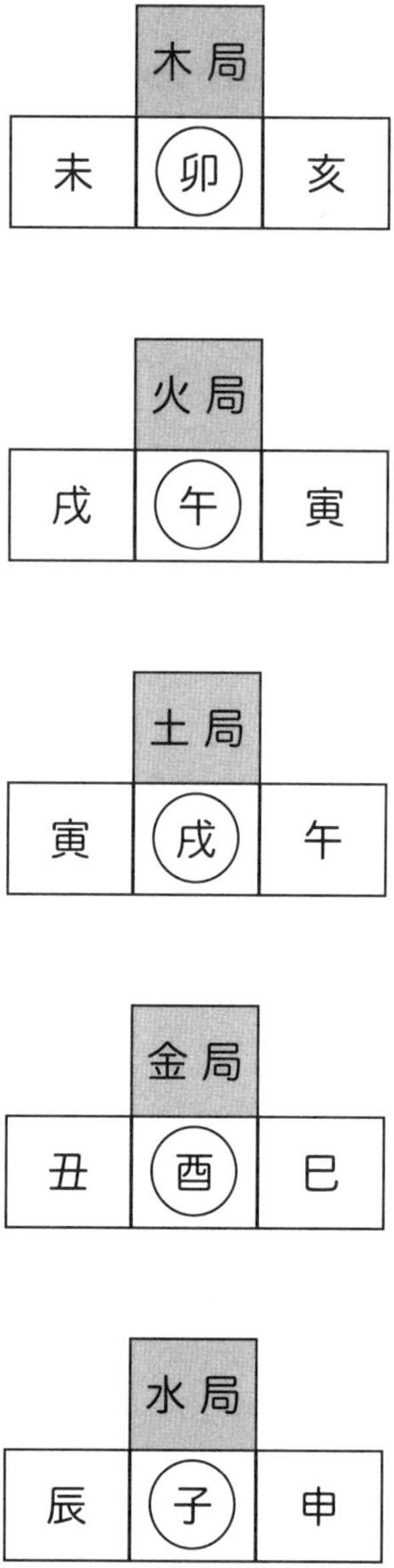

＊三合会局になるためのルール

①本爻だけで動いている場合

②本爻で二つの爻が動いて、その二爻と日辰で三合会局する場合

③内卦、外卦、それぞれの中で、本爻で三合会局する場合
④内卦、外卦、それぞれの中で、化爻で三合会局する場合

三合会局の爻姿を図形で示すと、このような三角形の姿になります。必ず動爻同士で構成されています。

・内卦、外卦で三合会局（③と④のケース）

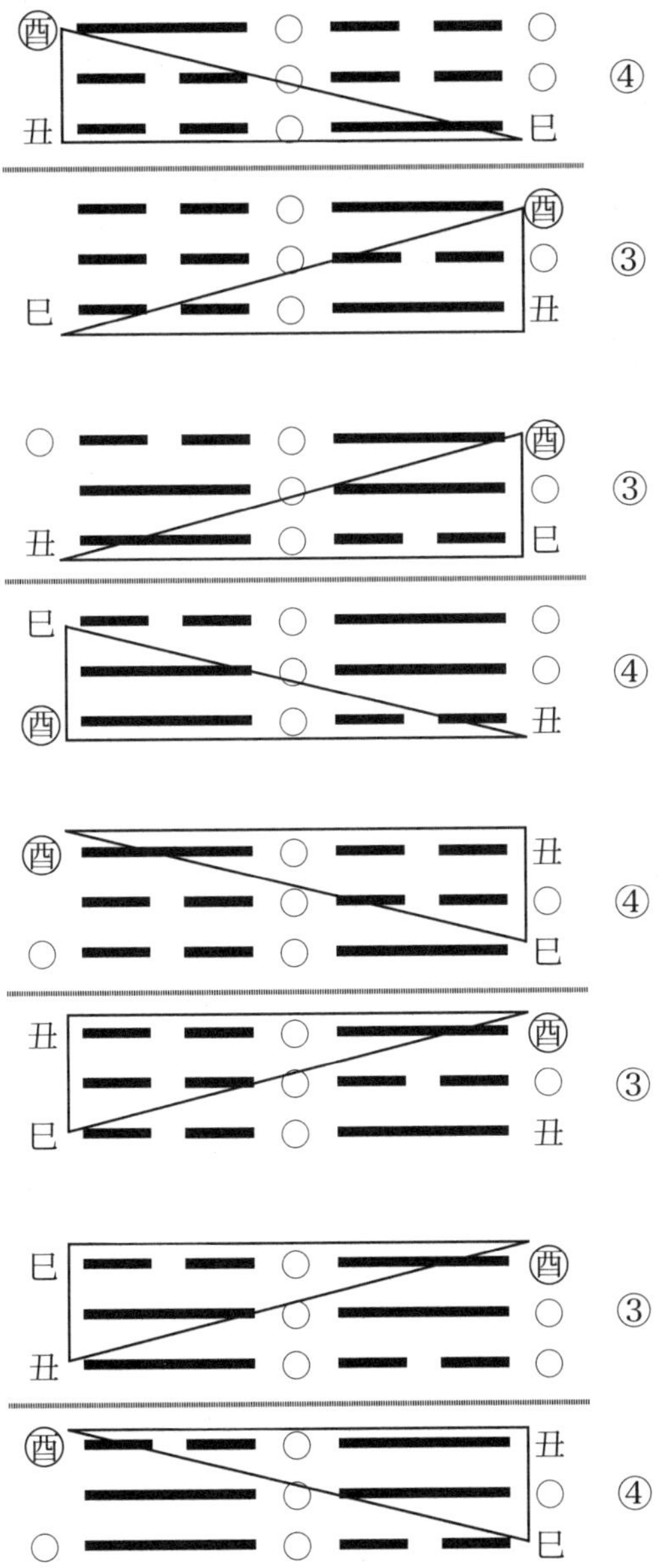

・化爻〔変爻〕での三合会局（一五五頁④のケース）

化爻三合会局の爻姿（例〔占題二十〕【二四七頁】化爻三合水局）

(A)これは初爻の化爻の子（水）が内卦で三合水局した例ですが、この化爻の子（水）が本卦（六爻）の支全てに影響を与えます。

(B)化爻（変爻）で三合会局した場合には、本卦六爻それぞれに合冲、生剋、比和の作用を及ぼすのが特徴ですが、冲起暗動や合起はありません。

(A)

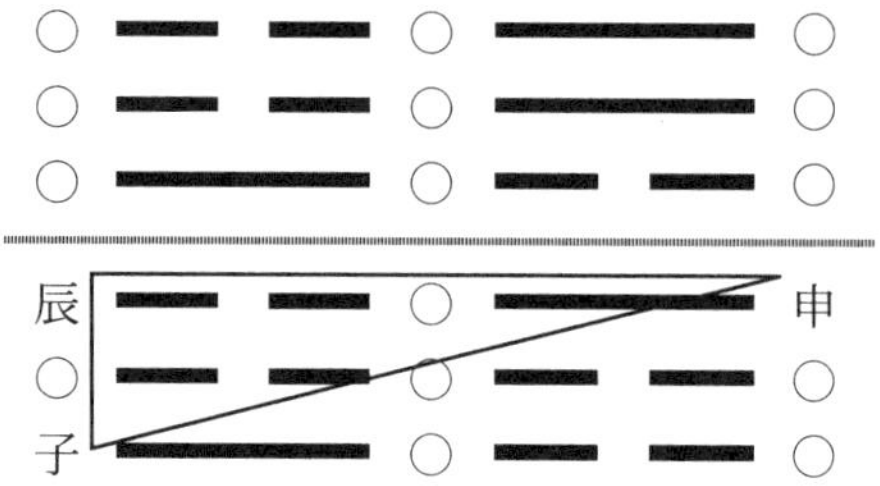

(B)

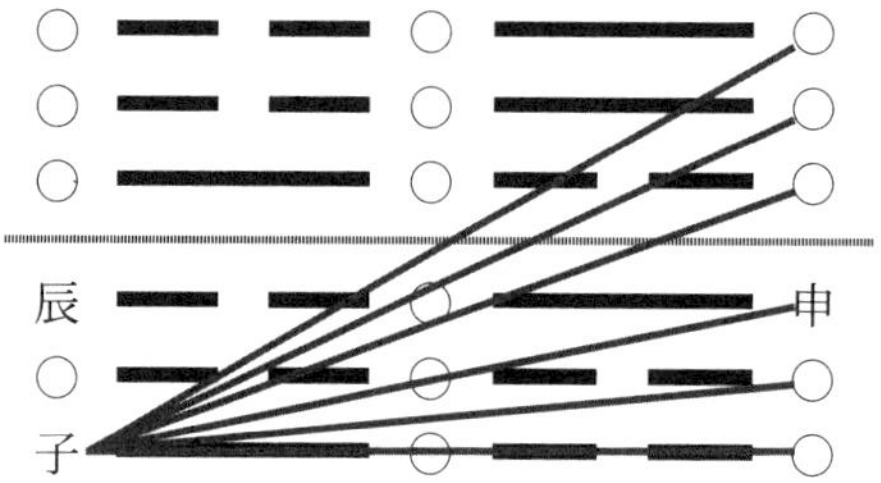

・日辰を含む三合会局（一五四頁②のケース）

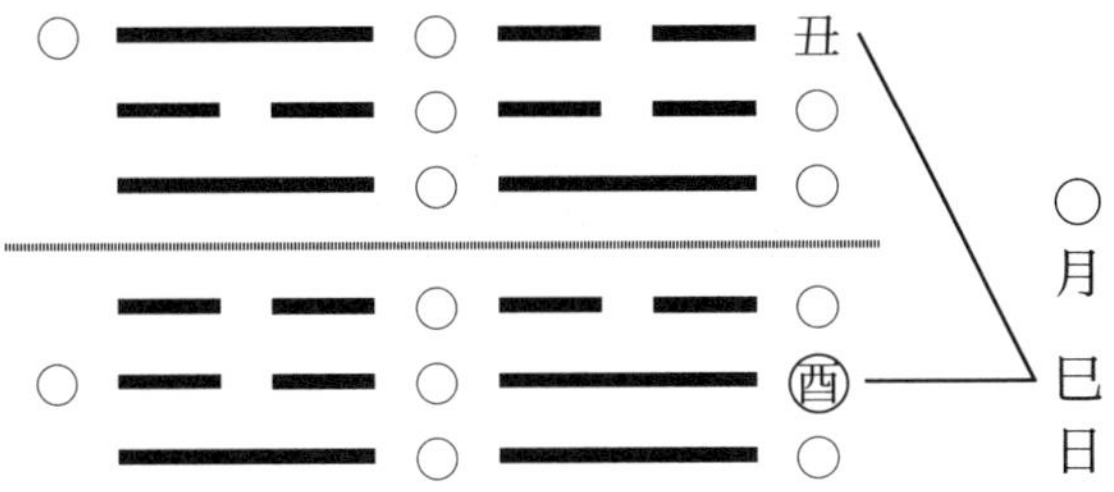

・本爻での三合会局（一五四頁①のケース）

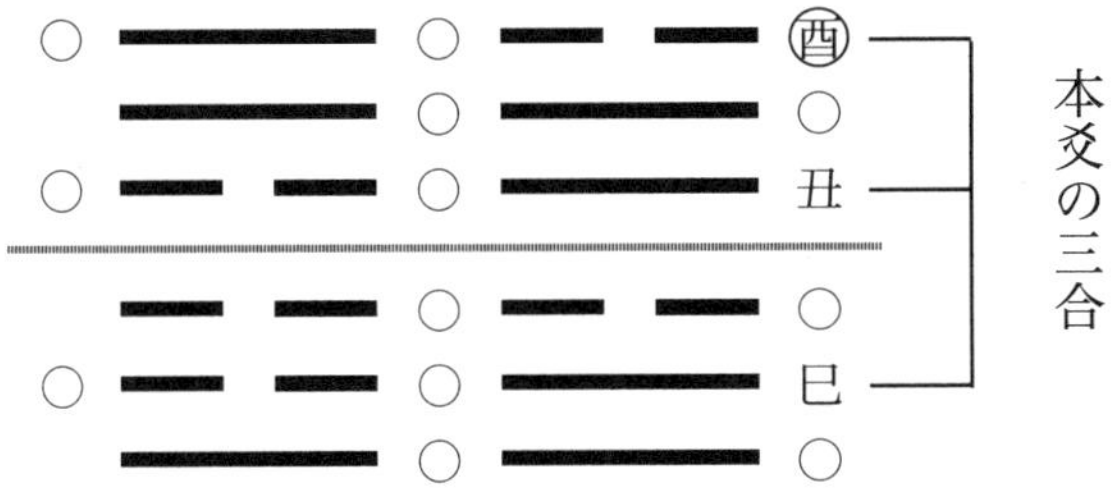

・三合会局は、本爻で三合会局する場合と、化爻（変爻）で三合会局する場合とでは力の加わり方が変わってきます。化爻（変爻）で三合会局した場合は、本卦六爻全てに合冲、生剋、比和の作用を及ぼすのが

特徴です。

☆作用を含む三合会局の種類
①回頭生の三合会局
②回頭剋の三合会局
③進神、退神などを含んだ三合会局
④泄気の三合会局

三合会局にも色々な種類がありますので、その中での判断を十分考慮しなければなりません。また、用神が三合会局であるからといって全ての占断で旺ずるわけでもありません。まずはどのような状態での三合会局なのかを理解した上での占断をすることが大切なのです。日辰より弱い場合には三合会局しても力が百パーセント戻るわけではありませんが、理論上は吉象としての判断はします。

なお、三合会局については、下巻で更に再考します。

〔占題七〕

占的　今付き合っている女性と今後どうなるか。

己酉月　乙丑日　空亡〔戌亥〕　本卦〔火天大有〕　之卦〔天風姤〕　8↓2

〔ポイント〕

・用神は六親五類の何になるかを占的から考えてみて下さい。

＊一六〇、一八一頁に解説

〔占題八〕

占的　汗と食べ物に反応するアレルギーがあるが、今のアレルギーの具合はどうか。

戊午月　己卯日　空亡〔申酉〕　本卦〔艮為山〕　之卦〔巽為風〕　17↓33

〔ポイント〕

・用神は六親五類の何になるかを占的から考えてみて下さい。
・体の具合の悪さ、災いということで用神を考えます。

＊一六三頁に解説

《占題七・解説》（回頭剋）

占的　今付き合っている女性と今後どうなるか。

己酉月（金）　乙丑日（土）　空亡（戌亥）　本卦（火天大有）　之卦（天風姤）　8↓2

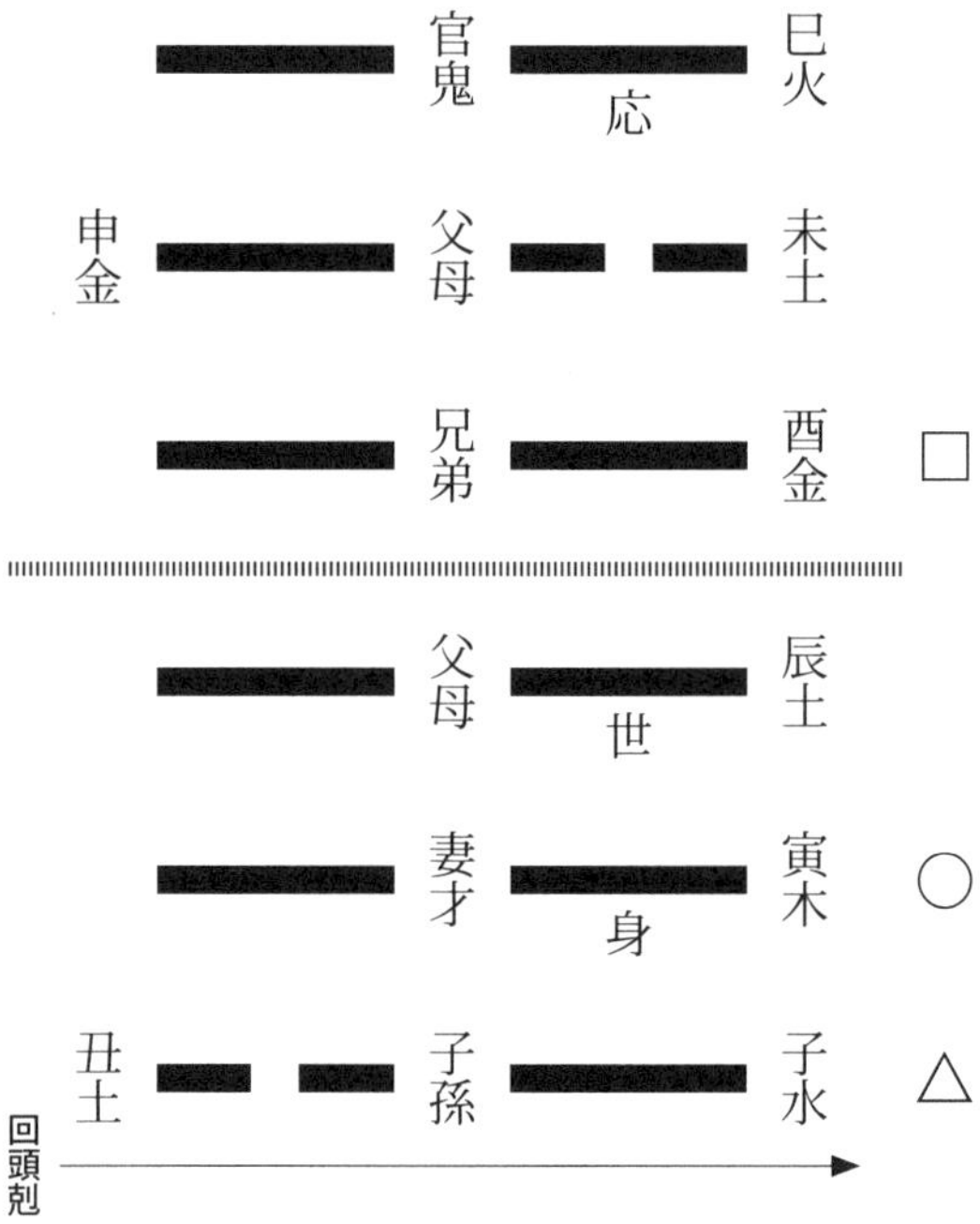

用神は（妻才爻）

付き合っている女性のことは妻才爻が用神になります。

各神	各神の位置	月建からの作用	日辰からの作用	その他の作用
○用神	二爻の才の寅	休囚・剋	休囚	なし
△原神	初爻の孫の子	旺相（生）	合（合住）	回頭剋
□忌神	四爻の兄の酉	旺相（月併）	旺相（生）	なし

解説

用神は、二爻の妻才爻の寅（木）は動かず、月建の酉（金）より寅（木）は合冲の関係ではありませんので**休囚で剋**されています。日辰の丑（土）より寅（木）は何の作用もありませんので**休囚**します。

原神の初爻の子孫爻の子（水）は、月建の酉（金）から**生じられ**、日辰の丑（土）と子（水）は合します。動爻の場合には、日辰から合すると、**合住**といって、途中で物事が止まるというような意味の作用を持ちますので、全く良くありません（八五頁参照）。原神の力は月建からはありますが、日辰からは合住しますので、月建からの力も止まってしまいます。そして回頭剋となりますので、全くの無力と化します。

忌神は、四爻の兄弟爻の酉（金）は月建の酉（金）と同じ十二支ですので併起します。月から併起しますので**月併**と言い、とても力があります。そして日辰の丑（土）からは酉（金）は**生じられ**、静爻ではありますが力は温存します。

占断

用神の二爻の妻才爻の寅は、日月より休囚し動かず、力は弱くなります。この用神に世爻の分身である卦身が付きますので、世爻（本人）と女性との間には、多少なりとも縁を感じさせられます。初爻の原神の子孫爻が合住してストップして回頭剋の作用を受けますので、用神を支える力は全くありません。原神の意味する「継続性」ということを考えますと、お付き合いは続かないと判断されます。忌神の兄弟爻の酉は動きませんが、日月にとても強いので、用神の弱さを考え合わせますと、今後のお付き合いは難しい局面になるかと考えられます。

世爻に父母爻が付き、日辰にも父母爻が帯類しますので、親との同居、親の問題、あるいは親の意見が優先されるなども考えられます。父母爻には「神経質」という意味もありますので、この件で心労ということも考えられます。

後からの情報で、両親と同居だということでしたが、結婚となるとなかなか難しいと判断しました。総合的な占断として、用神は弱く、原神も弱く、忌神が強いのは、凶とします。

吉凶判断（×）

《占題八・解説》

占的　汗と食べ物に反応するアレルギーがあるが、今のアレルギーの具合はどうか。

戊午月　己卯日　空亡〔申酉〕　本卦〔艮為山〕　之卦〔巽為風〕　17↓33

火　木

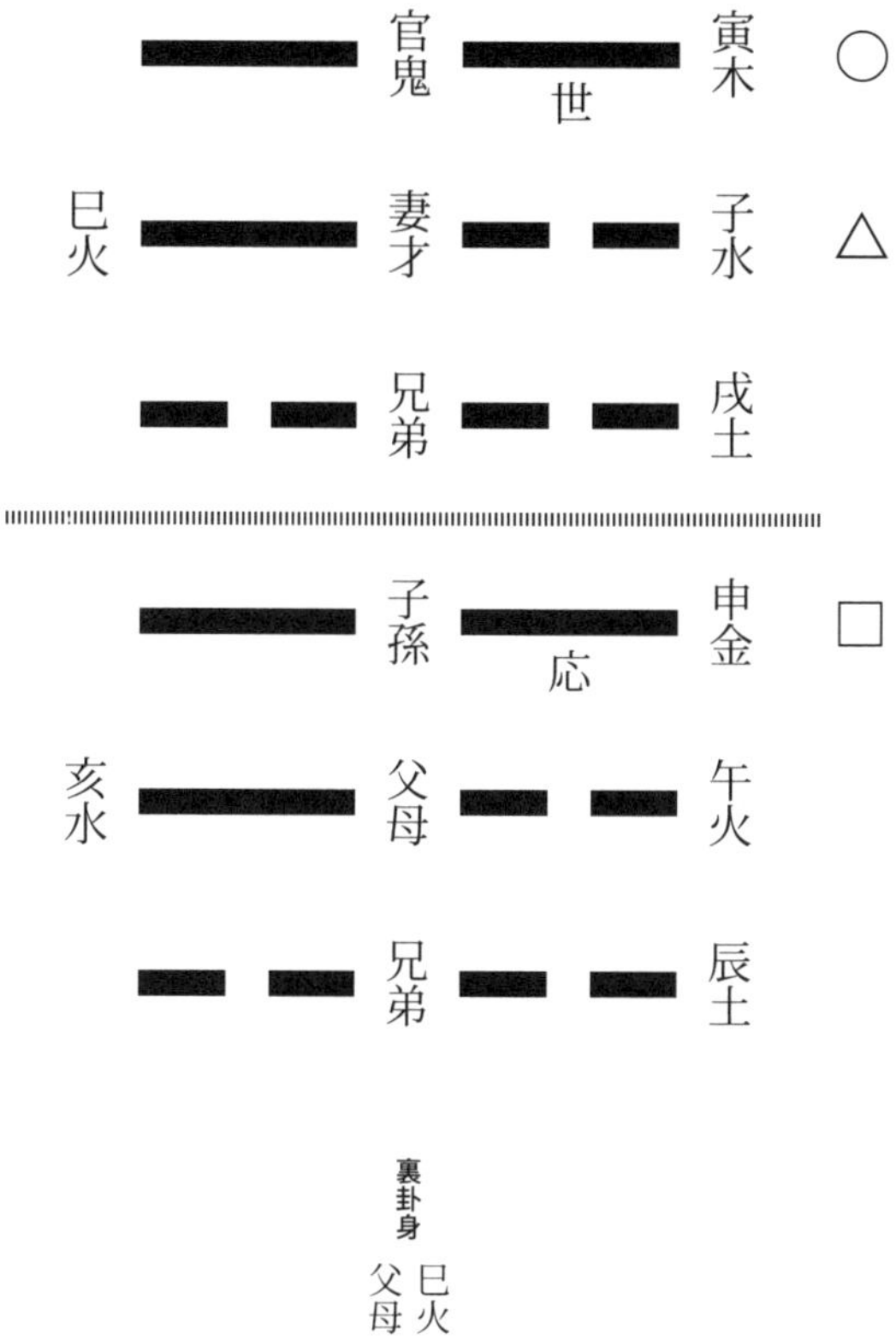

用神は（官鬼爻）

病気の症状などは官鬼爻で見ます。

各神	各神の位置	月建からの作用	日辰からの作用	その他の作用
○用神	上爻の官の寅	休囚	旺相（比和）	なし
△原神	五爻の才の子	冲（月破）	休囚	なし
□忌神	三爻の孫の申	休囚・剋	休囚	空亡

解説

用神は上爻の官鬼爻の寅（木）で動かず、月建の午（火）より寅（木）を見ますと何の作用もありませんので**休囚**となり力がありません。そして日辰の卯（木）より用神の寅（木）は、十二支は違いますが同じ五行の（木）となりますので**比和**となり、旺相します。

原神の五爻の妻才爻の子（水）は、月建の午（火）とは冲の関係です。月からの冲は**月破**と言い、全く力がバラバラとなって壊れる感じです。日辰の卯（木）から原神の子（水）は、何の作用もありませんので**休囚**して力はありません。原神は動いていて勢いがありますが、このように日月から何の力もなく弱いので、用神を支える力は無いと判断します。

忌神の三爻の子孫爻の申（金）は、月建の午（火）から**休囚して剋**され、日辰の卯（木）からは申（金）は何の作用もありませんので、**休囚**し全く力がありません。そして子孫爻は静爻になっています。このように日月から力のない爻は**空亡**となります。空亡は「蛻の殻」といった状態でしょうか。

占断

上爻の用神の官鬼爻の寅に世爻が付き、日辰より比和をするのは良くありません。このような病気を占事る場合には、官鬼爻に用神を取りますが、その場合の吉凶に関しては、官鬼が旺相しているのは凶と捉えます。この用神の官鬼の寅の場合、月建からは休囚して力は無いのですが、日辰より比和をし、なおかつ世爻が付いているので凶として考えます。用神の官鬼爻に世爻が付くと、常にその病気があるというような感じを受けます。そして日辰にも同じ官鬼が帯類するのは、必然的に官鬼爻の作用が強く出てしまうということです。

原神は動いて勢いはありますが月破して、日辰に休囚して力がないのは継続性がないことを表しています。忌神は動かず日月に弱く空亡しますので、用神を潰すには無力です。病占の場合には、官鬼（病気をみる神）に圧力を掛ける役目の子孫爻が強いことが吉象とされますので、この占題でしたら、用神の官鬼爻に世爻が付き、動かず強く、原神、忌神ともに弱いということは凶の判断となります。

用神の官鬼爻に世爻が付くのは慢性的な病気とも考えられますが、原神が弱く継続性がないと考えるならば、一過性としての強い病状が今回現れたとも考えられます。吉凶判断としては凶と判断しました。

☆もっと深く見る

用神の官鬼爻（世爻）とそれを潰す役目の子孫爻との関連性も見出されませんので、その症状を抑える薬、その他もなかなか難しい状況ではないかと推測されます。そして原神の妻才爻の子が動いて、二爻の父母爻の午と**爻冲**しますが、これをどのように考えればよいのでしょうか。このような爻の合冲に関しては、上巻での占題を題材にして、下巻で再度、考察していきたいと思います。

吉凶判断（×）

＊Ⅲ　トレーニング

〔問題七〕月建からの作用を考えて日辰の作用を書きなさい。

・例　丁卯月　辛亥日　空亡〔寅卯〕

	月建	日辰	その他の作用
動爻　用神　寅	（比和）	（合住）	（なし）

①己巳月　辛亥日　空亡〔寅卯〕

	月建	日辰	その他の作用
動爻　用神　寅	（　）	（　）	（　）

②丁卯月　辛亥日　空亡〔寅卯〕

	月建	日辰	その他の作用
静爻　用神　酉	（　）	（　）	（　）

③　甲寅月　辛亥日　空亡〔寅卯〕

月建　日辰　その他の作用

静爻　用神　寅（　）（　）（　）

④　己巳月　癸丑日　空亡〔寅卯〕

月建　日辰　その他の作用

静爻　用神　寅（　）（　）（　）

⑤　己巳月　辛酉日　空亡〔子丑〕

月建　日辰　その他の作用

静爻　用神　申（　）（　）（　）

⑥　庚午月　甲申日　空亡〔午未〕

月建　日辰　その他の作用

動爻　用神　寅（　）（　）（　）

⑦　己丑月　辛卯日　空亡〔午未〕
月建　　日辰　　その他の作用
静爻　用神　未（　　）（　　）（　　）

⑧　丙子月　丙申日　空亡〔辰巳〕
月建　　日辰　　その他の作用
静爻　用神　午（　　）（　　）（　　）

⑨　丙子月　己丑日　空亡〔午未〕
月建　　日辰　　その他の作用
静爻　用神　未（　　）（　　）（　　）

⑩　丙子月　己丑日　空亡〔午未〕
月建　　日辰　　その他の作用
動爻　用神　未（　　）（　　）（　　）

☆巻末に回答があります。

〔占題九〕

占的　連休で旅行に行く計画があるが、仕事先（アルバイト）は休ませてくれるかどうか。

丙寅月　壬寅日　空亡〔辰巳〕　本卦〔水火既済〕　之卦〔天雷无妄〕　12↓37

〔ポイント〕

・用神は六親五類の何になるかを占的から考えてみて下さい。

・仕事先というのがヒントになります。

＊一七一頁に解説

〔占題十〕

占的　このままカラーコーディネートの勉強を続けて仕事に生かせるか。

甲子月　乙酉日　空亡〔午未〕　本卦〔沢水困〕　之卦〔水沢節〕　58↓10

〔ポイント〕

・用神は六親五類の何になるかを占的から考えてみて下さい。

・仕事として生かせるか、と訊いていますのでそれがヒントです。

＊一七四頁に解説

《占題九・解説》

占的　連休で旅行に行く計画があるが、仕事先（アルバイト）は休ませてくれるかどうか。

丙寅月（木）　壬寅日（木）　空亡（辰巳）

本卦（水火既済）之卦（天雷无妄）12→37

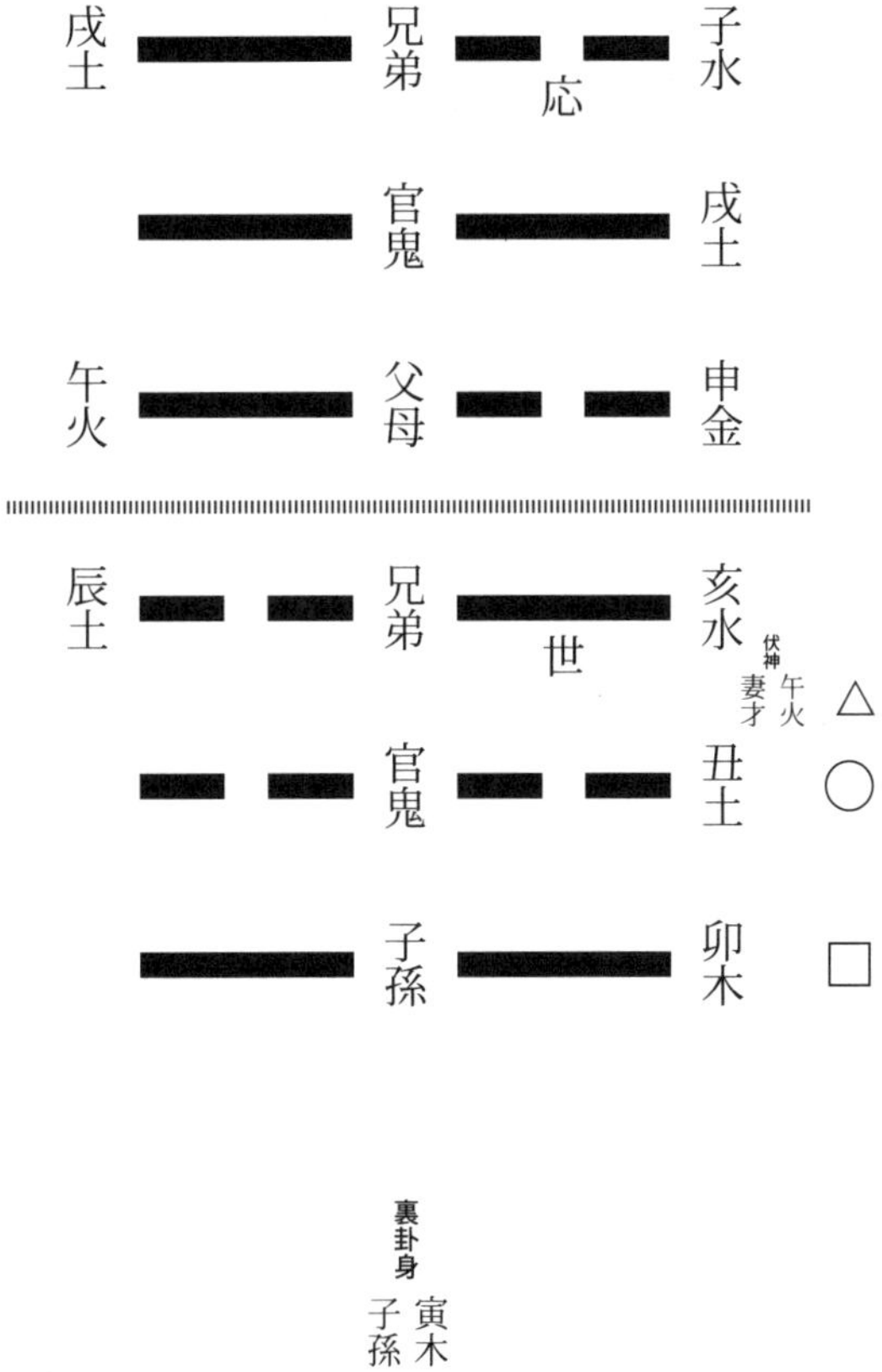

用神は（官鬼爻）

アルバイト先からの休みが取れるかどうかなので、仕事ということで官鬼爻を用神とします。

各神	各神の位置	月建からの作用	日辰からの作用	その他の作用
○用神	二爻の官の丑	休囚・剋	休囚・剋	なし
△原神	三爻の兄の亥に伏する才の午	作用なし	作用なし	なし
□忌神	初爻の孫の卯	旺相（比和）	旺相（比和）	なし

解説

用神の二爻の官鬼爻の丑（土）は月建の寅（木）より、寅と丑は合冲の関係ではありませんので、「木剋土」で**休囚し剋**されます。日辰からも同じく用神の丑（土）は**休囚剋**されます。用神の官鬼爻の丑（土）は静爻で勢いもなく、日月からの作用も弱いということです。

原神は、三爻の兄弟爻の亥（水）に伏する妻才爻の午（火）ですので、**月建、日辰からの作用はありません。**

忌神となる初爻の子孫爻の卯（木）は、月建の寅（木）より、十二支は違いますが、同じ五行の（木）からの作用を受けますので、**比和**をして旺相します。日辰も同じ寅（木）からの作用なので、**比和**をして力を得ます。忌神の卯（木）は静爻ですし勢いはありませんが、旺相して力があります。用神を潰す役目の忌神がとても強い状況を示しています。

占断

用神の二爻の官鬼爻の丑は日月より弱く、原神の妻才爻の午も三爻の兄弟爻に伏しますので、全く力が出せません。用神、原神は弱いのですが、初爻の忌神の子孫爻の卯は、動かないものの日月より比和し、強力な強さを得ます。この占的の場合、会社からの力が弱いほうが、仕事を休ませてくれると考え、用神の官鬼爻が弱い方が吉と判断の目安にしますので、用神、原神が弱く、忌神が強いというのは吉象と捉えます。

三爻の兄弟爻の亥に世爻が付くのは、兄弟爻の意味を考えますと、多少の損失は免れないと見ますが、日辰の寅に子孫爻を帯類するのは、子孫爻の意味からは「チャンス」、「楽しい」、「ラッキー」などの意味合いがありますので、ここでも吉の暗示が現れていると判断します。

用神弱く、原神弱く、忌神が強いので、吉と判断しました。世爻に兄弟爻が付きますので、吉の判断としては、大吉◎ではなく○としました。

吉凶判断（○）

《占題十・解説》（泄気・回頭生）

占的　このままカラーコーディネートの勉強を続けて仕事に生かせるか。

甲子月　乙酉日　空亡（午未）　本卦（沢水困）　之卦（水沢節）　58↓10

水　金

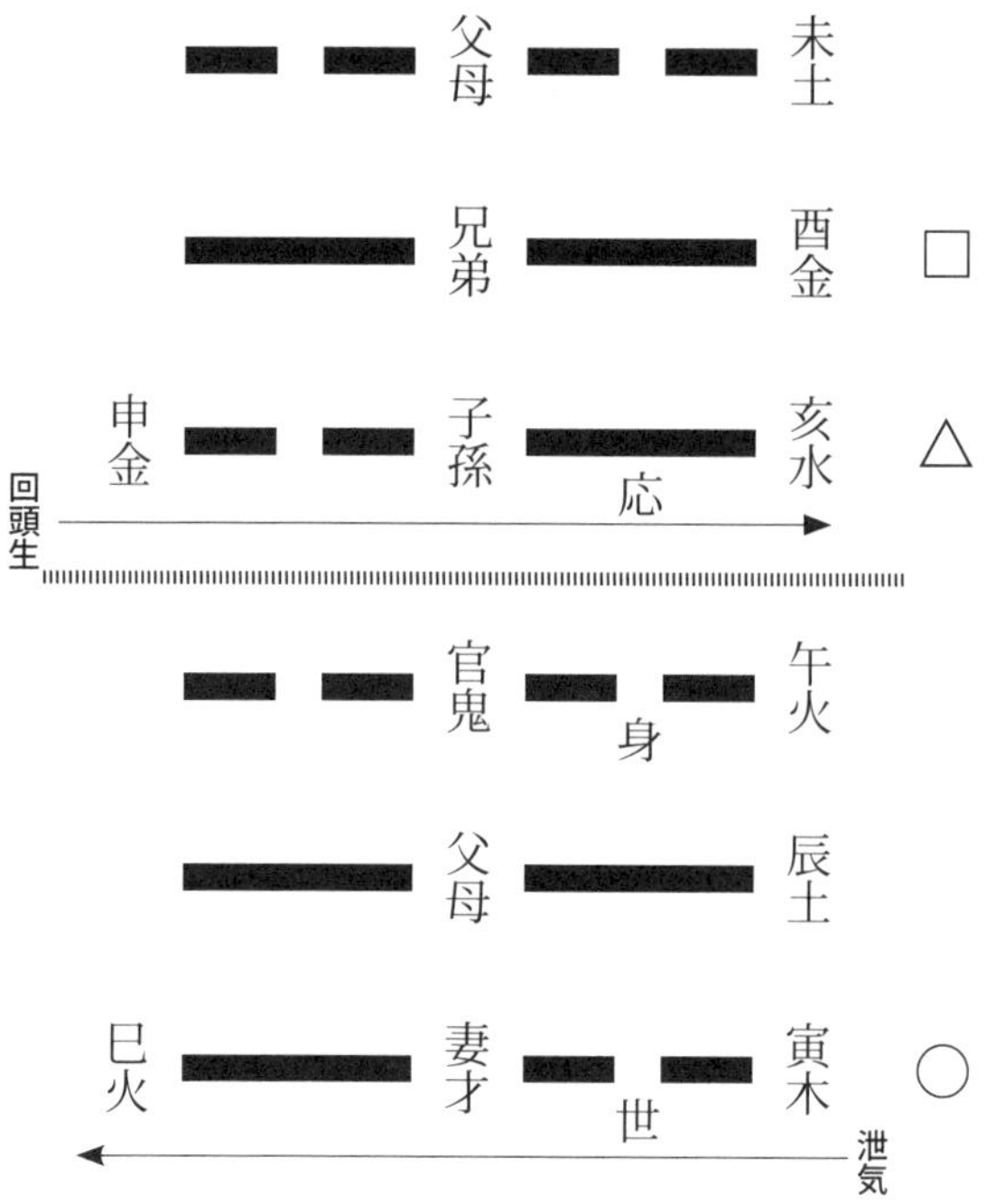

用神は（妻才爻）

仕事に生かすということは財運があるかどうかということなので、妻才爻が用神になります。

各神	各神の位置	月建からの作用	日辰からの作用	その他の作用
○用神	初爻の才の寅	旺相（生）	休囚・剋	泄気
△原神	四爻の孫の亥	旺相（比和）	旺相（生）	回頭生
□忌神	五爻の兄の酉	休囚	旺相（日併）	なし

解説

用神は初爻の妻才爻の寅（木）ですが、月建の子（水）より〔水生木〕で**力を付けます**。日辰の酉（金）から用神の寅（木）は、〔金剋木〕で、酉と寅は合冲の関係にはならないため、**休囚して剋**されます。用神の寅（木）は動いて巳（火）へ変化し、寅（木）は巳（火）を生じますので、**泄気**となります。泄気は日月からの作用から少し力が抜ける感じです。

四爻の原神の亥（水）は、月建の子（水）より、十二支は違いますが五行が同じ（水）になりますので、**比和**をして旺相しています。比和は力があるということでした。日辰の酉（金）から原神の亥（水）は、〔金生水〕で**力を得ます**。そして動いて化爻の申（金）より亥（水）を生じますので、**回頭生**となり、後から少し力が加わります。

忌神は五爻の兄弟爻の酉（金）ですが、月建の子（水）から（金）を見ると何もありませんので**休囚**となりますが、日辰の酉（金）とは、十二支が同じ五行の（金）になっているので、**日併**して旺相します。

占断

初爻の用神の妻才爻の寅は動いて、月建より生じられ力を持つのですが、日辰より休囚し剋されて泄気しますので、月建より生じられているとはいえ弱いです。四爻の原神の子孫爻の亥は動いて日月から比和し生じられて、回頭生の作用も得て勢いをつけます。原神は力が強く用神を支えようとしますが、肝心の用神は動いて勢いはあるものの、日辰より休囚剋されて泄気しますので頼りない感じです。忌神の五爻の兄弟爻の酉は動かず、月建からは弱く日辰より日併して旺相します。日月からの作用の判断では、用神は弱く、原神は強く、忌神は勢いには欠けるが強いといった判断になります。

日辰に酉（金）の兄弟爻が帯類するのは、兄弟爻が強くなる可能性があるということですが、兄弟爻の意味を考えますと「損失」というようにも捉えられます。

用神の妻才爻の寅には世爻が付き動きます。勉強をし始めた頃は本人もやる気があるのですが、泄気していますので、次第にカラーコーディネートにも興味が失せてしまうというような可能性も出てくるかもしれません。

そして用神の寅は動いて、化爻の巳の官鬼爻に変わりますので、官鬼の意味合いを考えますと、なかなかこの勉強も本人にとっては大変なのではないかと考えられます。原神が強いので継続してやっていけるとも判断しますが、用神が万全の力を持っていませんので、忌神が強いことを合わせて考えますと、困難があると判断しました。

占的が仕事に生かせるかどうかといった内容なので、仕事に生かすのは財運があるかどうかですが、世爻に妻才爻が付きますので、若干の財運はあると判断されますが、日月からの作用が弱いことはその難しさを表すものです。

吉凶判断（×）

☆用神の初爻の妻才爻の寅が動いて原神の四爻の子孫爻の亥と**爻合**します。これをどう読むのか、といった課題が残されています。動いている爻から他の爻へ合や冲をするという理論がありますが、ここでさらに加えて説明を入れますとますます複雑になっていきますので、爻の合冲についての理論は下巻で改めて解説したいと思います。

第二十二章　応期断法

＊応期断法とは

断易では「応期断法」と言って、「それはいつなのか」、「いつ終結するのか」、「いつ変化があるのか」といったその日を特定できるのが大きな特徴となっています。応期は比較的簡単に出すことができますので便利です。

＊応期断法の基本概念

休囚して弱い場合は旺相して強まる時期を、旺相して強い場合は休囚して弱くなる時期を応期として取るというのが原則です。

①旺相、休囚している時の判断

・値年月日
・生を受ける時
・剋を受ける時

②動爻、静爻を中心にする時の判断

・動は合を待つ時
・静は冲を待つ時

③合、冲を中心にする時の判断

・合は冲を待つ時
・冲は合を待つ時

④その他

・卦身の値
・裏卦身の値

☆既に「値」の説明は先述していますが、もう一度確認しますと、「値」（ち）とは、用神が丑であれば丑、卦身に申がついていれば申であるということです。

例　占題七での応期断法の解説

応期断法も実際に占例をやってみないとわかりにくいので、〔占題七〕を例にして、応期について説明をしたいと思います。

《占題七・解説　再》

占的　今付き合っている女性と今後どうなるか。

己酉月　乙丑日　空亡〔戌亥〕　本卦〔火天大有〕　之卦〔天風姤〕　8→2

金　土

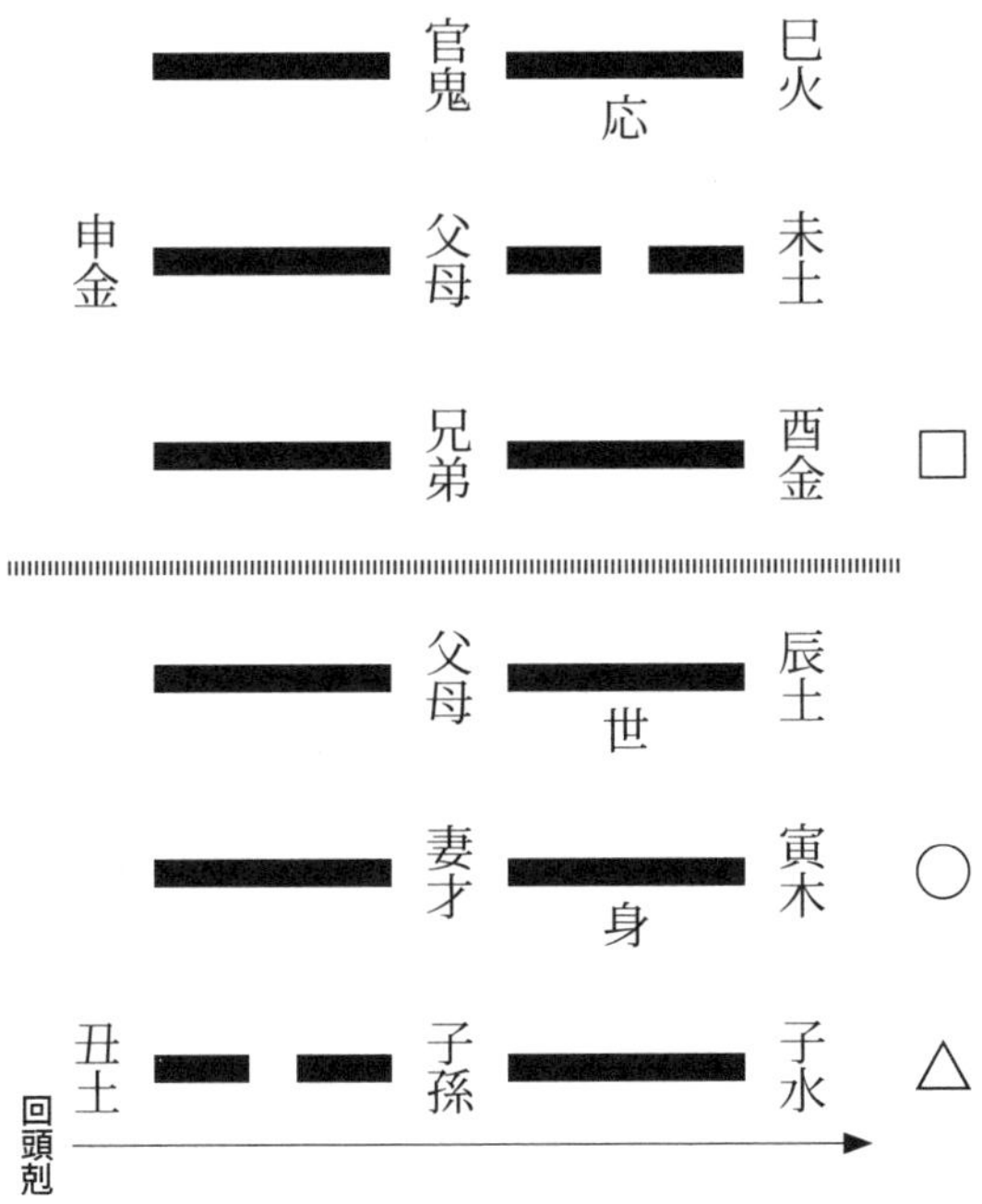

用神は（妻才爻）

付き合っている女性のことは妻才爻が用神になります。

各神	各神の位置	月建からの作用	日辰からの作用	その他の作用
○用神	二爻の才の寅	休囚・剋	休囚	なし
△原神	初爻の孫の子	旺相（生）	合（合住）	回頭剋
□忌神	四爻の兄の酉	旺相（月併）	旺相（生）	なし

解説

用神は二爻の才の寅（木）は動かず、月建の酉（金）より〔金剋木〕で**休囚し剋**され、日辰の丑（土）より寅（木）は何の作用もありませんので**休囚**します。

原神は初爻の子孫爻の子（水）は月建の酉（金）から**生じられ**、日辰の丑（土）と子（水）は合します。動爻の場合には日辰から合すると、**合住**といって、途中で物事が止まるというような意味の作用を持ちますので、全く良くありません。原神の力は月建からはありますが、日辰からの合住では月建からの力も止まってしまいます。そして**回頭剋**となりますので、全くの無力と化しました。

忌神は四爻の兄弟爻の酉（金）は、月建の酉と同じ十二支の酉（金）なので、併起して**月併**、旺相します。

そして日辰の丑（土）からは酉（金）は**生じられ**、静爻ではありますが力は温存します。吉凶判断としては凶となっています。

応期断法では、占断でどのような判断をしたのかが重要になってきますので、再度占断を載せました。先ずは応期断法の基本ですが、②の理論を基本として考えます。

②より、「動爻、静爻を中心にする時の判断」
・動は合を待つ時
・静は冲を待つ時

応期を取る場合の基本は、用神と卦身で考えますので、この②の理論を元に考えていきます。そして「値」です。

この占題でしたら用神は二爻の妻才爻の寅です。卦身も同じ爻についていますので、十二支は一つで見ていきます。もし卦身が他の爻に付いていたら卦身の爻の十二支も見ていきます。

寅は静爻ですから、②のように「静は冲を待て」の理論に従います。

寅が冲する十二支は何でしょう。寅が冲するのは「申」でした。先ずは「申」が応期する可能性があると考えられますが、もう一つの候補としての「値」も考えますので、用神の「寅」の値も応期に考慮します。

用神（静爻）寅↓申
卦身（静爻）寅↓申
用神の値↓寅
卦身の値↓寅

最初に出した「申」、そして値の「寅」が応期の可能性があると判断します。どちらにするのかということになりますが、この占断では用神が弱く、原神は月建からは力があるものの、動いて合住して回頭剋となっています。合住の作用は途中で物事が止まるという状態を表していますが、後で回頭剋の作用となるのは全くの無力を示しています。原神は用神を支え継続性があるとも考えますが、原神の力不足は凶象を表すものです。用神弱く、原神も弱く、忌神は用神に対してかなりの力を発揮していますので、この占断での変化は早いと考察できます。

各神を中心とした作用によって応期（変化）は早いと判断しましたので、今度は応期の確定をします。応期は占事た酉月（九月）から月で考えるのが妥当かと判断します。この占事た酉月からの応期は寅月か申月かと考えますと、寅は二月、申は八月になりますので、変化が早いと判断すれば、寅月の方が暦では早くやってきますので、この占事た年の次の年の寅月ということになります。

応期の年月を決める時には、暦の節入りの関係で、カレンダーの読み方とは違っていますので注意しなければなりません。寅月（二月）は節入りをしてからが本来の寅月なので、「寅月前後」という言い方の方が良いかと思います。寅月前後とは、丑月（一月）と寅月（二月）と卯月（三月）になります。カレンダーで見る二月一日は二月であっても丑月（一月）になりますし、三月の始め頃でしたら、三月の節入りがまだ来ていませんので、暦上では寅月（二月）となるのです。

寅を中心に丑、寅、卯月頃という応期になります。暦法では一日、一ヶ月の誤差のあることに注意しなければいけません。

応期断法の仕方、考え方を説明しましたが、応期がいつになるのかについては、占者は神経質になって判断しなければなりません。まず大事なことは、クライアントの話や内容をよく把握して応期の目安にしていくことが大切です。それによって、応期が、時間なのか、日なのか、月なのか、年なのかを判断していきます。そして用神を中心に各神の力関係によって、その時期が早いのか遅いのかを判断しますので、占断をよく見極めなければなりません。

☆応期断法のポイント

先ずは用神が、動いている爻なのか動いていない爻なのかということで判断します。そして「値」でも見ていくということです。それから忘れずに卦身でも見ていきます。また、合したり冲したりしている爻の場合などは、③の合、冲を中心にする時の判断で応期を出すこともありますが、基本は②の動爻、静爻を基本とした応期の出し方になります。

後の占題でも応期断法を出す例もありますので、様々な占例を経験することで、応期断法の要領が掴めてくると思います。何事も沢山の占例をすることが上達するコツです。

〔占題十二〕

占的　お付き合いをしている男性から暫く連絡がないが、他に女性がいるのでしょうか。また今後はどうなりますか。

丁卯月　戊寅日　空亡〔申酉〕　本卦〔風雷益〕之卦〔風水渙〕36↓46

〔ポイント〕

・用神は六親五類の何になるかを占的から考えてみて下さい。
・ヒントは女性から男性についての依頼ということです。
・ライバルになる仇神も入れて考えます。
・いつ変化があるのかの応期を出してみましょう。

＊一八八頁に解説

《占題十一・解説》（応期断法）

占的　お付き合いをしている男性から暫く連絡がないが、他に女性がいるのでしょうか。
また今後はどうなりますか。

丁卯月　戊寅日　空亡（申酉）　本卦（風雷益）　之卦（風水渙）　36→46

木　木

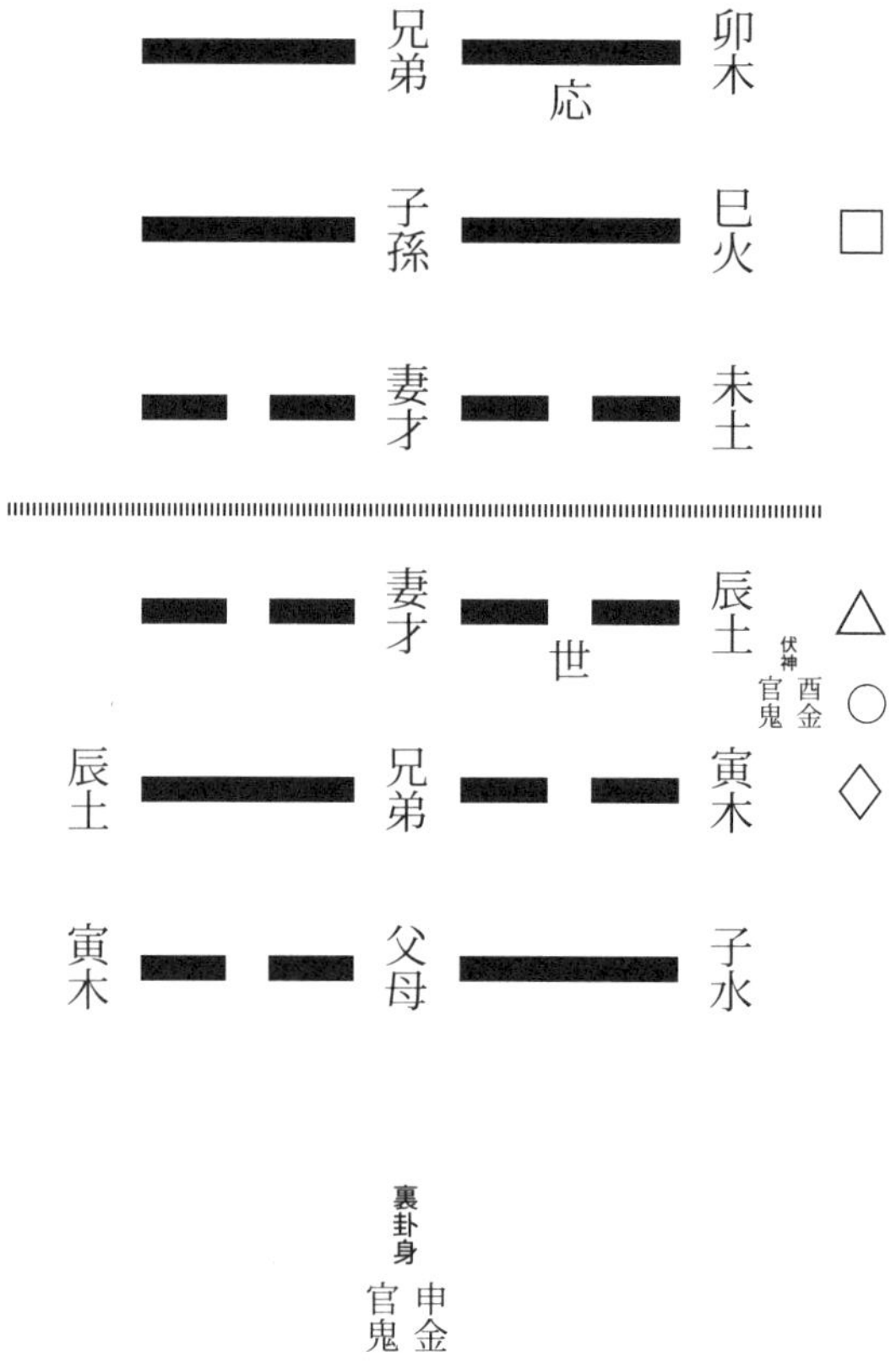

用神は（官鬼爻）

女性から男性に対する恋愛占いは、官鬼爻になります。

各神	各神の位置	月建からの作用	日辰からの作用	その他の作用
○用神	三爻の辰に伏する官鬼の酉	作用なし	作用なし	空亡
△原神	三爻の才の辰	休囚・剋	休囚・剋	なし
□忌神	五爻の孫の巳	旺相（生）	旺相（生）	なし
◇仇神	二爻の兄の寅	旺相（比和）	旺相（日併）	なし

解説

用神は三爻の妻才爻の辰（土）に伏する官鬼爻の酉（金）です。伏したものに**日月からの作用はない**ので力はありません。そして**空亡**しますが、空亡されて力のなさを駄目押しされたような感じです。

原神は、三爻の妻才爻の辰(土)ですが、月建の卯(木)から辰(土)は**休囚して剋**されます。日辰の寅(木)からも、原神の辰（土）は同じく**休囚で剋**され全く力がありません。

忌神の五爻の子孫爻の巳(火)は動かず、月建の卯(木)から巳(火)は**生じられ**ます。同じく日辰の寅(木)

からも忌神の巳（火）は**生じられ**ますので、静爻ではありますが、日月からの力を得て用神を潰す力は十分あるかと判断します。用神は伏して空亡ですから、全くの無力でどうしようもありません。

☆仇神について

この占的では、この男性に他の女性がいるかどうかということを訊ねています。このような恋愛占では、世爻（本人）からみてライバルになる兄弟爻も同時に見ていきます。上爻にも兄弟爻の卯がありますが、二爻の動いている兄弟爻を仇神としてとります。兄弟爻の力は、日月からどうかと見ますと、二爻の兄弟爻の寅（木）は、月建の卯（木）から十二支は違いますが同じ五行となり、**比和**をして力を持ちます。日辰の寅（木）からは、寅（木）は同じ十二支を持ちますので**日併**し旺相し、なおかつ動いていますので勢いもあります。仇神は動いて日月から旺相して力を得てとても強いといえます。

占断

用神の官鬼爻の酉は伏して空亡なので全くの無力です。原神の妻才爻の辰には世爻が付きますので、本人もなんとかこのお付き合いを続けたいということなのだと解釈します。用神を潰す役目の忌神の子孫爻の巳は、日月に生じられて動きませんが力を持ちます。如何せん用神が弱過ぎますし、忌神は動かなくとも日月より生を受け旺相しますので用神を圧倒します。そしてここで初めて仇神を見ることになります。恋愛占など男女間のことを見る場合には、本人からすればライバルとなる兄弟爻は必ず見なければなりません。二爻の兄弟爻は動いて月建より比和し、日辰から日併しますのでとても強く、他に女性のいる可能性があります。日辰に兄弟爻が帯類していることからもそのように推測できますが、本爻での兄弟爻に動きがある場合には特に注意しなければなりません。原神の辰が弱いので、継続性ということを考えると、このお付き合いは今後難しいと推測されます。占断としては凶です。

吉凶判断（×）

次に応期断法の占断に入ります。

〔応期断法〕

いつ頃に変化があるかということで応期を見ていきます。

用神は伏する酉ですので、先ずはこの酉の値で考えます。そして卦身ですが、裏卦身に官鬼の申が付きます。この申は日辰の寅と「冲」の関係なので、応期断法の理論から「冲は合を待て」に該当します。申が合するのは**巳**なので、応期は巳の可能性もあるのです。先ずは用神の値の**酉**、そして裏卦身を見て、裏卦身の値《ち》でも考えます。裏卦身の値は**申**でした。以上、この三つが応期の候補として出ました。

応期は**酉**か**巳**か**申**ということです。

・用神の値　↓酉
・裏卦身申が合する↓巳
・裏卦身の値　↓申

次にその時期が早いのか遅いのかという判断をしなければなりませんが、この占断の場合には用神が弱く、原神も弱く、それでいて忌神が強いですから、変化は早く来ると判断しました。何かの事情があって切羽詰まっている場合には、日で見ることもありますが、一般的に考えて早い場合は月で良いと思います。

占事たのが卯月の三月ですから、卯月（三月）から寅月までを並べてみましょう。

		○		○	●	○					
卯	辰	巳	午	未	申	酉	戌	亥	子	丑	寅

右のようにノートに書いて判断していきます。応期の候補には○をつけて検討しましょう。二ヵ月後の巳月（五月）でしたら少し早すぎると判断し、申月前後と考えれば未月も酉月も入りますので妥当な月だと占断しました。

クライアントには申月が八月になりますので、夏前後という言い方も出来ますし、半年後位に変化があるという言い方もできます。

・このようにして応期を占断していきます。他に爻の合冲で判断することもありますが、それについては下巻で引き続き解説していきます。

〔占題十二〕

占的　今朝から鼻血が出ている。出張するが症状は大丈夫か。

甲子月　戊戌日　空亡〔辰巳〕　本卦〔乾為天〕　之卦〔山火賁〕　1↓18

〔ポイント〕

・用神は六親五類の何になるかを占的から考えてみて下さい。

・具合が悪いとは病気の可能性ということがヒントです。

＊一九五頁に解説

《占題十二・解説》（泄気・三合会局・応期断法）

占的　今朝から鼻血が出ている。出張するが症状は大丈夫か。

甲子月　戊戌日　空亡（辰巳）　本卦（乾為天）　之卦（山火賁）　1→18

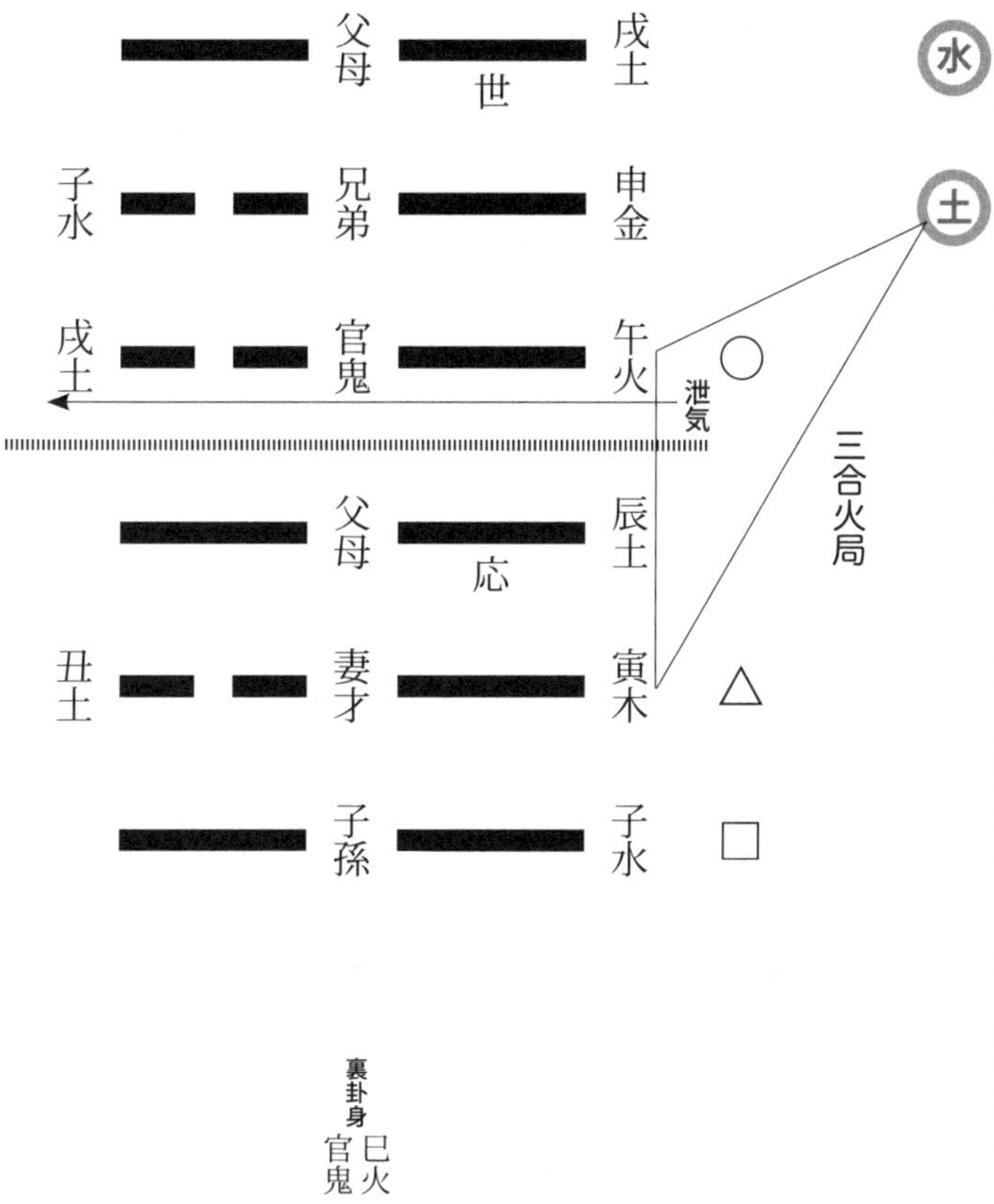

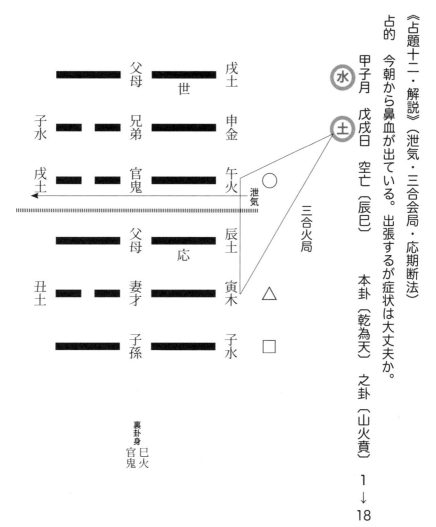

用神は（官鬼爻）

病気の症状は官鬼爻になります。

各神	各神の位置	月建からの作用	日辰からの作用	その他の作用
○用神	四爻の官の午	冲（月破）	休囚	泄気・三合火局
△原神	二爻の才の寅	旺相（生）	休囚	なし
□忌神	初爻の孫の子	旺相（月併）	休囚・剋	なし

解説

用神の四爻の官鬼爻の午（火）は月建の子（水）とは冲の関係になります。月から冲される場合には**月破**です。日月から概して冲されるのは全く良くありません。月建からの力が無いと見ます。日辰の戌（土）から午（火）を見ると何の作用もありませんので**休囚**します。この午（火）は動いて化爻が戌（土）に変わります。本爻の午（火）からは戌（土）を生じますので**泄気**となり少し力が抜けます。用神は月破で日辰より休囚し、力が皆無のところに泄気しますので、さらに悪くマイナスになってしまうような状況です。

そして、この午が二爻の寅と日辰の戌とで構成する**三合火局**となります。「寅・午・戌」の三合火局です。この三合火局を覚えるときには「とらうまいぬ」と覚えると記憶しやすいかと思います。「トラウマのある犬」というような意味に考えるのはどうでしょうか。用神は日辰から休囚しての三合火局ですが、先述したようにマイナスにあるような状況から三合火局の（火）の力を得ても、ゼロ地点に戻るぐらいの力です。

原神の二爻の妻才爻の寅(木)は、月建の子(水)から**生じられ**て力を得ますが、日辰の戌(土)より寅(木)は何の作用もありませんので**休囚**します。

忌神の初爻の子孫爻の子（水）は、月建の子（水）と同じ十二支の五行を持ちますので併起します。月からの併起ですから**月併**し旺相します。日辰の戌（土）から子（水）は、合冲の作用がありませんので**休囚して剋**される関係にあります。

この三神について、月建からは月破や生や月併といった作用があるのですが、日辰からの作用は三神共に休囚していますので、全体の力関係としては弱く、概ね月建からの作用で判断するということになります。用神の官鬼爻が弱いということは病気の判断では良しとしますし、忌神が強いことは吉象として捉えます。

占断

病気を占う占題は病占として扱いますが、用神は官鬼爻で取ります。官鬼は「災い」という意味がありますが、病気も災いとして扱いますので、その力が日月から大きければ良くないという考え方です。

用神の四爻の官鬼の午は月破し日辰より休囚し、そして泄気して力が流れたところで三合火局しますが、元々の力は日辰を基本にして考えますので、この用神の場合でしたら後から火局しても力にならないということです。原神の妻才爻の寅は動いて月建より生を受け力を得るのですが、日辰より休囚しますので、さほどの力には成り得ません。月建より生じられている分で考えますと、用神よりは力がありますが、それも月建からなので二十パーセント位です。忌神の初爻の子は、勢いはありませんが月建より月併し力を得ます。日月から考えますと少し力があるというくらいです。少しというのは日辰からの力が全くの無力なのでそのように判断するのですが、用神を潰す力には十分だと判断します。日月からの作用では用神が弱く、原神が少し強く、忌神が強い、というような判断が出来ます。

この占断では用神の官鬼爻が弱く、それを潰す役目の忌神が強いと判断されますので、占断としては吉と占断しました。また、裏卦身に官鬼爻の巳が付き空亡するのも吉象と見ます。

日辰に父母爻を帯類して、上爻の世爻が父母爻を持ち日辰より日併し旺相していますが、父母爻の意味には「旅行」という意味がありますので、世爻（本人）の体調不安に係わらず出張には行くという可能性を暗示させられるものです。

吉凶判断（〇）

〔応期断法〕

いつ終結するか、つまりこの鼻血がいつ止まるのか、ということで応期を出します。用神は動爻の**午**、「動は合を待て」から午が合する**未**です。裏卦身は**巳**ですが、静爻として見ますので「静は冲を待て」から巳の冲する**亥**、そして、値は**午**と**巳**です。

全部で四つの候補が出ました。**未**と**亥**と**午**と**巳**です。

この占題から、官鬼爻が弱く「吉」と出ましたので、時期としては早く解決すると判断しました。時間で応期を考えます。

この応期断法の候補を、十二支の順に列ねますと、次のようになります。時間の干支で見ていきます（時間の干支は三九頁、または巻末二五五頁の資料参照）。

・巳（午前九時より十一時）　・午（午前十一時より午後一時）　・未（午後一時より三時）

・亥（午後九時より十一時）

この四つから応期を決めますが、占断では用神は弱く「吉」と出ていますし、原神は月建より生じられ少しは力があります。原神は継続性を表しますからすぐに止まるとも考えられますが、若干の時間幅もあると判断しましたので、「午」前後の時間を応期としました。

辰巳午未申酉戌亥
○●○　　　　○

午の時間前後に変化があると占断しましたので、お昼頃には鼻血も止まっているのではないでしょうか。

〔占題十三〕

占的　異業種A会に入会して仕事に繋がるかどうか。

壬寅月　庚申日　空亡〔子丑〕　本卦〔風沢中孚〕　之卦〔沢地萃〕　23→59

〔ポイント〕

・用神は六親五類の何になるかを占的から考えてみて下さい。

・会に入って財運があるかどうか、がヒントです。

＊二〇二頁に解説

《占題十三・解説》（原神が日に出る）

占的　異業種A会に入会して仕事に繋がるかどうか。

壬寅月（木）　庚申日（金）　空亡（子丑）　本卦（風沢中孚）　之卦（沢地萃）　23→59

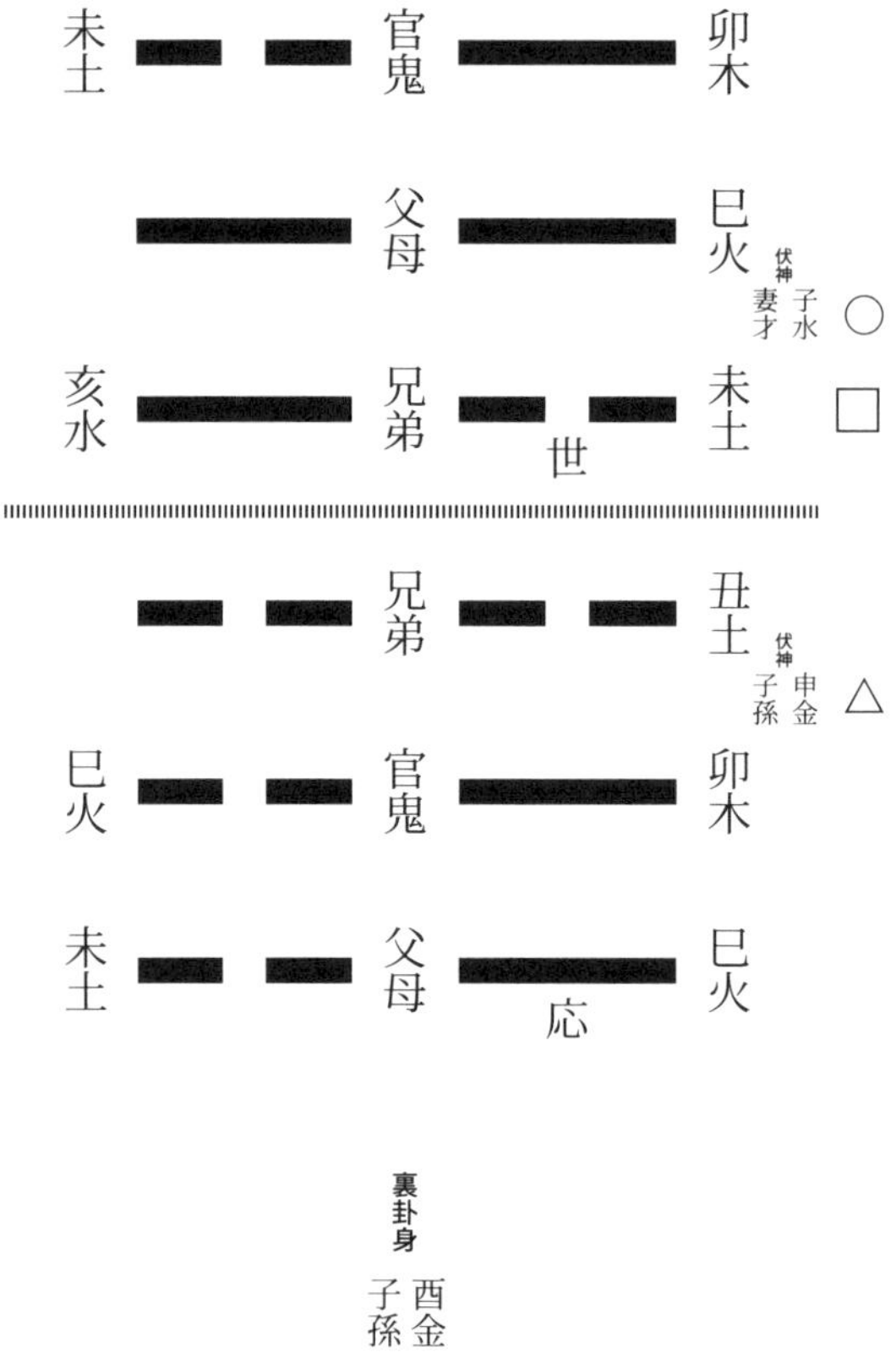

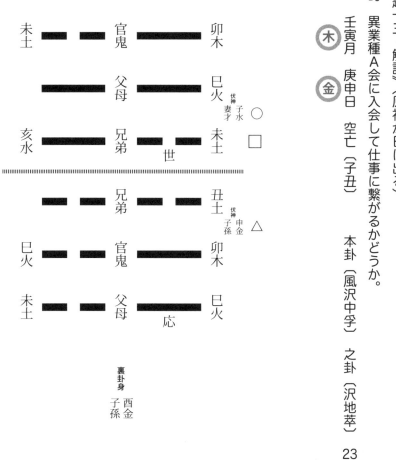

用神は（妻才爻）

仕事につながるかということは、利潤を追求することなので、妻才爻になります。

各神	各神の位置	月建からの作用	日辰からの作用	その他の作用
○用神	五爻の父の巳に伏する才の子	作用なし	作用なし	空亡
△原神	三爻の兄の丑に伏する孫の申	作用なし	日に出る	なし
□忌神	四爻の兄の未	休囚・剋	休囚	なし

解説

用神は、五爻の父母爻の巳（火）に伏する妻才爻の子（水）ですが、月建、日辰より伏していますので**作用はありません**。そして**空亡**しますので全く力はありません。

原神は、三爻の兄弟爻の丑(土)に伏した子孫爻の申(金)になりますが、この伏した原神は日辰の申(金)と同じ十二支になりますので、「伏したものが日に出た」といって、**日に同じものが出る**のは天の恵みがあるとして強力な力を得ます。ですから用神は全く力が無いのですが、原神は伏すものの力はとても強いのです。

三爻も（土）ですが、静爻なので四爻を忌神とします。忌神は、四爻の兄弟爻の未（土）ですが、月建の寅（木）より**剋されて休囚**しています。また、日辰の申（金）から未（土）を見ると、作用は何もありませんので**休囚**します。

この占題では原神だけが強く、用神の子と忌神の未は日月から力が得られず弱体です。中心となる用神の妻才爻の子が伏して空亡するのは凶象です。

占断

用神の妻才爻の子は伏し、空亡では全くの無力です。原神の申も伏しますが、日辰と同じ十二支に出て隠れていたものが日辰からの強力な力を得ます。しかし、用神の力が皆無では支えようもありません。忌神の四爻の兄弟爻の未は、世爻を持って動いて勢いはありますが、日月より力を得られず弱いようです。元になる用神の力もありませんので潰しようがありません。

世爻に兄弟爻を持つのは「損失」という意味もあります。動いて亥の妻才爻に化しますが、忌神に世爻がつくのは、本人も今一つ気乗りがしないのかもしれません。原神の申の子孫爻が「日に出る」のは、子孫爻が強いということになりますから、この会に出席すれば、なにがしかのチャンスを得られる可能性もありますが、それにしても用神の才が伏して空亡しますので、財運は望めません。世爻に兄弟爻が付いて動いて、亥の妻才爻に化するのは損失ありきの財運です。ましてや妻才爻が全くの無力では話にならないでしょう。占断では凶としました。

吉凶判断（×）

☆ここでの新しい作用

・「伏したものが日に出る」

原神は伏しますが、同じ十二支が日辰にあった場合には、「伏したものが日に出た」として、月建、日辰に関係なく強力な力を得ます。頻繁にはこのような作用は出現しませんが、もしこのような形で用神に出た場合には、原神、忌神との作用にもよるのですが、天からの恵みがあったとして総合的に吉として捉えることがあります（一〇五頁参照）。

＊Ⅳ　トレーニング

〔問題八〕次の月建、日辰からの作用を括弧に書きなさい。

・例　丙寅月　壬午日　空亡〔申酉〕

月建　日辰

静爻　用神　戌（休囚、剋されている）（生じている）

①　丙寅月　辛卯日　空亡〔午未〕

月建　日辰

静爻　用神　午（　）（　）

動爻　原神　寅（　）（　）

静爻　忌神　亥（　）（　）

②　己巳月　辛酉日　空亡〔子丑〕

月建　日辰

動爻　用神　酉（　）（　）

静爻　原神　辰（　　　　　）（　　　　　）

動爻　忌神　午（　　　　　）（　　　　　）

③　辛未月　甲子日　空亡〔戌亥〕

月建　　　　　日辰

動爻　用神　丑（　　　　　）（　　　　　）

動爻　原神　午（　　　　　）（　　　　　）

静爻　忌神　卯（　　　　　）（　　　　　）

④　甲戌月　甲辰日　空亡〔寅卯〕

月建　　　　　日辰

静爻　用神　辰（　　　　　）（　　　　　）

動爻　原神　巳（　　　　　）（　　　　　）

動爻　忌神　寅（　　　　　）（　　　　　）

⑤ 丙子月　乙未日　空亡〔辰巳〕

			月建	日辰
動爻	用神	子	（　　　）	（　　　）
静爻	原神	申	（　　　）	（　　　）
動爻	忌神	辰	（　　　）	（　　　）

☆巻末に回答があります。

〔占題十四〕

占的　本人より病気の具合はどうかと問われての一占。

丁丑月　丁巳日　空亡〔子丑〕　本卦〔山風蠱〕　之卦〔地火明夷〕　40↓15

〔ポイント〕

・用神は六親五類の何になるかを占的から考えてみて下さい。

・病気のことを訊いていますので、災いとして考えます。

＊二一〇頁に解説

〔占題十五〕

占的　この男性との恋愛はうまくいくかどうか。（女性より）

丙午月　辛丑日　空亡〔辰巳〕　本卦〔沢天夬〕　之卦〔天風姤〕　54↓2

〔ポイント〕

・用神は六親五類の何になるかを占的から考えてみて下さい。

・女性から男性運をみます。

＊二一四頁に解説

《占題十四・解説》（忌神が日に出る）

占的　本人より病気の具合はどうかと問われての一占。

丁丑月　丁巳日　空亡（子丑）　本卦（山風蠱）　之卦（地火明夷）　40↓15

土　火

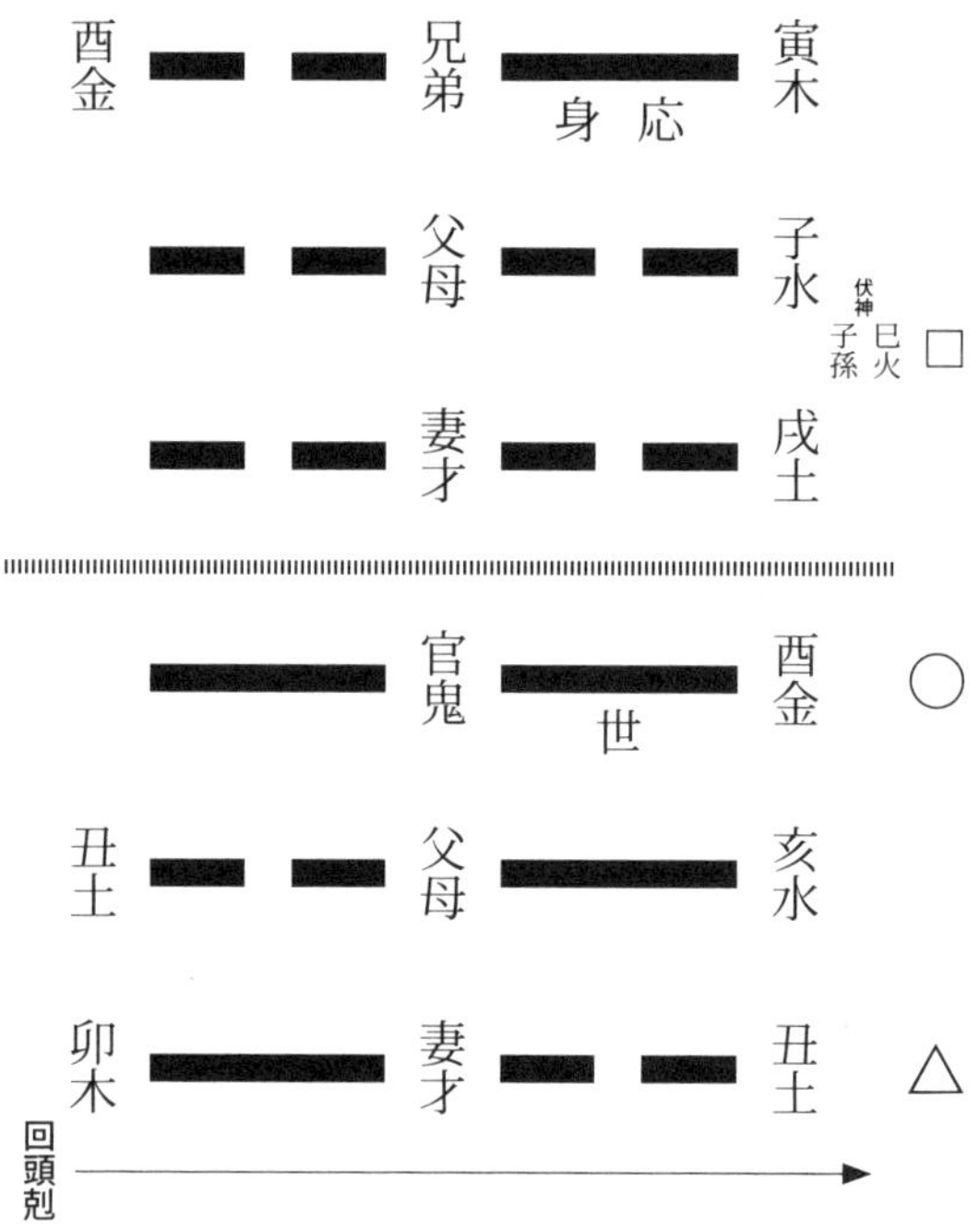

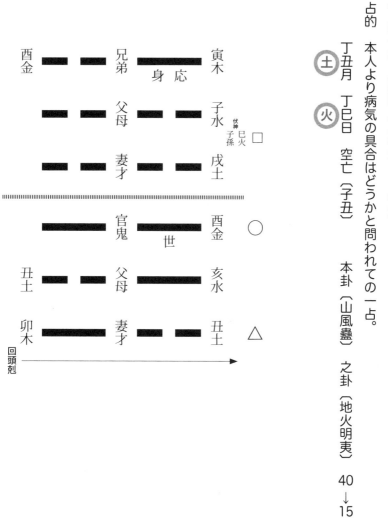

用神は（官鬼爻）
病気は官鬼爻になります。

各神	各神の位置	月建からの作用	日辰からの作用	その他の作用
○用神	三爻の官の酉	旺相（生）	休囚・剋	なし
△原神	初爻の才の丑	旺相（月併）	旺相（生）	回頭剋
□忌神	五爻の父の子に伏する孫の巳	作用なし	日に出る	なし

解説

用神は三爻の官鬼爻の酉（金）ですが、世爻が付き、月建の丑（土）より酉（金）は**生じられ**て力を得ますが、日辰の巳（火）より酉（金）は**休囚で剋**されます。日辰からは弱く月建から生じられるだけの力ですので、三十パーセント位の力として見ます。

原神の初爻の妻才爻の丑（土）は、月建と同じ十二支の五行なので**月併**となり、力強く旺相します。そして日辰の巳（火）からも**生じられ**て動いていますので勢いがあるのですが、後で**回頭剋**になります。

回頭剋の作用は、日月から旺相していても後から全てを無にする力です。

忌神の五爻の父母爻の子（水）に伏する子孫爻の巳（火）は、日辰と同じ十二支の巳日から絶大な力を得ます。伏していますが**日に出て**力を発揮します。〔占題十三〕の原神にも「伏したものが日に出る」とありました。「日に出る」とは、天からの恵みがあるということから、とても幸運であるという意味もあります。この占題でしたら、子孫爻は官鬼爻の災いを潰す役目ですので、幸運（吉象）として捉えられます。

占断

この〔占題十四〕の占的は、本人より病気ではないか、と危惧する内容となっています。病気の占断の場合は、用神は官鬼爻になります。本人の病気以外で、他の人がどんな感じか（元気かどうか）といった様子伺いの場合には、親のことであれば、用神は父母爻、兄弟であれば兄弟爻になります。占的が「あの人」となれば、応爻が用神になります。

用神の三爻の官鬼の酉には世爻が付きますが、官鬼は「災い（病気）」を意味しますので、世爻（本人）自身に官鬼が付くのは体調の異変を示唆するものです。用神は月建から生じられますが、幸いにして動かず日辰より弱いので吉として捉えます。原神の初爻の丑が動いて勢いがあり、月併して日辰より生じられて力を発揮しますが、後からの回頭剋となりますので、その力は全く崩壊します。病症占では原神が弱いのは吉として判断します。そして、用神の官鬼を潰す役目の、伏する子孫爻の巳が、日辰に出て強力に用神を潰しにかかります。用神の官鬼爻は月建から生じられてはいますが、二十パーセント位の力しかありませんので、忌神の巳が完璧に用神の官鬼を負かします。

以上からこの病症占は「吉」と判断しました。用神の官鬼爻に世爻が付くのが少し気になるところですが、忌神の子孫爻が日辰に出るのは吉象ですので、大丈夫だと占断しました。

吉凶判断（◎）

☆病症占について

具合が悪いとか、病気一般を占事る場合には病症占として見ていきます。用神は必ず官鬼爻で見ます。そして官鬼爻が強ければ病気の具合が悪く、弱ければ病気の具合は軽いというように判断していきます。そして世爻にどの六親五類がついているのかも見ていきます。〔占題十四〕では、用神の三爻の官鬼爻に世爻が付いていました。つまり病気を表す官鬼爻に世爻(自分)が付いているというように考えますので、持病、慢性疾患というような病状が暗示されて良くありません。

☆回頭剋の作用について

回頭剋は後からくる作用ですが、例えば日月から力を十分に得ていても、動いて回頭剋になっている場合には、全くの無力として変化しますので、ここで再度明記しておきます。

《占題十五・解説》（回頭剋・進神）

占的　この男性との恋愛はうまくいくかどうか。（女性より）

丙午月　辛丑日　空亡〔辰巳〕　本卦〔沢天夬〕　之卦〔天風姤〕　54↓2

火　土

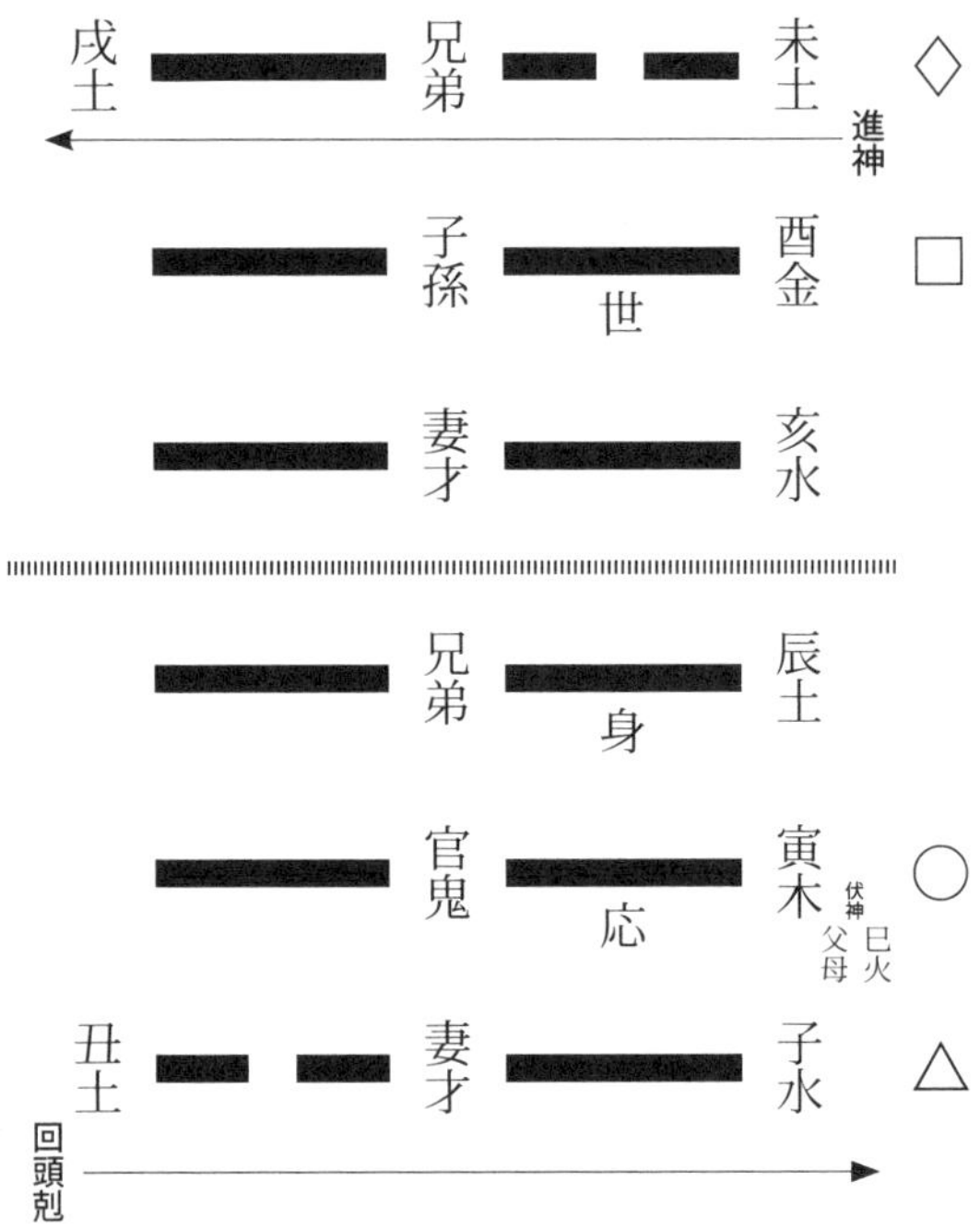

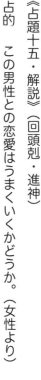

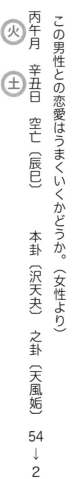

用神は（官鬼爻）

男性との恋愛は官鬼爻になります。

各神	各神の位置	月建からの作用	日辰からの作用	その他の作用
○用神	二爻の官の寅	休囚	休囚	なし
△原神	初爻の才の子	冲（月破）	合（合住）	回頭剋
□忌神	五爻の孫の酉	休囚・剋	旺相（生）	なし
◇仇神	上爻の兄の未	合（月合）	冲（冲散）	進神

解説

用神の二爻の官鬼爻の寅（木）は、月建の午（火）から寅（木）を見ると何の作用もありませんので**休囚**です。日辰の丑（土）からも、官鬼爻の寅（木）は何の作用もありませんので**休囚**となります。用神の官鬼爻の寅（木）は、日月から休囚し、勢いもなく全く力はありません。

原神の初爻の妻才爻の子（水）は、月建の午（火）とは冲の関係で、月建から冲されるので**月破**となります。日辰の丑（土）からは原神の子は合の関係です。初爻の子（水）は動いていますので、動爻が合されたとして、**合住**と判断します。これは爻からの合住ということで、先述しましたように「爻の合住」という言い方をします。合住は物事が止まってしまうという意味を与えますが、原神は動いて化爻の丑（土）から本爻の子（水）を剋しますので、**回頭剋**となります。回頭剋は、日月から旺相していても後からの作用で無力にします。これで原神は失墜しました。

忌神の五爻の子孫爻の酉（金）は、月建の午（火）から**休囚して剋**されますので力がありません。日辰の丑（土）からは酉（金）は**生じられ**ますので力をつけます。

この占題は恋愛占となりますので、世爻（依頼人）のライバルということで、兄弟爻の仇神も見ていきます。

上爻の兄弟爻の未（土）は月建の午（火）と合の関係になります。月建から合されるのは**月合**です。そして日辰の丑（土）から未（土）を見ますと、丑と未は朋冲の関係ですので、動爻の場合には**冲散**となります。冲散は、物事がバラバラになって壊れてしまうというような意味を持ちます。そして**進神**します。進神とは十二支のペアで順位が既に決まっているのですが、この兄弟爻の場合、本爻の未から化爻の戌に変化しており、この作用を進神と言います。動いて勢いに乗って少し力がついていくという状況になります。進神については、既に第二十章で説明しましたが、再確認しておいて下さい。

用神は弱く、原神は動きますが回頭剋で弱く、忌神は月建より弱いものの日辰より力を得ます。仇神は月合して力を得ますが、日辰より冲散しますので力はありません。そして進神しますが、冲散の進神ですので大した力にはなりません。仇神が動きますが、日月からの力が得られませんので、ライバルへの心配はないと判断します。肝心の用神、原神の力が弱いのは凶を表すものです。

占断

用神の二爻の官鬼爻の寅は日月より休囚して力がありません。原神の初爻の妻才爻の子は動いて勢いはありますが、月建より月破し日辰より合住しての回頭剋では、全くの無力となってしまいました。忌神の五爻の子孫爻の酉は動きませんが、月建より休囚して剋され日辰より生じられて力を得ます。

忌神に世爻がつくのは、世爻（本人）がこの男性に対して既に嫌気が差してきているとも考えられます。日辰にライバルを示す兄弟爻が帯類するのは兄弟爻が強いということにもなり凶象ですが、幸いにして上爻の兄弟爻は日月に弱く、兄弟爻の未は冲散しますので、ライバルの女性とこの男性とがお付き合いの末に別れたということを表している可能性もありますが、進神していますので油断ならない状況です。

用神が弱く原神も弱いとなれば、この恋愛はなかなか前途多難だと判断できます。忌神は動きませんが日辰より生じられますので、用神を潰すのには十分な力です。用神の官鬼爻の寅には勢いもなく弱いこと、また原神も弱いことから変化は早い時期に来ると判断しました。吉凶判断は凶です。

吉凶判断（×）

第二十三章　合住（爻合住）

次頁の爻図は内卦での合住の例を表しています。本卦の水風井から之卦の風雷益へと得卦したのですが、内卦で本爻と化爻（変爻）とでの十二支がそれぞれ合の形になっています。

初爻の丑が動いて化爻の子に変化し、二爻の亥が動いて化爻の寅に変わり、三爻の酉が動いて化爻の辰へと、それぞれがお互いに合の関係を示しています。このような内卦での三つの爻が合住した状態では、途中で物事がストップして動きが取れないというような様子を表します。例えば内卦でこのような爻を得た場合には、内卦を身内として捉えることもあります。また用神その他の神が爻の合住にあれば、占的によりますが、物事が止まるという意から「凶」というようにも判断します。ここでは爻にも合住があるということを理解しましょう。

本卦（水風井）之卦（風雷益）

30→36

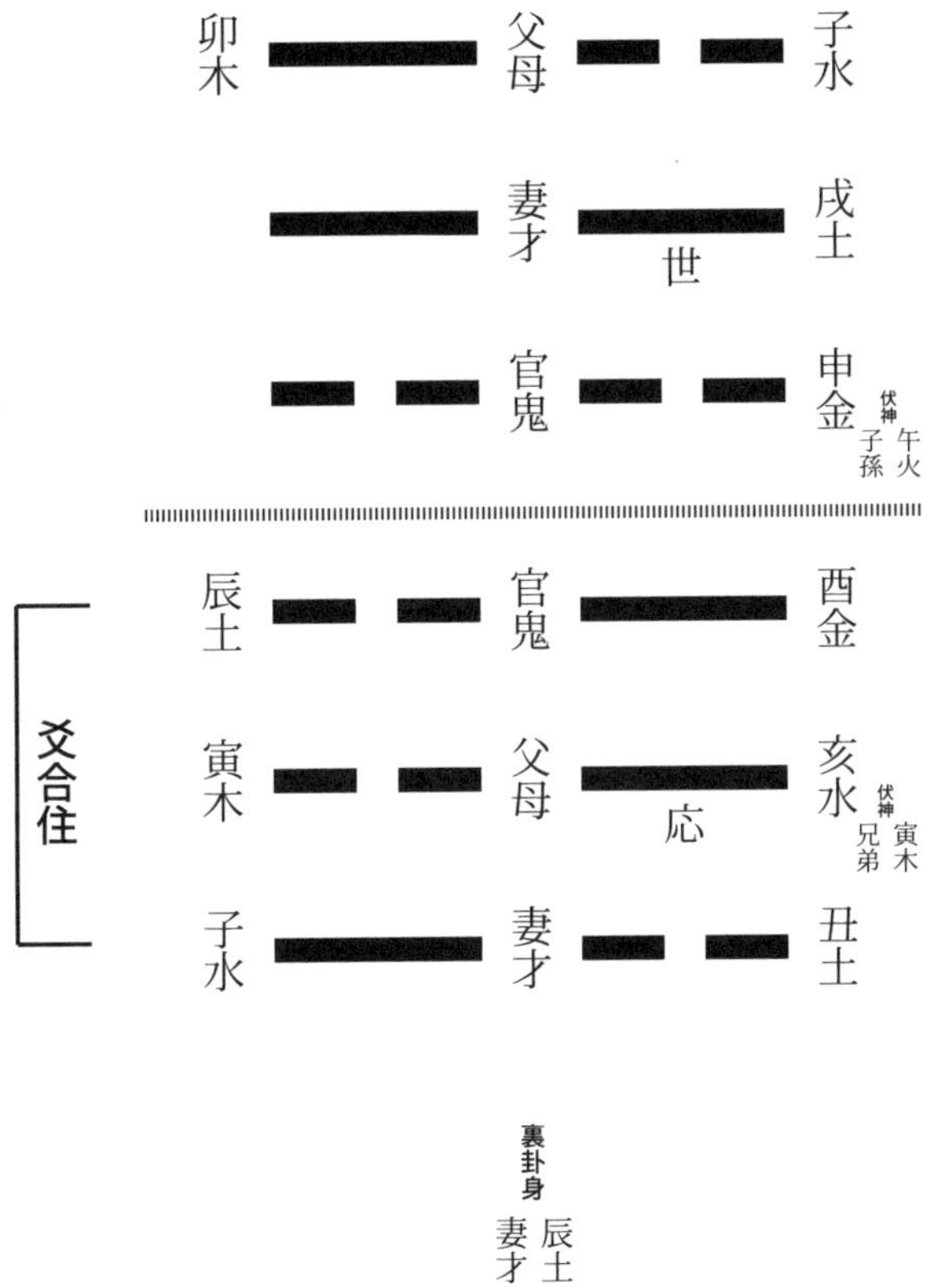

☆「爻の合住」と「爻合住」の違い

日辰からの合を受けた場合には「爻の合住」と言いますが、このように内卦や外卦で三つ揃ってそれぞれが合した爻図が出現した場合を「爻合住」といいます。表現に少し違いがありますので注意して下さい。

〔占題十六〕

占的　この書道教室で月一回勉強して自分のためになるか。

庚申月　甲辰日　空亡〔寅卯〕　本卦〔火風鼎〕之卦〔火雷噬嗑〕43→38

〔ポイント〕

・用神は六親五類の何になるかを占的から考えてみて下さい。

・勉強、というのがポイントです。

＊二二二頁に解説

〔占題十七〕

占的　家を改築して災いがあるか否か。

乙亥月　壬辰日　空亡〔午未〕　本卦〔艮為山〕之卦〔地風升〕17→29

〔ポイント〕

・用神は六親五類の何になるかを占的から考えてみて下さい。

・家相ということになりますが、災いがあるかないかということで考えて下さい。

＊二二六頁に解説

《占題十六・解説》（泄気・回頭生・爻合住）

占的　この書道教室で月一回勉強して自分のためになるか。

庚申月　甲辰日　空亡（寅卯）　本卦（火風鼎）　之卦（火雷噬嗑）　43→38

金　土

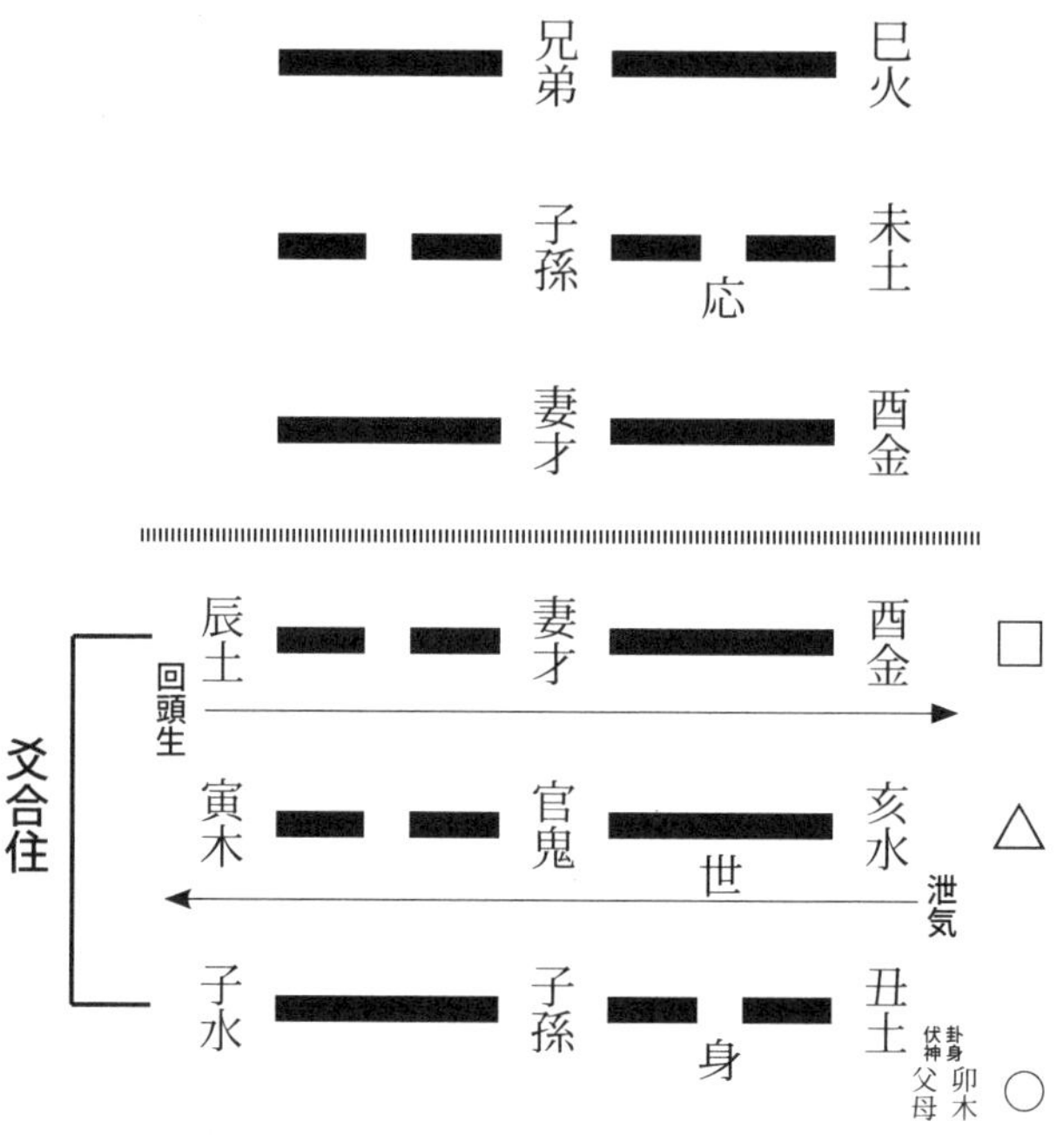

用神は（父母爻）

学問のことは父母爻になります。

各神	各神の位置	月建からの作用	日辰からの作用	その他の作用
○用神	初爻の孫の丑に伏する父の卯	作用なし	作用なし	空亡
△原神	二爻の官の亥	旺相（生）	休囚・剋	泄気
□忌神	三爻の才の酉	旺相（比和）	合（合住）	回頭生

解説

用神は初爻の子孫爻の丑（土）に伏する父母爻の卯（木）で、伏して**力が出ず**、**空亡**しますので全くの無力です。

原神の二爻の官鬼爻の亥（水）は、月建の申（金）より〔金生水〕で**生じられ**て力を得ますが、日辰の辰（土）より亥（水）は**休囚で剋**されますので、万全の力には及びません。そして**泄気**し、更に力が抜けていきます。

忌神の三爻の妻才爻の酉（金）は、月建の申（金）と同じ五行を持ちますが、十二支が違いますので**比和**となります。比和は力がありますので旺相します。日辰の辰（土）からは、辰と酉は合する関係ですが、酉が動いていますので**合住**となります。合住は途中で動きが止まってしまいます。後から**回頭生**

の作用になっていますが、一旦止まった合住の作用の後ではそれ程にも力は戻りません。

このように各神での作用はあるのですが、用神、原神、忌神が内卦にあって、本爻から動いて化爻となり、それぞれが合の関係になりますので、内卦**爻合住**となり、この爻姿は凶象と捉えます。

用神の父母爻の卯は、伏して空亡し全くの無力、原神、忌神は月建からは力を得ますが、日辰より弱いと判断されます。そして内卦爻合住は、何事も途中で物事が止まってしまうという意味を持ちますので、良くありません。

占断

用神は初爻の子孫爻に伏する父母爻の卯ですが、隠れて空亡しますので、これだけで判断すると、全く勉強にも何もならないと解釈できます。原神、忌神も月建からは力を得ますが、日辰からは力を得られず、爻合住では物事が途中で全て止まってしまうという凶象です。内卦での爻合住に加えて、二爻の世爻が官鬼爻の原神の亥を持って動きます。原神に世爻が付いているのは、本人が書道を続けていくという気力のあることを示しているものですが、世爻（本人）に官鬼爻がついているのは、官鬼の意味から考えますと、体調その他でなかなか物事が運ばないように判断されます
内卦を自分の「周り」として、外卦を「その他」と考えるならば、内卦爻合住に世爻があるのは、その中での人間関係にも難しさがあることを示唆するものです。
日辰に子孫爻を帯類しますので、多少の楽しさもあるかと思いますが、それも爻合住に世爻があっては、

最初の頃だけで続かない可能性があるのではないでしょうか。世爻が官鬼爻を持って動いて、化爻に父母爻の寅に変わるのは、次第に他の書道教室への興味を持つというような心変わりも暗示させるものです。吉凶判断としては凶です。

吉凶判断（×）

《占題十七・解説》（回頭剋）

占的　家を改築して災いがあるか否か。

乙亥月　壬辰日　空亡（午未）　本卦（艮為山）　之卦（地風升）　17→29

水　土

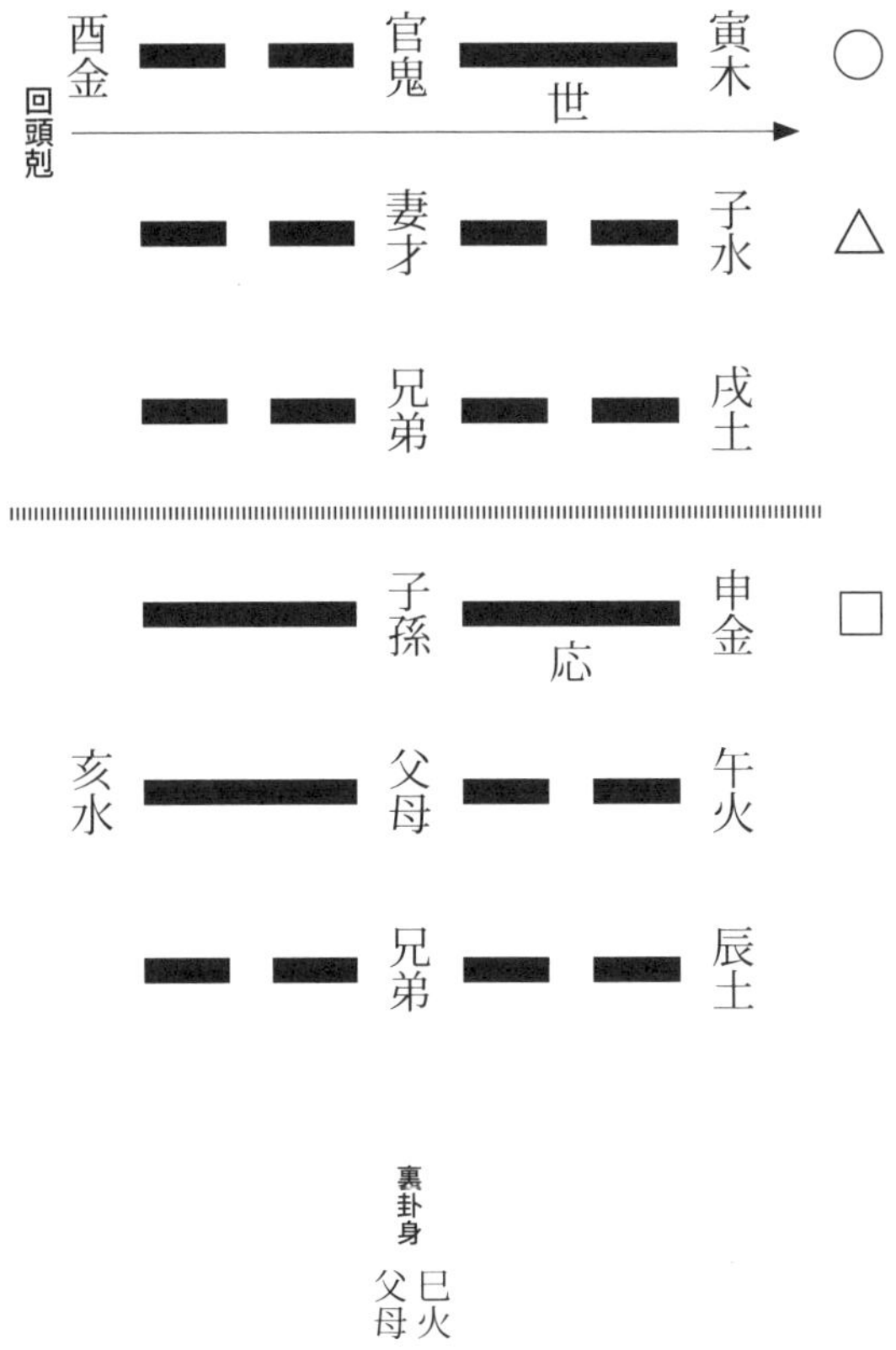

用神は（官鬼爻）

家を改築して災いがあるかなので、官鬼爻で見ます。

各神	各神の位置	月建からの作用	日辰からの作用	その他の作用
○用神	上爻の官の寅	合（月合）	休囚	回頭剋
△原神	五爻の才の子	旺相（比和）	休囚・剋	なし
□忌神	三爻の孫の申	休囚	旺相（生）	なし

解説

用神の上爻の官鬼爻の寅（木）は動いて勢いがあり、月建の亥（水）と合の関係になりますので、**月合**して力を持ちます。日辰の辰（土）から寅（木）は何の作用もありませんので**休囚**します。そして**回頭剋**となりますので、全くの無力となりました。

原神の五爻の妻才爻の子（水）は、月建の亥（水）と五行が同じですが、十二支が違いますので**比和**となり、旺相し力を得ます。日辰の辰（土）から子（水）は、**休囚で剋**されて全く力を得られません。

忌神の三爻の子孫爻の申（金）は、月建の亥（水）から見ると何も作用がありませんので**休囚**しますが、日辰の辰（土）から申（金）は**生じられ**て力を持ちます。

用神の官鬼爻の寅は月合し、日辰より休囚して回頭剋になりますので、全くの無力になるのですが、この占題の場合には、災いがあるかどうかで用神を官鬼爻にして判断しますので、災いが弱ければ弱いほど吉として捉えます。

占断

用神の上爻の官鬼爻の寅は動いて月合して旺相しますが、日辰に弱く回頭剋ですので、後からの回頭剋の作用で失墜します。原神の五爻の妻才爻の子は動きませんが、月建より比和して力を得て日辰の辰からは休囚します。原神の子はこの月建からの比和の力で用神の寅を助けようとしますが、用神は回頭剋の作用となり全くの無力と化していますので、原神に多少の力があっても支えようがありません。忌神の三爻の子孫爻の申は月建からは休囚ですが、日辰からは生じられて力を持ちますので、忌神が用神に対抗するのには十分な力だと判断します。

先述しましたように、官鬼爻を災いとして見る場合には用神が弱く、原神も弱く、忌神が動いて力の強いことが吉だとして判断しますので、この占題でしたら、用神、原神共に弱く、忌神がある程度の力があるのは吉象として捉えます。但し官鬼爻に世爻が付くのは、災いが常に自分に付いているようなものですので良くはありません。幸いにして官鬼爻の日月からの作用は弱いのですが、気を付けることに越したことはありません。そのことを加味した上で、吉凶判断は吉なのですが、◎ではなく○にしました。

第二十四章　天候占

・天候占について

天候占の占断について説明したいと思います。

天候占をする場合には二つの用神で見ていきます。晴れはどうか、そして雨の具合はどうかということになります。一占してその中で、晴れの用神になる妻才爻と雨の用神になる父母爻を選択して同時に見ていきます。同時に二つの用神を取って見ていくのは、慣れないと混乱しますので、先に晴れの方の妻才爻の用神、原神、忌神の各神を決めてから、次の雨の父母爻の各神にマークを入れていきます。そして出来れば兄弟爻も見ていきますが、最初は晴れと雨を中心にして占断していきます。

兄弟爻は風や雲の強弱の具合を見ます。雨が強くて兄弟爻が強い場合には嵐になってしまう可能性がありますし、天気が良くても兄弟爻が強いと、移り気な天候になる可能性も出てきます。また、それぞれが動いていましたら、その動きも天候の判断の目安になります。総合的に晴れ、雨、風の動きも合わせて判断していきます。

近年の天候では、不安定な異常気象となることが多く、天候占の判断はなかなか難しくなってきています。今後更なる研究の向上が求められる占術ですが、毎日天候占を実践することで実力がつきますし、また、そこから新たな理論の可能性も期待できる占的の一つだというように考察されるものです。

・天候占の各神の決め方

晴れ	用神　才	雨　用神　父	雲・風　用神　兄
	原神　孫	原神　官	原神　父
	忌神　兄	忌神　才	忌神　官

・天候占をする場合は占者の住んでいる地域に限られます。いきなりハワイの天候はどうか、といった天候占は出来ません。

次の〔占題十八〕を課題にして一緒に考えながら慣れていきましょう。

〔占題十八〕〔天候占〕

占的　明日の天気はどうか。

庚申月　戊寅日　空亡〔申酉〕　　本卦〔天地否〕　之卦〔沢火革〕　4↓13

〔ポイント〕

・晴れの用神は妻才爻と雨の用神の父母爻を中心に見ていきます。

・用神は妻才爻と父母爻で見ていきますので、それぞれの作用を出して下さい。

・そして兄弟爻の用神だけでも出して下さい。

＊二三三頁に解説

《占題十八・解説》（天候占）

占的　明日の天気はどうか。

庚申月（金）　戊寅日（木）　空亡（申酉）　本卦（天地否）　之卦（沢火革）　4→13

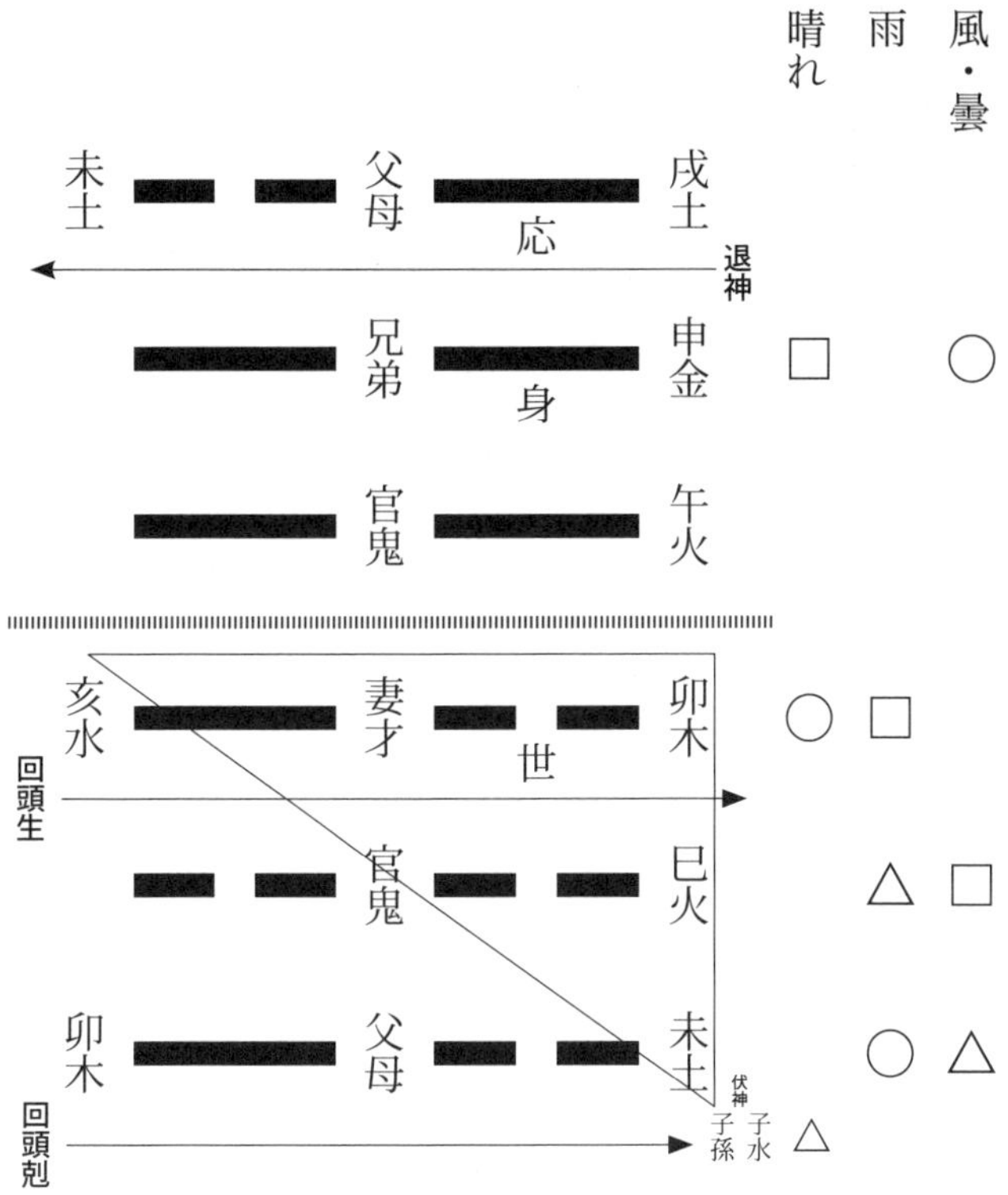

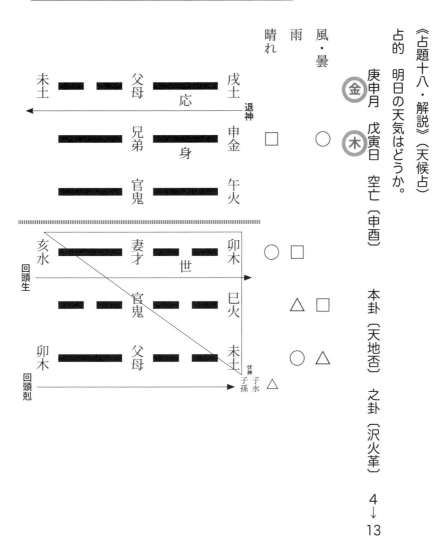

用神（妻才爻と父母爻）別に兄弟爻も見る

・晴れ

各神	各神の位置	月建からの作用	日辰からの作用	その他の作用
○用神	三爻の才の卯	休囚・剋	旺相（比和）	回頭生・三合木局
△原神	初爻の父の未に伏する孫の子	作用なし	作用なし	なし
□忌神	五爻の兄の申	旺相（月併）	冲（冲起暗動）	なし

・雨

各神	各神の位置	月建からの作用	日辰からの作用	その他の作用
○用神	初爻の父の未	休囚	休囚・剋	回頭剋
△原神	二爻の官の巳	合（月合）	旺相（生）	なし
□忌神	三爻の才の卯	休囚・剋	旺相（比和）	回頭生・三合木局

・風・曇

各神	各神の位置	月建からの作用	日辰からの作用	その他の作用
○用神	五爻の兄の申	旺相（月併）	冲（冲起暗動）	なし
△原神	上爻の父の未	休囚	休囚・剋	回頭剋
□忌神	四爻の官の巳	合（月合）	旺相（生）	なし

解説

晴れの用神は妻才爻の卯（木）になります。

三爻の妻才爻の卯（木）は月建の申（金）より**休囚して剋**されますが、日辰の寅（木）から卯（木）を見ますと、十二支は違いますが同じ五行を持ちますので**比和**し旺相します。そして動いて**回頭生**ですので勢いに力が増します。そして内卦で亥、卯、未で**三合木局**しますので強力になりました。

原神は初爻の父母爻の未（土）に伏した子孫爻の子（水）ですので、伏したものに**日月からの作用はなく、**無力で全く用神を支えません。

忌神は五爻の兄弟爻の申（金）ですが、月建の申（金）と同じ十二支の申（金）なので**月併**し力を得ます。日辰の寅（木）からは冲されますが、静爻で、なおかつ月建より旺相していますので、**冲起暗動**して力があり動爻のような勢いが出ます。静爻ですが、日辰から冲しているので、空亡にはなりません。

静爻で月建より旺相した場合に、日辰から冲されれば冲起暗動となります。この作用を忘れた方は「第十四章・合冲の関係（八六頁参照）」をもう一度読んでみて下さい。合冲の作用については、慣れるまでは何回も表を見ながらでも覚えるようにして下さい。

雨の用神は父母爻の未（土）になります。

初爻の父母爻の未（土）は、月建の申（金）より未（土）は作用が何もありませんので**休囚**し、日辰の寅（木）からも〔木剋土〕で**休囚して剋**されますので力がありません。そして後からの**回頭剋**の作用になっていますので、全くの無力となりました。

原神の二爻の官鬼爻の巳（火）は、月建の申（金）からは合の関係になりますので**月合**し力を得ます。そして日辰の寅（木）から巳（火）は**生じられ**ます。勢いはないのですが力があって旺相します。しかし、用神の父母爻の未（土）には全く力がありませんので、原神の巳（火）が旺相して力があってもどうしようもないという感じです。

雨の忌神は三爻の妻才爻の卯（木）となり、天気の用神の卯（木）と同じ爻で重なります。忌神の卯（木）は月建より**休囚して剋**されますが、日辰より**比和**して動いて**回頭生**となり、なおかつ**三合木局**で強力になります。勢いがあり力もありますので、父母爻の用神である未（土）は、忌神の妻才爻の卯（木）から潰されます。原神は力があってもなす術もありません。

次に、風や雲の状況も加えて見ていく方が天気の判断には効果がありますので、兄弟爻を最後に見ていきます。

風・雲の用神の五爻の兄弟爻の申（金）は、月建より**月併**し、日辰より**冲起暗動**して旺相します。原神の初爻の父母爻の未（土）は、月建より**休囚**して日辰からも**休囚して剋**され、動いて**回頭剋**で自滅します。

忌神は二爻の官鬼爻の巳（火）ですが、月建より**月合**し日辰より**生じられ**て、動きませんが旺相しています。

兄弟爻の原神は弱いので、風は一時的なものだと解釈し、忌神が強いということは、強風ではないと判断します。

占断

晴れの用神である三爻の妻才爻の卯は、月建からは休囚し剋されて弱いのですが、日辰からは比和し、動いて回頭生の三合木局で、勢いをつけて強力な力を得ます。原神は初爻の父母爻に伏する子孫爻の子ですが、全くの無力ですので用神を支えることは出来ません。忌神の兄弟爻は月併し日辰より冲起暗動して動爻のように勢いをつけて力を出します。

雨の用神の父母爻の未は月建、日辰より休囚して弱く、動いて回頭剋では全く力がありませんが、原神は月合して日辰より生じられ力を付けて、用神をバックアップします。しかし肝心な用神に力がありませんので原神は空回りします。忌神の三爻の卯は動いて月建より休囚して剋され弱いのですが、日辰から比和して、回頭生の三合木局で、勢いをつけて弱体用神を潰します。雨はこのように用神が全く弱く、忌神の妻才爻の卯の方に力がありますので、明日は雨ではないと判断できます。

晴れの方は、用神と忌神の力が同じぐらいになりますので、力の拮抗があるのですが、用神の卯が動いて回頭生の三合木局であることと、日辰の寅が妻才爻を帯類していることを考え合わせれば、妻才爻の用神の方に若干力があると判断しました。

また、兄弟爻の風・雲に関しては、用神は強いのですが原神の未が弱いので、一時的には風が吹くというように判断します。明日は風が少しありますが、それも一時的で、ほぼ晴天と占断しました。

☆各神の取り方について

風・雲の用神は兄弟爻で取ると決まっていますので、五爻の兄弟爻の申（金）が用神になるわけですが、基本的な考え方では、それに続く原神、忌神については用神の近くで取ることになっています。そうすると、原神は初爻の未（土）ではなく上爻の戌（土）となり、忌神は二爻の官鬼爻の巳（火）ではなく四爻の午（火）ということになるかと思います。占断は特徴のある爻で見ていくという考え方で判断していくと、この基本的な考え方は原則として正しく有効です。しかし、場合によっては、この兄弟爻の申のように、原神、忌神が二つで両現した場合には、位置としては用神になる申からは離れますが、特徴のある爻のほうを優先して各神として選択していきます。

上爻の父母爻の戌（土）は動いて退神し、同じく（土）の初爻の父母爻の未（土）は動いて回頭剋します。退神と回頭剋の作用でしたら回頭剋の作用の方がきついので、初爻の未の方が特徴のある爻として捉えます。また四爻の官鬼爻の午（火）は、月建より合冲はありませんが、二爻の官鬼爻の巳（火）が月建より月合しますので、特徴のある爻として優先して選択しました。

〔占題十九〕

占的　印鑑を紛失したが出てくるか。

辛卯月　辛亥日　空亡〔寅卯〕　本卦〔山水蒙〕之卦〔水風井〕　45↓30

〔ポイント〕

・用神は六親五類の何になるかを占的から考えてみて下さい。

・印鑑は、この占題では実印ということで用神を考えて下さい。

・応期断法を出して下さい。

＊二四一頁に解説

《占題十九・解説》（用神が伏神卦身）

占的　印鑑を紛失したが出てくるか。

辛卯月　辛亥日　空亡（寅卯）

木　水

本卦（山水蒙）之卦（水風井）45↓30

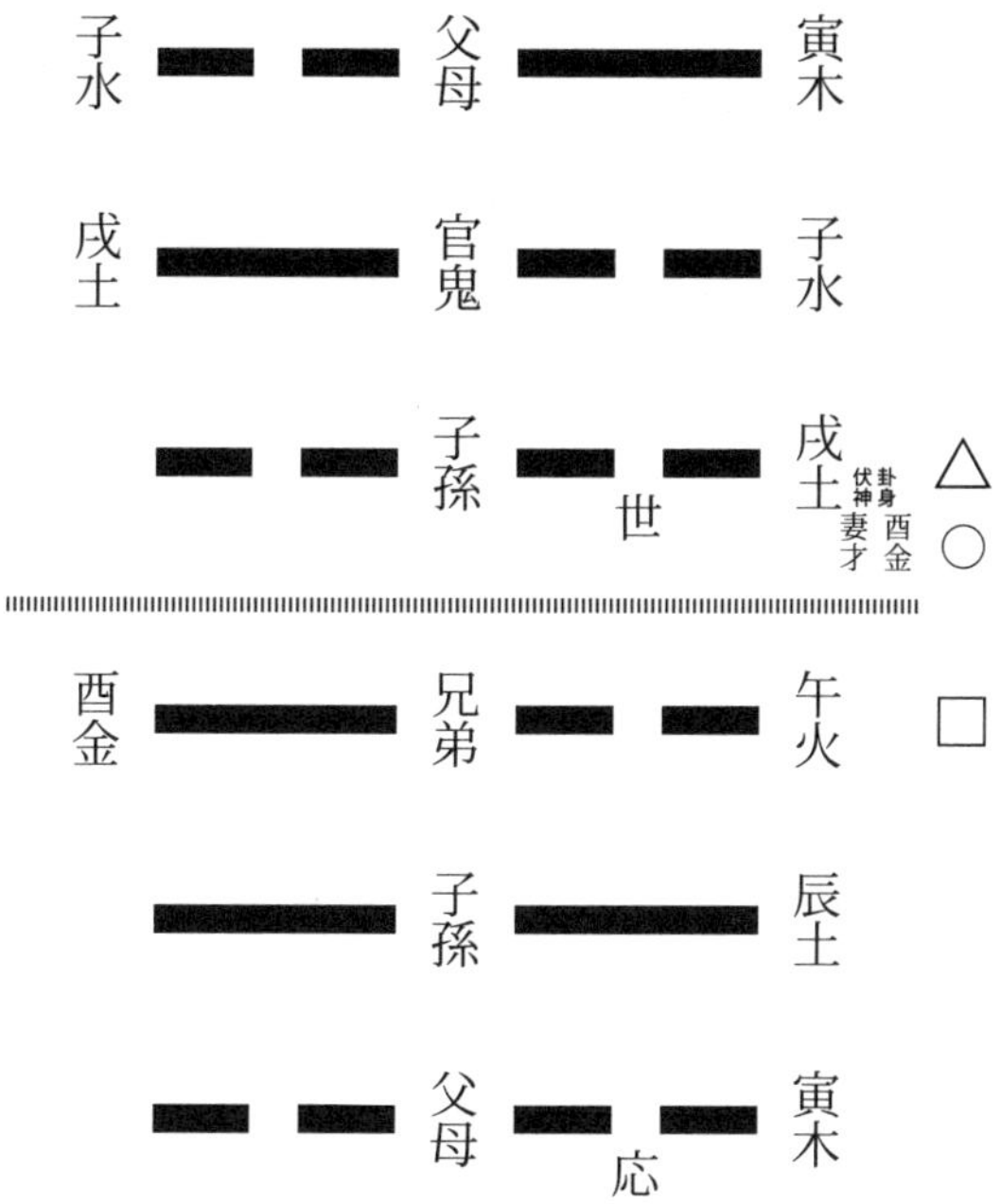

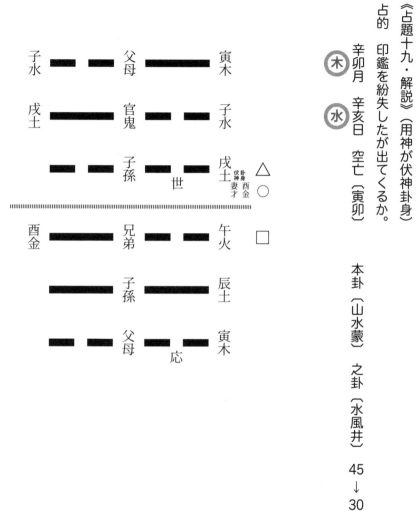

用神は（妻才爻）

印鑑は実印なので、妻才爻になります（認印の場合は父母爻になります）。

各神	各神の位置	月建からの作用	日辰からの作用	その他の作用
○用神	四爻の孫の戌に伏する才の酉	冲（月破）	休囚	なし
△原神	四爻の孫の戌	合（月合）	休囚	なし
□忌神	三爻の兄の午	旺相（生）	休囚・剋	なし

解説

用神は四爻の子孫爻の戌（土）に伏する妻才爻の酉（金）ですが、この酉には卦身がついていますので、世爻の分身というような考え方をします。この伏したものに卦身がついた場合には、裏卦身としての作用を持ちます。裏卦身は伏していますが、表に出ていると考えて静爻として作用があるというように見ていきます。

四爻の戌に伏する妻才爻の酉（金）は、月建の卯（木）より、卯と酉は冲する関係ですので**月破**します。日辰の亥（水）から酉（金）を見ますと、何の作用もありませんので**休囚**となります。用神の酉は月建からは月破で、日辰からは休囚しますので力が全くありません。

原神は、四爻の子孫爻の戌（土）で、月建の卯とは合の関係になりますから**月合**し旺相します。日辰の亥（水）から戌（土）は何の作用もありませんので**休囚**します。原神が月建より月合しますので、用神よりは力があるのですが、用神に全く力がありませんので、原神に多少の力があっても何の役にも立ちません。

忌神は三爻の兄弟爻の午（火）です。月建の卯（木）より午（火）は**生じられ**ますが、日辰の亥（水）から午（火）は**休囚し剋**されます。用神に力がなく、原神と忌神が月建からの力を得ていますので、なかなか判断は難しいです。

占断

用神は四爻の子孫爻の戌に伏しますが、卦身が付きますので裏卦身の静爻として扱って見ていきます。伏する妻才爻の酉は、月建より月破し日辰より休囚ですので全く力がありません。その用神を助ける原神は月合し、月からは力を得ますが日辰からの力がありません。忌神は動いて勢いはありますが、月建から力を得るのみです。

各神は用神を筆頭に日辰からの作用では全く力を得られません。世爻は四爻の子孫爻の戌の原神に付きますので、世爻（本人）は何とか探し出したいというところだと思いますが、四爻の世爻は静爻で動きがありませんので、もっと積極的に見当を付けて動かないと見つけだすのは難しいのではないでしょうか。見当はずれに探しているということです。

このような探し物に関しては失脱占《しつだせん》と言いますが、どこで落としたのか、失くしたのかが大切になってきます。家の中、または会社の中でしたら見つかる可能性も高くなります。

この占題のポイントは、用神、他各神が日辰からの作用が弱く、月建からの作用を重点にして判断するということと、用神には卦身が付いているということです。卦身とは本人の分身ですので、縁があるというように見ます。そして世爻（本人）には動きがないのですが、原神の子孫爻を持っているということは、子孫爻の意味には「幸福感」とか「ラッキー」、「チャンス」などの意味がありますので、子孫爻がつくことで吉象と捉えます。

また日辰には官鬼爻が帯類していますが、官鬼には「会社」という意味もあります。また、外卦にある四爻の世爻の下に用神が伏して隠れている状態から、会社の世爻（本人）の近く、机の中も含めた場所に見つかる可能性があると占断しました。

吉凶判断（○）

〔応期断法〕

用神の酉は静爻として扱いますので、「静爻は冲を待て」、そして値でも見ていきます。

用神　酉　→　**卯**（冲）

　　値　→　**酉**

用神の酉は月建より冲していますので、見つかるのは早いと判断します。卯日前後に変化があるのではないかと占断しました。

＊時間的な理論として、「冲は早く合は遅い」というように判断します。

〔占題二十〕

占的　衣料品関係の仕事をしているが、大手のR社と取引して利益はあるか。

戊申月　甲辰日　空亡〔寅卯〕　本卦〔風山漸〕　之卦〔震為雷〕　24→25

〔ポイント〕

・用神は六親五類の何になるかを占的から考えてみて下さい。

・利益となるのかどうかですので、それで用神は何になるのかを考えて下さい。

・特殊作用が二つあります。

＊二四七頁に解説

《占題二十・解説》（三合会局・回頭生・爻合住）

占的　衣料品関係の仕事をしているが、大手のR社と取引して利益はあるか。

戊申月　甲辰日　空亡（寅卯）　本卦（風山漸）　之卦（震為雷）　24→25

金　土

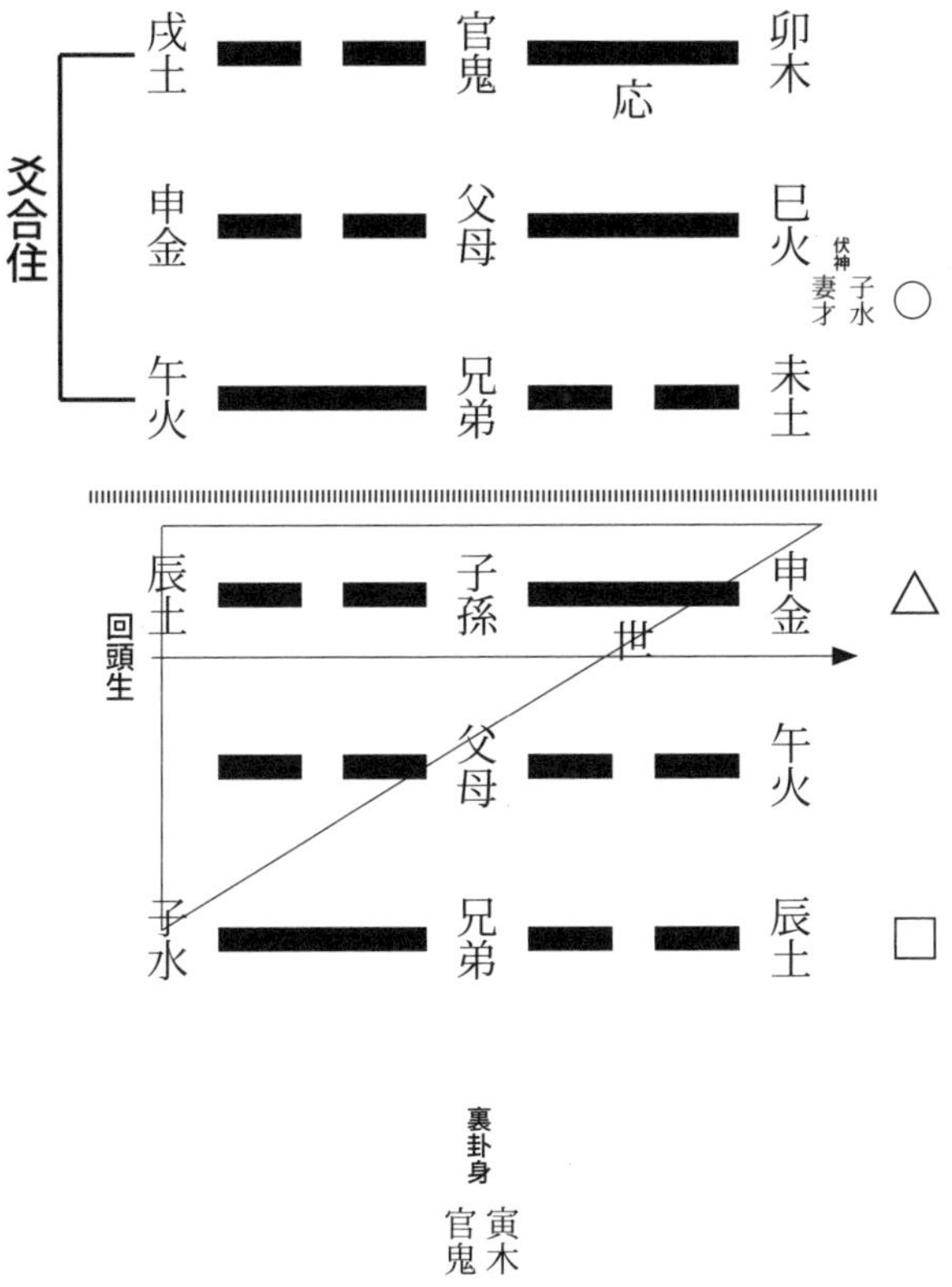

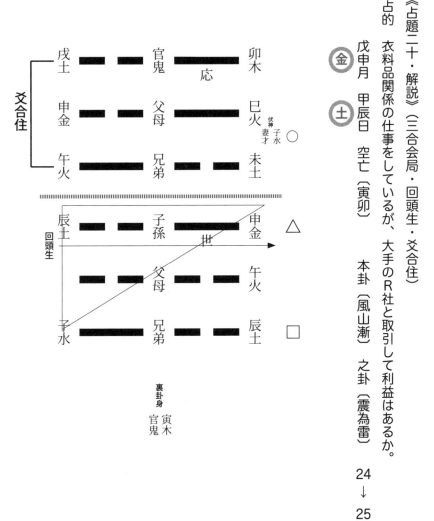

用神は（妻才爻）

会社としての利益は妻才爻で見ます。

各神	各神の位置	月建からの作用	日辰からの作用	その他の作用
○用神	五爻の父の巳に伏する才の子	作用なし	作用なし	なし
△原神	三爻の孫の申	旺相（月併）	旺相（生）	回頭生
□忌神	初爻の兄の辰	休囚	旺相（日併）	なし

解説

用神である五爻の父母爻の巳（火）に伏する妻才爻の子（水）は伏していますので、**月建、日辰からの作用はなく**全くの無力です。そして外卦**爻合住**の中に用神の巳がいますので、更に悪い状況に陥っている様態を示しています。

原神は三爻の子孫爻の申（金）ですが、月建の申（金）と同じ十二支ですので**月併**して旺相し、日辰の辰（土）からも**生じられ**て動いて**回頭生**ですので、勢いがあって力もあります。

忌神である初爻の兄弟爻の辰（土）は、月建の申（金）より辰（土）は何の作用もありませんので**休囚**します。日辰の辰（土）からは、忌神の辰は同じ十二支になりますので**日併**し力を得ます。忌神は月建からは弱いのですが、動いて勢いがあって日辰より力を得て用神を潰します。原神は動いて強いのですが、用神が伏して無力なので力の出しようもありません。用神が伏して爻合住にあるのは凶象の相を表しますが、初爻の兄弟爻の辰が動いて化爻の子で内卦三合水局します。化爻で会局した場合には本爻全てに作用していきます。

用神の妻才爻の子（水）は三合水局した子（水）より併起しますが、原神の三爻の子孫爻の申（金）と、忌神の初爻の兄弟爻の辰（土）は、化爻の子（水）からは何の作用もありませんので力加減に変化はありません。用神の伏した子（水）だけが三合水局の子（水）より併起して影響を受けますが、外卦は爻合住となっています。その卦中にあって用神の子（水）が後からの三合水局で旺相します（一五六頁参照）が、爻合住にあってはなかなか物事がうまく運ばないという凶象を呈しています。

占断

用神の妻才爻の子は、五爻の父母爻の巳に伏して全くの無力です。三爻の原神の申は月併し日辰より生じられて動いて回頭生し旺相しますが、用神が伏して全くの無力では支えようがありません。忌神の初爻の兄弟爻は日辰に帯類し、月建からは休囚し力は得られませんが、日辰から日併して用神に圧力をかけます。用神の子は爻合住で伏して身動き取れず、三合水局で力を戻そうとしますが、忌神からの圧力に撃沈です。

三爻の原神の子孫爻に世爻が付くのは、この取引を受けたいという世爻（本人）の希望にも見て取れますが、動いて忌神の兄弟爻の辰に変わります。兄弟は「損失」の意味があります。世爻に子孫爻が付くのはこの取引が「チャンス」であることを示していますが、動いて忌神である兄弟爻と同じ辰に変わるのは、積極的に動けば損になることを暗示させられます。

日辰に兄弟爻を帯類し忌神が旺相するのは凶象、また用神が伏して三合水局で力を得ようとするものの爻合住の作用の中にあるのは、途中で仕事が頓挫する可能性を示唆するものです。この占断では凶としました。

吉凶判断（×）

まとめ

上巻では五行の基本的な作用の修得と吉凶判断の占断を会得するという、この二つを柱として解説を進めてきました。

五行の作用では、生剋合冲を先ずは理解するということが基本です。この生剋合冲の作用の中では、合冲での取り扱いが静爻と動爻とでは違いますので、慣れるまでは何度も規則を確認しながら判断していくことが大事です。

吉凶判断に関しましては、大雑把にでも良いので、各神が日月から強いのか弱いのかの判断を明確につけるようにしましょう。基本は用神が強く、原神が強く、忌神の弱いことが吉象となりますが、占題によっては、同じ六親五類でも、力の強いことが凶象であったり、逆に吉であったりします。例えば病気を占断する場合、用神は官鬼爻になりますが、官鬼は災いという意味も同時に持ちますので、災いは弱い方が吉と考えます。また、恋愛占での女性からの依頼でしたら、男性は官鬼爻を用神としますので、順調に恋愛がいくのかどうかという吉凶判断では、官鬼爻の強い方が吉になるのです。

占的の内容によっては用神が変わりますが、占者は必ずクライアントの質問の内容を簡潔にまとめるようにしなければなりません。この質問は何占になるのかといった分類分けを常に考える癖をつけることで、毎回迷いがちな用神分類が曖昧にならず、容易に六親五類を選別出来るようになります。下巻では、占的の分類分けも提示した占題にしたいと思います。用神選定については、占題を数多く実践していくという日々の積み重ねが力となって上達していきます。断易は積み木のように一つずつ積み上げていく作業に似ていますが、ミスや勘違いを恐れずに、前を向いて地道に実占を増やしていって下さい。

断易への理解を段階的に進めるために上下二巻での構成となっていますが、この上巻では吉凶判断の修得を、そして更に下巻ではその吉凶判断を深く読むコツへと展開していく、という段取りで予定しています。

なお、この本を最後まで読んでいただいた方にお知らせがあります。詳細は検討中ですが、断易へのさらなる理解を深めるための講座のようなものを考えております。

現時点では、ご自分ではまだ断易の占断ができない方のために、私が代わりに占断する「断易通信占断」、自分で行った断易の占断の方向性が正しいか確認したい方（さらに断易を極めたい方）のために、その占断を私が添削する「断易通信講座」のふたつを検討しております。

ご興味のある方は、同封の愛読者ハガキに、ご住所、お名前、メールアドレスを明記してご投函いただければ、詳細が決まり次第、八幡書店編集部から詳細をご連絡致します。

ここまで読んで頂いて本当にありがとうございました。

雪之静

*用神分類（六親五類）

・父母（我を生じてくれるものからの拡大解釈）自分を擁護し与え庇う意から推する。

父母、祖父母、伯叔父母、義父母、舅姑、家主、師匠（先生）、学問、辞令、免状、技術、画家、家宅、社宅、部屋、建物、城、土地、田園、池、船、車、その他車類、電車、飛行機、旅行、衣具、布類、テント、毛布、雨具、書類、帳簿、文章、文学、書籍、印鑑（三文判）、財布のみ、日用品・雑貨、鍵、電話・携帯、通信、スマホ、パソコン（一般用）、電報、訴状、雪、雨、辛労感

・官鬼（我を剋するものからの拡大解釈）自分を拘束し威圧、害を与える意から推する。

夫、社長、上司、部長、課長、勤務先、男性、官庁、判検事、政府、内閣、裁判所、裁判、税務署、警察署、勲章、設計、功名（名誉）、諸霊、祟り、怪異現象、人気、病気、盗賊、反逆者、武器、凶器（刀剣・鉄砲）、罪科、障害、逆風、死体、霧、異常気候（台風・地震・雷・稲妻・暴風・豪雨）、患難感

・兄弟（我と同じものからの拡大解釈）自分と利害を同じにするという意から推する。

兄弟、姉妹、義兄弟、従兄弟、従姉妹、姉婿、兄嫁、ライバル、同僚、同業、同門、同輩、分店、破財、破壊、損失、出費、虚言、不実、風、曇り、焦躁感

・妻才（我から剋するものからの拡大解釈）自分が使用、利潤を得るとの意から推する。
妻妾、女性、従業員、事務員、部下、物置、土蔵、倉庫、タンス、台所用品、ブランド、女性用雑貨・高価日用品、パソコン（仕事用）、貴重品、印鑑（実印）・財布（銀行カード入り）、有価証券、相場、財産、報酬、通貨、事業、謝儀、旅費、金属、宝石、株価、食べ物、農作物、海産物、晴天、充実感

・子孫（我から生ずるものからの拡大解釈）自分を穏やかに安泰にさせるの意から推する。
子供、孫、甥姪、徒弟、神官、寺僧、修験、守札、霊符、法事、門人、弟子、薬剤師、弁護士、医療器薬、医者、家庭、化学工業、パーティー、六畜、飼鳥、養魚、蚕、虫類一切、避暑地、お酒・肴、飲み物、お菓子、茶の湯、活花類、ラッキー、順風、好天気、幸福感

・世爻　自分、依頼者

・応爻　知人、友人、他人、あの人、知らない相手、用神の定まらないもの、他

☆資料

*月の干支

年干	甲己	乙庚	丙辛	丁壬	戊癸
2月	丙寅	戊寅	庚寅	壬寅	甲寅
3月	丁卯	己卯	辛卯	癸卯	乙卯
4月	戊辰	庚辰	壬辰	甲辰	丙辰
5月	己巳	辛巳	癸巳	乙巳	丁巳
6月	庚午	壬午	甲午	丙午	戊午
7月	辛未	癸未	乙未	丁未	己未
8月	壬申	甲申	丙申	戊申	庚申
9月	癸酉	乙酉	丁酉	己酉	辛酉
10月	甲戌	丙戌	戊戌	庚戌	壬戌
11月	乙亥	丁亥	己亥	辛亥	癸亥
12月	丙子	戊子	庚子	壬子	甲子
1月	丁丑	己丑	辛丑	癸丑	乙丑

*時間の干支

日干／時間	甲己日	乙庚日	丙辛日	丁壬日	戊癸日
午後11時〜午前1時	甲子	丙子	戊子	庚子	壬子
午前1時〜午前3時	乙丑	丁丑	己丑	辛丑	癸丑
午前3時〜午前5時	丙寅	戊寅	庚寅	壬寅	甲寅
午前5時〜午前7時	丁卯	己卯	辛卯	癸卯	乙卯
午前7時〜午前9時	戊辰	庚辰	壬辰	甲辰	丙辰
午前9時〜午前11時	己巳	辛巳	癸巳	乙巳	丁巳
午前11時〜午後1時	庚午	壬午	甲午	丙午	戊午
午後1時〜午後3時	辛未	癸未	乙未	丁未	己未
午後3時〜午後5時	壬申	甲申	丙申	戊申	庚申
午後5時〜午後7時	癸酉	乙酉	丁酉	己酉	辛酉
午後7時〜午後9時	甲戌	丙戌	戊戌	庚戌	壬戌
午後9時〜午後11時	乙亥	丁亥	己亥	辛亥	癸亥

＊六十干支表

甲子	乙丑	丙寅	丁卯	戊辰	己巳	庚午	辛未	壬申	癸酉	戌亥
甲戌	乙亥	丙子	丁丑	戊寅	己卯	庚辰	辛巳	壬午	癸未	申酉
甲申	乙酉	丙戌	丁亥	戊子	己丑	庚寅	辛卯	壬辰	癸巳	午未
甲午	乙未	丙申	丁酉	戊戌	己亥	庚子	辛丑	壬寅	癸卯	辰巳
甲辰	乙巳	丙午	丁未	戊申	己酉	庚戌	辛亥	壬子	癸丑	寅卯
甲寅	乙卯	丙辰	丁巳	戊午	己未	庚申	辛酉	壬戌	癸亥	子丑

空亡

＊五行の相生・相剋関係

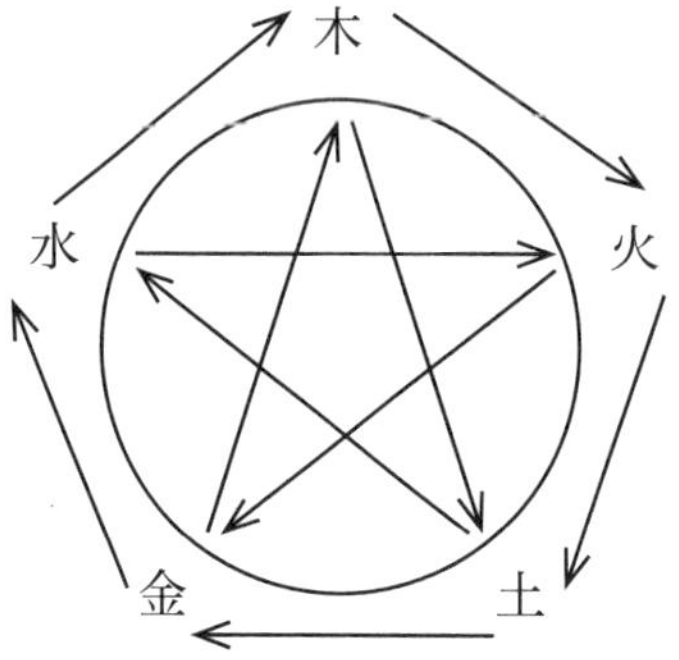

＊生剋合冲表

丑	子	亥	戌	酉	申	未	午	巳	辰	卯	寅	支／作用
土	水		土	金		土	火		土	木		・併（月・日） ・比和
金	木		金	水		金	土		金	火		生
子	丑	寅	卯	辰	巳	午	未	申	酉	戌	亥	合
水	火		水	木		水	金		水	土		・休囚　剋
木	土		木	火		木	水		火	金		・休囚
火	金		火	土		火	木		木	水		・休囚
	午	巳		卯	寅		子	亥		酉	申	冲
未			辰			丑			戌			朋冲

＊六十四卦表（読み方）

兌宮	坤宮	離宮	巽宮	震宮	艮宮	坎宮	乾宮	
57 兌為沢《だいたく》	49 坤為地《こんいち》	41 離為火《こんいち》	33 巽為風《そんいふう》	25 震為雷《しんいらい》	17 艮為山《ごんいざん》	9 坎為水《かんいすい》	1 乾為天《けんいてん》	八純卦
58 沢水困《たくすいこん》	50 地雷復《ちらいふく》	42 火山旅《かざんりょ》	34 風天小畜《ふうてんしょうちく》	26 雷地予《らいちよ》	18 山火賁《さんかひ》	10 水沢節《すいたくせつ》	2 天風姤《てんぷうこう》	一世卦
59 沢地萃《たくちすい》	51 地沢臨《ちたくりん》	43 火風鼎《かふうてい》	35 風火家人《ふうかかじん》	27 雷水解《らいすいかい》	19 山天大畜《さんてんたいちく》	11 水雷屯《すいらいちゅん》	3 天山遯《てんざんとん》	二世卦
60 沢山咸《たくちすい》	52 地天泰《ちてんたい》	44 火水未済《かすいびせい》	36 風雷益《ふうらいえき》	28 雷風恒《らいふうこう》	20 山沢損《さんたくそん》	12 水火既済《すいかきせい》	4 天地否《てんちひ》	三世卦
61 水山蹇《すいざんけん》	53 雷天大壮《らいてんたいそう》	45 山水蒙《さんすいもう》	37 天雷无妄《てんらいむほう》	29 地風升《ちふうしょう》	21 火沢睽《かたくけい》	13 沢火革《たくかかく》	5 風地観《ふうちかん》	四世卦
62 地山謙《ちざんけん》	54 沢天夬《たくてんかい》	46 風水渙《ふうすいかん》	38 火雷噬嗑《からいぜいごう》	30 水風井《すいふうせい》	22 天沢履《てんたくり》	14 雷火豊《らいかほう》	6 山地剥《さんちはく》	五世卦
63 雷山小過《らいざんしょうか》	55 水天需《すいてんじゅ》	47 天水訟《てんすいしょう》	39 山雷頤《さんらいい》	31 沢風大過《たくふうたいか》	23 風沢中孚《ふうたくちゅうふ》	15 地火明夷《ちかめいい》	7 火地晋《かちしん》	遊魂卦
64 雷沢帰妹《らいたくきまい》	56 水地比《すいちひ》	48 天火同人《てんかどうじん》	40 山風蠱《さんぷうこ》	32 沢雷随《たくらいずい》	24 風山漸《ふうざんぜん》	16 地水師《ちすいし》	8 火天大有《かてんたいゆう》	帰魂卦

＊六十四卦配当表

									外卦
	4	3	47	2	37	48	22	1	乾
	59	60	58	31	32	13	57	54	兌
	7	42	44	43	38	41	21	8	離
	26	63	27	28	25	14	64	53	震
	5	24	46	33	36	35	23	34	巽
	56	61	9	30	11	12	10	55	坎
	6	17	45	40	39	18	20	19	艮
	49	62	16	29	50	15	51	52	坤
内卦	坤	艮	坎	巽	震	離	兌	乾	

＊納爻表

兌宮	坤宮	離宮	巽宮	震宮	艮宮	坎宮	乾宮	
冲 兌 四 57 父 ━ ━ 未 兄 ━━━ 酉 孫 ━━━ 亥 父 ━ ━ 丑 才 ━━━ 卯 官 ━━━ 巳	冲 坤 五 49 孫 ━ ━ 酉 才 ━ ━ 亥 兄 ━ ━ 丑 官 ━ ━ 卯 父 ━ ━ 巳 兄 ━ ━ 未	冲 離 上 41 兄 ━━━ 巳 孫 ━ ━ 未 才 ━━━ 酉 官 ━━━ 亥 孫 ━ ━ 丑 父 ━━━ 卯	冲 巽 五 33 兄 ━━━ 卯 孫 ━━━ 巳 才 ━ ━ 未 官 ━━━ 酉 父 ━━━ 亥 才 ━ ━ 丑	冲 震 亥 25 才 ━ ━ 戌 官 ━ ━ 申 孫 ━━━ 午 才 ━ ━ 辰 兄 ━ ━ 寅 父 ━━━ 子	冲 艮 巳 17 官 ━━━ 寅 才 ━ ━ 子 兄 ━ ━ 戌 孫 ━━━ 申 父 ━ ━ 午 兄 ━ ━ 辰	冲 坎 亥 9 兄 ━ ━ 子 官 ━━━ 戌 父 ━ ━ 申 才 ━ ━ 午 官 ━━━ 辰 孫 ━ ━ 寅	冲 乾 巳 1 父 ━━━ 戌 兄 ━━━ 申 官 ━━━ 午 父 ━━━ 辰 才 ━━━ 寅 孫 ━━━ 子	世上 応三 八純卦
合 困 三 58 父 ━ ━ 未 兄 ━━━ 酉 孫 ━━━ 亥 官 ━ ━ 午 父 ━━━ 辰 才 ━ ━ 寅	合 復 初 50 孫 ━ ━ 酉 才 ━ ━ 亥 兄 ━ ━ 丑 兄 ━ ━ 辰 官 ━ ━ 寅 父巳 才 ━━━ 子	合 旅 二 42 兄 ━━━ 巳 孫 ━ ━ 未 才 ━━━ 酉 才 ━━━ 申 官亥 兄 ━ ━ 午 孫 ━ ━ 辰 父卯	小畜 初 34 兄 ━━━ 卯 孫 ━━━ 巳 才 ━ ━ 未 才 ━━━ 辰 官酉 兄 ━━━ 寅 父 ━━━ 子	合 予 四 26 才 ━ ━ 戌 官 ━ ━ 申 孫 ━━━ 午 兄 ━ ━ 卯 孫 ━ ━ 巳 才 ━ ━ 未 父子	合 賁 五 18 官 ━━━ 寅 才 ━ ━ 子 兄 ━ ━ 戌 才 ━━━ 亥 孫申 兄 ━ ━ 丑 父午 官 ━━━ 卯	合 節 上 10 兄 ━ ━ 子 官 ━━━ 戌 父 ━ ━ 申 官 ━ ━ 丑 孫 ━━━ 卯 才 ━━━ 巳	姤 四 2 父 ━━━ 戌 兄 ━━━ 申 官 ━━━ 午 兄 ━━━ 酉 孫 ━━━ 亥 才寅 父 ━ ━ 丑	応四 世初 一世卦
萃 上 59 父 ━ ━ 未 初 兄 ━━━ 酉 孫 ━━━ 亥 才 ━ ━ 卯 官 ━ ━ 巳 父 ━ ━ 未	臨 四 51 孫 ━ ━ 酉 三 才 ━ ━ 亥 兄 ━ ━ 丑 兄 ━ ━ 丑 官 ━━━ 卯 父 ━━━ 巳	鼎 初 43 兄 ━━━ 巳 孫 ━ ━ 未 才 ━━━ 酉 才 ━━━ 酉 官 ━━━ 亥 孫 ━ ━ 丑 父卯	家人 四 35 兄 ━━━ 卯 孫 ━━━ 巳 才 ━ ━ 未 父 ━━━ 亥 官酉 才 ━ ━ 丑 兄 ━━━ 卯	解 丑 27 才 ━ ━ 戌 官 ━ ━ 申 孫 ━━━ 午 孫 ━ ━ 午 才 ━━━ 辰 兄 ━ ━ 寅 父子	大畜 丑 19 官 ━━━ 寅 才 ━ ━ 子 兄 ━ ━ 戌 兄 ━━━ 辰 孫申 官 ━━━ 寅 父午 才 ━━━ 子	屯 未 11 兄 ━ ━ 子 官 ━━━ 戌 父 ━ ━ 申 官 ━ ━ 辰 才午 孫 ━ ━ 寅 兄 ━━━ 子	遯 未 3 父 ━━━ 戌 兄 ━━━ 申 官 ━━━ 午 兄 ━━━ 申 官 ━ ━ 午 才寅 父 ━ ━ 辰 孫子	応五 世二 二世卦
咸 寅 60 父 ━ ━ 未 兄 ━━━ 酉 孫 ━━━ 亥 兄 ━━━ 申 官 ━ ━ 午 才卯 父 ━ ━ 辰	合 泰 二 52 孫 ━ ━ 酉 才 ━ ━ 亥 兄 ━ ━ 丑 兄 ━━━ 辰 官 ━━━ 寅 父巳 才 ━━━ 子	未済 申 44 兄 ━━━ 巳 孫 ━ ━ 未 才 ━━━ 酉 兄 ━ ━ 午 官亥 孫 ━━━ 辰 父 ━ ━ 寅	益 申 36 兄 ━━━ 卯 孫 ━━━ 巳 才 ━ ━ 未 才 ━ ━ 辰 官酉 兄 ━ ━ 寅 父 ━━━ 子	恒 伏 28 才 ━ ━ 戌 寅 官 ━ ━ 申 孫 ━━━ 午 官 ━━━ 酉 父 ━━━ 亥 兄寅 才 ━ ━ 丑	損 伏 20 官 ━━━ 寅 申 才 ━ ━ 子 兄 ━ ━ 戌 兄 ━ ━ 丑 孫申 官 ━━━ 卯 父 ━━━ 巳	既済 寅 12 兄 ━ ━ 子 官 ━━━ 戌 父 ━ ━ 申 兄 ━━━ 亥 才午 官 ━ ━ 丑 孫 ━━━ 卯	合 否 五 4 父 ━━━ 戌 兄 ━━━ 申 官 ━━━ 午 才 ━ ━ 卯 官 ━ ━ 巳 父 ━ ━ 未 孫子	応上 世三 三世卦
蹇 酉 61 孫 ━ ━ 子 父 ━━━ 戌 兄 ━ ━ 申 兄 ━━━ 申 官 ━ ━ 午 才卯 父 ━ ━ 辰	冲 大壮 卯 53 兄 ━ ━ 戌 孫 ━ ━ 申 父 ━━━ 午 兄 ━━━ 辰 官 ━━━ 寅 才 ━━━ 子	蒙 伏 45 父 ━━━ 寅 酉 官 ━ ━ 子 孫 ━ ━ 戌 才酉 兄 ━ ━ 午 孫 ━━━ 辰 父 ━ ━ 寅	冲 无妄 卯 37 才 ━━━ 戌 官 ━━━ 申 孫 ━━━ 午 才 ━ ━ 辰 兄 ━ ━ 寅 父 ━━━ 子	升 上 29 官 ━ ━ 酉 三 父 ━ ━ 亥 才 ━ ━ 丑 孫午 官 ━━━ 酉 父 ━━━ 亥 兄寅 才 ━ ━ 丑	睽 二 21 父 ━━━ 巳 兄 ━ ━ 未 才子 孫 ━━━ 酉 兄 ━ ━ 丑 官 ━━━ 卯 父 ━━━ 巳	革 初 13 官 ━ ━ 未 父 ━━━ 酉 兄 ━━━ 亥 兄 ━━━ 亥 才午 官 ━ ━ 丑 孫 ━━━ 卯	観 酉 5 才 ━━━ 卯 官 ━━━ 巳 兄申 父 ━ ━ 未 才 ━ ━ 卯 官 ━ ━ 巳 父 ━ ━ 未 孫子	世四 応初 四世卦
謙 戌 62 兄 ━ ━ 酉 孫 ━ ━ 亥 父 ━ ━ 丑 兄 ━━━ 申 官 ━ ━ 午 才卯 父 ━ ━ 辰	夬 三 54 兄 ━ ━ 未 孫 ━━━ 酉 才 ━━━ 亥 兄 ━━━ 辰 官 ━━━ 寅 父巳 才 ━━━ 子	渙 二 46 父 ━━━ 卯 兄 ━━━ 巳 孫 ━ ━ 未 才酉 兄 ━ ━ 午 官亥 孫 ━━━ 辰 父 ━ ━ 寅	噬嗑 戌 38 孫 ━━━ 巳 才 ━ ━ 未 官 ━━━ 酉 才 ━ ━ 辰 兄 ━ ━ 寅 父 ━━━ 子	井 辰 30 父 ━ ━ 子 才 ━━━ 戌 官 ━ ━ 申 孫午 官 ━━━ 酉 父 ━━━ 亥 兄寅 才 ━ ━ 丑	履 辰 22 兄 ━━━ 戌 孫 ━━━ 申 才子 父 ━━━ 午 兄 ━ ━ 丑 官 ━━━ 卯 父 ━━━ 巳	豊 上 14 官 ━ ━ 戌 父 ━ ━ 申 才 ━━━ 午 兄 ━━━ 亥 官 ━ ━ 丑 孫 ━━━ 卯	剥 四 6 才 ━━━ 寅 孫 ━ ━ 子 兄申 父 ━ ━ 戌 才 ━ ━ 卯 官 ━ ━ 巳 父 ━ ━ 未	世五 応二 五世卦
小過 伏 63 父 ━ ━ 戌 卯 兄 ━ ━ 申 官 ━━━ 午 孫亥 兄 ━━━ 申 官 ━ ━ 午 才卯 父 ━ ━ 辰	需 酉 55 才 ━ ━ 子 兄 ━━━ 戌 孫 ━ ━ 申 兄 ━━━ 辰 官 ━━━ 寅 父巳 才 ━━━ 子	訟 卯 47 孫 ━━━ 戌 才 ━━━ 申 兄 ━━━ 午 兄 ━ ━ 午 官亥 孫 ━━━ 辰 父 ━ ━ 寅	頤 伏 39 兄 ━━━ 寅 酉 父 ━ ━ 子 孫巳 才 ━ ━ 戌 才 ━ ━ 辰 官酉 兄 ━ ━ 寅 父 ━━━ 子	大過 卯 31 才 ━ ━ 未 官 ━━━ 酉 父 ━━━ 亥 孫午 官 ━━━ 酉 父 ━━━ 亥 兄寅 才 ━ ━ 丑	中孚 酉 23 官 ━━━ 卯 父 ━━━ 巳 才子 兄 ━ ━ 未 兄 ━ ━ 丑 孫申 官 ━━━ 卯 父 ━━━ 巳	明夷 上 15 父 ━ ━ 酉 兄 ━ ━ 亥 官 ━ ━ 丑 兄 ━━━ 亥 才午 官 ━ ━ 丑 孫 ━━━ 卯	晋 三 7 官 ━━━ 巳 父 ━ ━ 未 兄 ━━━ 酉 才 ━ ━ 卯 官 ━ ━ 巳 父 ━ ━ 未 孫子	世四 応初 遊魂卦
帰妹 五 64 父 ━ ━ 戌 兄 ━ ━ 申 官 ━━━ 午 孫亥 父 ━ ━ 丑 才 ━━━ 卯 官 ━━━ 巳	比 四 56 才 ━ ━ 子 兄 ━━━ 戌 孫 ━ ━ 申 官 ━ ━ 卯 父 ━ ━ 巳 兄 ━ ━ 未	同人 寅 48 孫 ━━━ 戌 才 ━━━ 申 兄 ━━━ 午 官 ━━━ 亥 孫 ━ ━ 丑 父 ━━━ 卯	蠱 上 40 兄 ━━━ 寅 父 ━ ━ 子 孫巳 才 ━ ━ 戌 官 ━━━ 酉 父 ━━━ 亥 才 ━ ━ 丑	随 申 32 才 ━ ━ 未 官 ━━━ 酉 父 ━━━ 亥 孫午 才 ━ ━ 辰 兄 ━ ━ 寅 父 ━━━ 子	漸 寅 24 官 ━━━ 卯 父 ━━━ 巳 才子 兄 ━ ━ 未 孫 ━━━ 申 父 ━ ━ 午 兄 ━ ━ 辰	師 申 16 父 ━ ━ 酉 兄 ━ ━ 亥 官 ━ ━ 丑 才 ━ ━ 午 官 ━━━ 辰 孫 ━ ━ 寅	大有 二 8 官 ━━━ 巳 父 ━ ━ 未 兄 ━━━ 酉 父 ━━━ 辰 才 ━━━ 寅 孫 ━━━ 子	応上 世三 帰魂卦

左上　六冲・六合　　中上　卦身の爻 or 裏卦神　　右上　卦 No　　右中下　伏神

監修：雪之輔　御子[illegible]竜

I、合の関係

午―未
巳―申
辰―酉
卯―戌
寅―亥
丑―子

II、冲の関係

巳―亥
辰―戌（朋冲）
卯―酉
寅―申
丑―未（朋冲）
子―午

＊六親五類生剋表

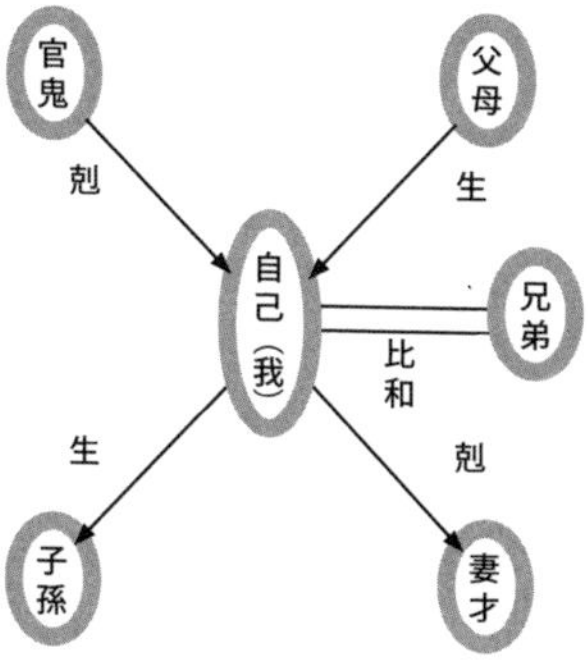

＊生ずる関係・剋する関係

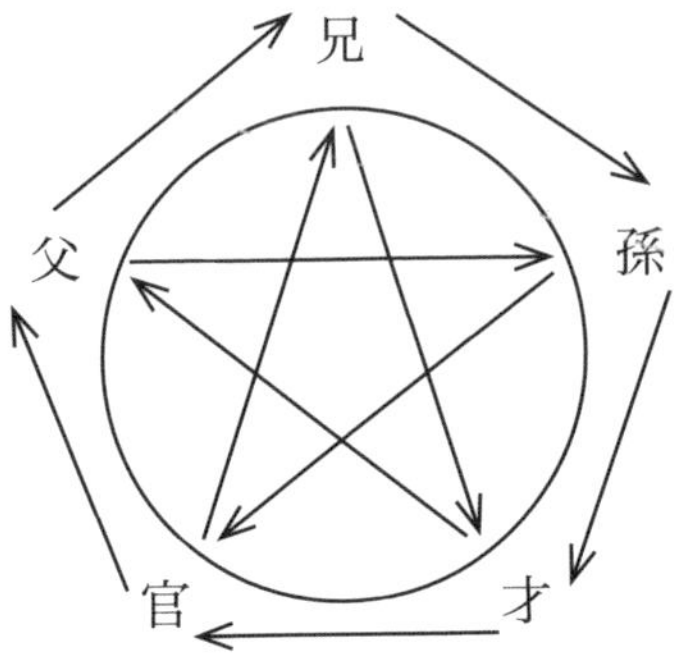

・生ずる関係は右まわり

兄→孫
孫→才
才→官
官→父
父→兄

・剋する関係は☆型図形

兄→才
才→父
父→孫
孫→官
官→兄

＊進神・退神

進神	退神
丑→辰	辰→丑
寅→卯	卯→寅
辰→未	未→辰
未→戌	戌→未
申→酉	酉→申

＊十二支関連表

支	方位	数	色
子	北	9	黒
丑	北東	6	黄
寅	東北	1	青
卯	東	2	緑
辰	東南	5	金
巳	南東	4	朱
午	南	3	赤
未	南西	6	黄
申	西南	7	銀
酉	西	8	白
戌	西北	5	金
亥	北西	10	紫

＊三合会局

	木局	
未	卯	亥

	火局	
戌	午	寅

	土局	
寅	戌	午

	金局	
丑	酉	巳

	水局	
辰	子	申

*Ⅱ　トレーニング・解答

〔問題一〕十二支の五行

例　戌（土）

・亥（水）　・子（水）　・酉（金）　・丑（土）　・申（金）

・寅（木）　・未（土）　・卯（木）　・午（火）　・辰（土）

・巳（火）

〔問題二〕五行の生、剋、休囚

例　木↓火（木生火）

・火↓金（火剋金）　・水↓金（休囚）　・木↓水（休囚）

・金↓木（金剋木）　・土↓水（土剋水）　・土↓木（休囚）

・金↓水（金生水）　・水↓土（休囚）　・木↓土（木剋土）

・火↓土（火生土）　・土↓金（土生金）　・木↓火（木生火）

・木↓金（休囚）　・火↓水（休囚）　・金↓土（休囚）

・火↓木（休囚）　・水↓木（水生木）　・水↓火（水剋火）

〔問題三〕用神、原神、忌神の五行

例　用神（辰）原神（火）忌神（木）

・用神（申）原神（土）忌神（火）

・用神（亥）原神（金）忌神（土）

・用神（未）原神（火）忌神（木）

・用神（寅）原神（水）忌神（金）

・用神（午）原神（木）忌神（水）

〔問題四〕合の関係になる十二支

例　申（巳）

・亥（寅）　・子（丑）

・丑（子）　・戌（卯）

・辰（酉）　・午（未）

〔問題五〕冲の関係になる十二支

・亥（巳）・子（午）

・丑（未）・卯（酉）

・辰（戌）・申（寅）

〔問題六〕問題五で朋冲の関係になる十二支は何か

①（丑）と（未）

②（辰）と（戌）

*Ⅲ トレーニング・解答

〔問題七〕解答

・例 丁卯月 辛亥日 空亡〔寅卯〕

月建 日辰 その他の作用

動爻 用神 寅（比和）（合住）（なし）

① 己巳月 辛亥日 空亡〔寅卯〕

月建 日辰 その他の作用

動爻 用神 寅（休囚）（合住）（なし）

② 丁卯月 辛亥日 空亡〔寅卯〕

月建 日辰 その他の作用

静爻 用神 酉（月破）（休囚）（なし）

③　甲寅月　辛亥日　空亡〔寅卯〕

月建　日辰　その他の作用

静爻　用神　寅（月併）（合起）（なし）

④　己巳月　癸丑日　空亡〔寅卯〕

月建　日辰　その他の作用

静爻　用神　寅（休囚）（休囚）（空亡）

⑤　己巳月　辛酉日　空亡〔子丑〕

月建　日辰　その他の作用

静爻　用神　申（月合）（比和）（なし）

⑥　庚午月　甲申日　空亡〔午未〕

月建　日辰　その他の作用

動爻　用神　寅（休囚）（冲散）（なし）

⑦ 己丑月　辛卯日　空亡〔午未〕

　　　　　月建　　日辰　　その他の作用

静爻　用神　未（月破）（休囚・剋）（空亡）

⑧ 丙子月　丙申日　空亡〔辰巳〕

　　　　　月建　　日辰　　その他の作用

静爻　用神　午（月破）（休囚）（なし）

⑨ 丙子月　己丑日　空亡〔午未〕

　　　　　月建　　日辰　　その他の作用

静爻　用神　未（休囚）（冲起暗動＊）（なし）

⑩ 丙子月　己丑日　空亡〔午未〕

　　　　　月建　　日辰　　その他の作用

動爻　用神　未（休囚）（冲散）（なし）

＊丑 - 未の組み合わせは朋冲なので冲起暗動となります。

＊Ⅳ　トレーニング・解答

〔問題八〕解答

・例　丙寅月　壬午日　空亡〔申酉〕

月建　日辰

静爻　用神　戌（休囚・剋　）（生じられる）

①　丙寅月　辛卯日　空亡〔午未〕

月建　日辰

静爻　用神　午（生じられる）（生じられる）

動爻　原神　寅（月併　）（比和　）

静爻　忌神　亥（月合　）（休囚　）

②　己巳月　辛酉日　空亡〔子丑〕

月建　日辰

動爻　用神　酉（休囚・剋　）（日併　）

静爻　原神　辰（生じられる）（合起）
動爻　忌神　午（比和）（休囚）

③　辛未月　甲子日　空亡〔戌亥〕
月建　日辰
動爻　用神　丑（月破）（合住）
動爻　原神　午（月合）（冲散）
静爻　忌神　卯（休囚）（生じられる）

④　甲戌月　甲辰日　空亡〔寅卯〕
月建　日辰
静爻　用神　辰（月破）（日併）
動爻　原神　巳（休囚）（休囚）
動爻　忌神　寅（休囚）（休囚）

⑤　丙子月　乙未日　空亡〔辰巳〕

月建　　　日辰

動爻　用神　子（月併）（休囚・剋　）

静爻　原神　申（休囚）（生じられる）

動爻　忌神　辰（休囚）（比和　　）

＊参考文献

卜筮正宗　王洪緒 輯
増刪卜易　野鶴老人
断易大全（全）　余興国 編輯
卜筮探原　張志超
写本　断易真訣　真勢中州 口訣
五行易指南　桜田虎門
五行易活断　澁江羽化
周易古筮考　藪田嘉一郎 編訳注
五行易精蘊　加藤大岳
易学尚占　活断自在　紀藤元之介
三文易講話　天野真人 講述
漢易研究　鈴木由次郎
断易精蘊　九鬼盛隆
断易真義　全　九鬼盛隆
断易発玄　貨殖秘策　九鬼復堂
断易入門　菅原壮
五行易の研究　脇田三治
近代五行易実占集　一〜六　易八大 編
五行易直載　易八大
納甲表　易八大 編
奥伝　断易秘法　上　雪之静
漢和大字典　藤堂明保 編
中日大辞典（大修館書店）
五行易活用秘儀　佐藤六龍
五行易口訣集　大熊光山 述
卜筮正宗　藤田善三郎 訳著
増刪卜易　藤田善三郎 訳著
五行大義　上下　中村璋八

断易の占い方　丹藤龍則
断易尋真　胡煦の納支とは何か　丹藤龍則
断易釈故　歌丸光四郎編
新・断易教室　萩原孝堂・冨樹麗舟共編
断易原典【全】　菊地靖典述・萩原孝堂筆録
五行易大伝授　佐方天山
易経　上下　高田真治・後藤基巳訳
易の世界　加地伸行編
現代に息づく陰陽五行　稲田義行
天山流　五行易入門　佐方天山

漢書藝文志　鈴木由次郎
淮南子　上　楠山春樹
中国哲学史　狩野直喜
日本近代五行易秘伝書　神作昴臣
暦の読み方㊙事典　岡田芳朗
現代こよみ読み解き事典　岡田芳朗・阿久根末忠 編著
M・D・A・スーパー納爻表　雪之靜・御子神丙竜 編
現代断易実践　中　解釈編　雪之靜
現代断易実践　下　秘解編　雪之靜
広辞苑　（岩波書店）

特別付録　暦（二〇一八〜二〇三七年）

暦の見方

6月 戊午	5月 丁巳	4月 丙辰	3月 乙卯	2月 甲寅	1月 癸丑	
6日 02:29	5日 22:25	5日 05:13	6日 00:28	4日 06:28	5日 18:49	〔節入〕
21日 19:07	21日 11:15	20日 12:13	21日 01:15	19日 02:18	20日 12:09	〔中節〕
甲子	癸巳	癸亥	壬辰	甲子	癸巳	1日
乙丑	甲午	甲子	癸巳	乙丑	甲午	2日
丙寅	乙未	乙丑	甲午	丙寅	乙未	3日
丁卯	丙申	丙寅	乙未	丁卯	丙申	4日
戊辰	丁酉	丁卯	丙申	戊辰	丁酉	5日
己巳	戊戌	戊辰	丁酉	己巳	戊戌	6日
庚午	己亥	己巳	戊戌	庚午	己亥	7日
辛未	庚子	庚午	己亥	辛未	庚子	8日
壬申	辛丑	辛未	庚子	壬申	辛丑	9日
癸酉	壬寅	壬申	辛丑	癸酉	壬寅	10日
甲戌	癸卯	癸酉	壬寅	甲戌	癸卯	11日
乙亥	甲辰	甲戌	癸卯	乙亥	甲辰	12日
丙子	乙巳	乙亥	甲辰	丙子	乙巳	13日
丁丑	丙午	丙子	乙巳	丁丑	丙午	14日
戊寅	丁未	丁丑	丙午	戊寅	丁未	15日
己卯	戊申	戊寅	丁未	己卯	戊申	16日
庚辰	己酉	己卯	戊申	庚辰	己酉	17日
辛巳	庚戌	庚辰	己酉	辛巳	庚戌	18日
壬午	辛亥	辛巳	庚戌	壬午	辛亥	19日
癸未	壬子	壬午	辛亥	癸未	壬子	20日
甲申	癸丑	癸未	壬子	甲申	癸丑	21日
乙酉	甲寅	甲申	癸丑	乙酉	甲寅	22日
丙戌	乙卯	乙酉	甲寅	丙戌	乙卯	23日
丁亥	丙辰	丙戌	乙卯	丁亥	丙辰	24日
戊子	丁巳	丁亥	丙辰	戊子	丁巳	25日
己丑	戊午	戊子	丁巳	己丑	戊午	26日
庚寅	己未	己丑	戊午	庚寅	己未	27日
辛卯	庚申	庚寅	己未	辛卯	庚申	28日
壬辰	辛酉	辛卯	庚申		辛酉	29日
癸巳	壬戌	壬辰	辛酉		壬戌	30日
	癸亥		壬戌		癸亥	31日

← 月の干支

新暦

日の干支

※節入の時刻に関しましては、一、二分のズレが生じるかもしれませんが、官報による標準時の時刻を参考にしてください。

各月のアミカケ箇所

各月の節入

2018年　戊戌年

12月 甲子	11月 癸亥	10月 壬戌	9月 辛酉	8月 庚申	7月 己未	6月 戊午	5月 丁巳	4月 丙辰	3月 乙卯	2月 甲寅	1月 癸丑	
7日 13:26	7日 20:32	8日 17:15	8日 01:30	7日 22:31	7日 12:42	6日 02:29	5日 22:25	5日 05:13	6日 00:28	4日 06:28	5日 18:49	〔節入〕
22日 07:23	22日 18:02	23日 20:22	23日 10:54	23日 13:09	23日 06:00	21日 19:07	21日 11:15	20日 12:13	21日 01:15	19日 02:18	20日 12:09	〔中節〕
丁卯	丁酉	丙寅	丙申	乙丑	甲午	甲子	癸巳	癸亥	壬辰	甲子	癸巳	1日
戊辰	戊戌	丁卯	丁酉	丙寅	乙未	乙丑	甲午	甲子	癸巳	乙丑	甲午	2日
己巳	己亥	戊辰	戊戌	丁卯	丙申	丙寅	乙未	乙丑	甲午	丙寅	乙未	3日
庚午	庚子	己巳	己亥	戊辰	丁酉	丁卯	丙申	丙寅	乙未	丁卯	丙申	4日
辛未	辛丑	庚午	庚子	己巳	戊戌	戊辰	丁酉	丁卯	丙申	戊辰	丁酉	5日
壬申	壬寅	辛未	辛丑	庚午	己亥	己巳	戊戌	戊辰	丁酉	己巳	戊戌	6日
癸酉	癸卯	壬申	壬寅	辛未	庚子	庚午	己亥	己巳	戊戌	庚午	己亥	7日
甲戌	甲辰	癸酉	癸卯	壬申	辛丑	辛未	庚子	庚午	己亥	辛未	庚子	8日
乙亥	乙巳	甲戌	甲辰	癸酉	壬寅	壬申	辛丑	辛未	庚子	壬申	辛丑	9日
丙子	丙午	乙亥	乙巳	甲戌	癸卯	癸酉	壬寅	壬申	辛丑	癸酉	壬寅	10日
丁丑	丁未	丙子	丙午	乙亥	甲辰	甲戌	癸卯	癸酉	壬寅	甲戌	癸卯	11日
戊寅	戊申	丁丑	丁未	丙子	乙巳	乙亥	甲辰	甲戌	癸卯	乙亥	甲辰	12日
己卯	己酉	戊寅	戊申	丁丑	丙午	丙子	乙巳	乙亥	甲辰	丙子	乙巳	13日
庚辰	庚戌	己卯	己酉	戊寅	丁未	丁丑	丙午	丙子	乙巳	丁丑	丙午	14日
辛巳	辛亥	庚辰	庚戌	己卯	戊申	戊寅	丁未	丁丑	丙午	戊寅	丁未	15日
壬午	壬子	辛巳	辛亥	庚辰	己酉	己卯	戊申	戊寅	丁未	己卯	戊申	16日
癸未	癸丑	壬午	壬子	辛巳	庚戌	庚辰	己酉	己卯	戊申	庚辰	己酉	17日
甲申	甲寅	癸未	癸丑	壬午	辛亥	辛巳	庚戌	庚辰	己酉	辛巳	庚戌	18日
乙酉	乙卯	甲申	甲寅	癸未	壬子	壬午	辛亥	辛巳	庚戌	壬午	辛亥	19日
丙戌	丙辰	乙酉	乙卯	甲申	癸丑	癸未	壬子	壬午	辛亥	癸未	壬子	20日
丁亥	丁巳	丙戌	丙辰	乙酉	甲寅	甲申	癸丑	癸未	壬子	甲申	癸丑	21日
戊子	戊午	丁亥	丁巳	丙戌	乙卯	乙酉	甲寅	甲申	癸丑	乙酉	甲寅	22日
己丑	己未	戊子	戊午	丁亥	丙辰	丙戌	乙卯	乙酉	甲寅	丙戌	乙卯	23日
庚寅	庚申	己丑	己未	戊子	丁巳	丁亥	丙辰	丙戌	乙卯	丁亥	丙辰	24日
辛卯	辛酉	庚寅	庚申	己丑	戊午	戊子	丁巳	丁亥	丙辰	戊子	丁巳	25日
壬辰	壬戌	辛卯	辛酉	庚寅	己未	己丑	戊午	戊子	丁巳	己丑	戊午	26日
癸巳	癸亥	壬辰	壬戌	辛卯	庚申	庚寅	己未	己丑	戊午	庚寅	己未	27日
甲午	甲子	癸巳	癸亥	壬辰	辛酉	辛卯	庚申	庚寅	己未	辛卯	庚申	28日
乙未	乙丑	甲午	甲子	癸巳	壬戌	壬辰	辛酉	辛卯	庚申		辛酉	29日
丙申	丙寅	乙未	乙丑	甲午	癸亥	癸巳	壬戌	壬辰	辛酉		壬戌	30日
丁酉		丙申		乙未	甲子		癸亥		壬戌		癸亥	31日

2019年　己亥年

12月 丙子	11月 乙亥	10月 甲戌	9月 癸酉	8月 壬申	7月 辛未	6月 庚午	5月 己巳	4月 戊辰	3月 丁卯	2月 丙寅	1月 乙丑	
7日 19:18	8日 02:24	8日 23:06	8日 07:17	8日 04:13	7日 18:21	6日 08:06	6日 04:03	5日 10:51	6日 06:10	4日 12:14	6日 00:39	(節入)
22日 13:19	22日 23:59	24日 02:20	23日 16:50	23日 19:02	23日 11:50	22日 00:54	21日 16:59	20日 17:55	21日 06:58	19日 08:04	20日 18:00	(中節)
壬申	壬寅	辛未	辛丑	庚午	己亥	己巳	戊戌	戊辰	丁酉	己巳	戊戌	1日
癸酉	癸卯	壬申	壬寅	辛未	庚子	庚午	己亥	己巳	戊戌	庚午	己亥	2日
甲戌	甲辰	癸酉	癸卯	壬申	辛丑	辛未	庚子	庚午	己亥	辛未	庚子	3日
乙亥	乙巳	甲戌	甲辰	癸酉	壬寅	壬申	辛丑	辛未	庚子	壬申	辛丑	4日
丙子	丙午	乙亥	乙巳	甲戌	癸卯	癸酉	壬寅	壬申	辛丑	癸酉	壬寅	5日
丁丑	丁未	丙子	丙午	乙亥	甲辰	甲戌	癸卯	癸酉	壬寅	甲戌	癸卯	6日
戊寅	戊申	丁丑	丁未	丙子	乙巳	乙亥	甲辰	甲戌	癸卯	乙亥	甲辰	7日
己卯	己酉	戊寅	戊申	丁丑	丙午	丙子	乙巳	乙亥	甲辰	丙子	乙巳	8日
庚辰	庚戌	己卯	己酉	戊寅	丁未	丁丑	丙午	丙子	乙巳	丁丑	丙午	9日
辛巳	辛亥	庚辰	庚戌	己卯	戊申	戊寅	丁未	丁丑	丙午	戊寅	丁未	10日
壬午	壬子	辛巳	辛亥	庚辰	己酉	己卯	戊申	戊寅	丁未	己卯	戊申	11日
癸未	癸丑	壬午	壬子	辛巳	庚戌	庚辰	己酉	己卯	戊申	庚辰	己酉	12日
甲申	甲寅	癸未	癸丑	壬午	辛亥	辛巳	庚戌	庚辰	己酉	辛巳	庚戌	13日
乙酉	乙卯	甲申	甲寅	癸未	壬子	壬午	辛亥	辛巳	庚戌	壬午	辛亥	14日
丙戌	丙辰	乙酉	乙卯	甲申	癸丑	癸未	壬子	壬午	辛亥	癸未	壬子	15日
丁亥	丁巳	丙戌	丙辰	乙酉	甲寅	甲申	癸丑	癸未	壬子	甲申	癸丑	16日
戊子	戊午	丁亥	丁巳	丙戌	乙卯	乙酉	甲寅	甲申	癸丑	乙酉	甲寅	17日
己丑	己未	戊子	戊午	丁亥	丙辰	丙戌	乙卯	乙酉	甲寅	丙戌	乙卯	18日
庚寅	庚申	己丑	己未	戊子	丁巳	丁亥	丙辰	丙戌	乙卯	丁亥	丙辰	19日
辛卯	辛酉	庚寅	庚申	己丑	戊午	戊子	丁巳	丁亥	丙辰	戊子	丁巳	20日
壬辰	壬戌	辛卯	辛酉	庚寅	己未	己丑	戊午	戊子	丁巳	己丑	戊午	21日
癸巳	癸亥	壬辰	壬戌	辛卯	庚申	庚寅	己未	己丑	戊午	庚寅	己未	22日
甲午	甲子	癸巳	癸亥	壬辰	辛酉	辛卯	庚申	庚寅	己未	辛卯	庚申	23日
乙未	乙丑	甲午	甲子	癸巳	壬戌	壬辰	辛酉	辛卯	庚申	壬辰	辛酉	24日
丙申	丙寅	乙未	乙丑	甲午	癸亥	癸巳	壬戌	壬辰	辛酉	癸巳	壬戌	25日
丁酉	丁卯	丙申	丙寅	乙未	甲子	甲午	癸亥	癸巳	壬戌	甲午	癸亥	26日
戊戌	戊辰	丁酉	丁卯	丙申	乙丑	乙未	甲子	甲午	癸亥	乙未	甲子	27日
己亥	己巳	戊戌	戊辰	丁酉	丙寅	丙申	乙丑	乙未	甲子	丙申	乙丑	28日
庚子	庚午	己亥	己巳	戊戌	丁卯	丁酉	丙寅	丙申	丁酉		丙寅	29日
辛丑	辛未	庚子	庚午	己亥	戊辰	戊戌	丁卯	丁酉	丙寅		丁卯	30日
壬寅		辛丑		庚子	己巳		戊辰		丁卯		戊辰	31日

2020年　庚子年

12月 戊子	11月 丁亥	10月 丙戌	9月 乙酉	8月 甲申	7月 癸未	6月 壬午	5月 辛巳	4月 庚辰	3月 己卯	2月 戊寅	1月 丁丑	
7日 1:09	7日 08:14	8日 04:55	7日 13:08	7日 10:06	7日 00:14	5日 13:58	5日 09:51	4日 16:38	5日 11:57	4日 18:03	6日 06:30	〔節入〕
21日 19:02	22日 05:40	23日 08:00	22日 22:31	23日 00:45	22日 17:37	21日 06:44	20日 22:49	19日 23:45	20日 12:50	19日 13:57	20日 23:55	〔中節〕
戊寅	戊申	丁丑	丁未	丙子	乙巳	乙亥	甲辰	甲戌	癸卯	甲戌	癸卯	1日
己卯	己酉	戊寅	戊申	丁丑	丙午	丙子	乙巳	乙亥	甲辰	乙亥	甲辰	2日
庚辰	庚戌	己卯	己酉	戊寅	丁未	丁丑	丙午	丙子	乙巳	丙子	乙巳	3日
辛巳	辛亥	庚辰	庚戌	己卯	戊申	戊寅	丁未	丁丑	丙午	丁丑	丙午	4日
壬午	壬子	辛巳	辛亥	庚辰	己酉	己卯	戊申	戊寅	丁未	戊寅	丁未	5日
癸未	癸丑	壬午	壬子	辛巳	庚戌	庚辰	己酉	己卯	戊申	己卯	戊申	6日
甲申	甲寅	癸未	癸丑	壬午	辛亥	辛巳	庚戌	庚辰	己酉	庚辰	己酉	7日
乙酉	乙卯	甲申	甲寅	癸未	壬子	壬午	辛亥	辛巳	庚戌	辛巳	庚戌	8日
丙戌	丙辰	乙酉	乙卯	甲申	癸丑	癸未	壬子	壬午	辛亥	壬午	辛亥	9日
丁亥	丁巳	丙戌	丙辰	乙酉	甲寅	甲申	癸丑	癸未	壬子	癸未	壬子	10日
戊子	戊午	丁亥	丁巳	丙戌	乙卯	乙酉	甲寅	甲申	癸丑	甲申	癸丑	11日
己丑	己未	戊子	戊午	丁亥	丙辰	丙戌	乙卯	乙酉	甲寅	乙酉	甲寅	12日
庚寅	庚申	己丑	己未	戊子	丁巳	丁亥	丙辰	丙戌	乙卯	丙戌	乙卯	13日
辛卯	辛酉	庚寅	庚申	己丑	戊午	戊子	丁巳	丁亥	丙辰	丁亥	丙辰	14日
壬辰	壬戌	辛卯	辛酉	庚寅	己未	己丑	戊午	戊子	丁巳	戊子	丁巳	15日
癸巳	癸亥	壬辰	壬戌	辛卯	庚申	庚寅	己未	己丑	戊午	己丑	戊午	16日
甲午	甲子	癸巳	癸亥	壬辰	辛酉	辛卯	庚申	庚寅	己未	庚寅	己未	17日
乙未	乙丑	甲午	甲子	癸巳	壬戌	壬辰	辛酉	辛卯	庚申	辛卯	庚申	18日
丙申	丙寅	乙未	乙丑	甲午	癸亥	癸巳	壬戌	壬辰	辛酉	壬辰	辛酉	19日
丁酉	丁卯	丙申	丙寅	乙未	甲子	甲午	癸亥	癸巳	壬戌	癸巳	壬戌	20日
戊戌	戊辰	丁酉	丁卯	丙申	乙丑	乙未	甲子	甲午	癸亥	甲午	癸亥	21日
己亥	己巳	戊戌	戊辰	丁酉	丙寅	丙申	乙丑	乙未	甲子	乙未	甲子	22日
庚子	庚午	己亥	己巳	戊戌	丁卯	丁酉	丙寅	丙申	乙丑	丙申	乙丑	23日
辛丑	辛未	庚子	庚午	己亥	戊辰	戊戌	丁卯	丁酉	丙寅	丁酉	丙寅	24日
壬寅	壬申	辛丑	辛未	庚子	己巳	己亥	戊辰	戊戌	丁卯	戊戌	丁卯	25日
癸卯	癸酉	壬寅	壬申	辛丑	庚午	庚子	己巳	己亥	戊辰	己亥	戊辰	26日
甲辰	甲戌	癸卯	癸酉	壬寅	辛未	辛丑	庚午	庚子	己巳	庚子	己巳	27日
乙巳	乙亥	甲辰	甲戌	癸卯	壬申	壬寅	辛未	辛丑	庚午	辛丑	庚午	28日
丙午	丙子	乙巳	乙亥	甲辰	癸酉	癸卯	壬申	壬寅	辛未	壬寅	辛未	29日
丁未	丁丑	丙午	丙子	乙巳	甲戌	甲辰	癸酉	癸卯	壬申		壬申	30日
戊申		丁未		丙午	乙亥		甲戌		癸酉		癸酉	31日

2021年　辛丑年

12月 庚子	11月 己亥	10月 戊戌	9月 丁酉	8月 丙申	7月 乙未	6月 甲午	5月 癸巳	4月 壬辰	3月 辛卯	2月 庚寅	1月 己丑	
7日 06:57	7日 13:58	8日 10:38	7日 18:52	7日 15:54	7日 06:06	5日 19:51	5日 15:46	4日 22:34	5日 17:53	3日 23:59	5日 12:24	(節入)
22日 00:59	22日 11:33	23日 13:50	23日 04:20	23日 06:35	22日 23:27	21日 12:32	21日 04:36	20日 05:32	20日 18:37	18日 19:44	20日 05:40	(中節)
癸未	癸丑	壬午	壬子	辛巳	庚戌	庚辰	己酉	己卯	戊申	庚辰	己酉	1日
甲申	甲寅	癸未	癸丑	壬午	辛亥	辛巳	庚戌	庚辰	己酉	辛巳	庚戌	2日
乙酉	乙卯	甲申	甲寅	癸未	壬子	壬午	辛亥	辛巳	庚戌	壬午	辛亥	3日
丙戌	丙辰	乙酉	乙卯	甲申	癸丑	癸未	壬子	壬午	辛亥	癸未	壬子	4日
丁亥	丁巳	丙戌	丙辰	乙酉	甲寅	甲申	癸丑	癸未	壬子	甲申	癸丑	5日
戊子	戊午	丁亥	丁巳	丙戌	乙卯	乙酉	甲寅	甲申	癸丑	乙酉	甲寅	6日
己丑	己未	戊子	戊午	丁亥	丙辰	丙戌	乙卯	乙酉	甲寅	丙戌	乙卯	7日
庚寅	庚申	己丑	己未	戊子	丁巳	丁亥	丙辰	丙戌	乙卯	丁亥	丙辰	8日
辛卯	辛酉	庚寅	庚申	己丑	戊午	戊子	丁巳	丁亥	丙辰	戊子	丁巳	9日
壬辰	壬戌	辛卯	辛酉	庚寅	己未	己丑	戊午	戊子	丁巳	己丑	戊午	10日
癸巳	癸亥	壬辰	壬戌	辛卯	庚申	庚寅	己未	己丑	戊午	庚寅	己未	11日
甲午	甲子	癸巳	癸亥	壬辰	辛酉	辛卯	庚申	庚寅	己未	辛卯	庚申	12日
乙未	乙丑	甲午	甲子	癸巳	壬戌	壬辰	辛酉	辛卯	庚申	壬辰	辛酉	13日
丙申	丙寅	乙未	乙丑	甲午	癸亥	癸巳	壬戌	壬辰	辛酉	癸巳	壬戌	14日
丁酉	丁卯	丙申	丙寅	乙未	甲子	甲午	癸亥	癸巳	壬戌	甲午	癸亥	15日
戊戌	戊辰	丁酉	丁卯	丙申	乙丑	乙未	甲子	甲午	癸亥	乙未	甲子	16日
己亥	己巳	戊戌	戊辰	丁酉	丙寅	丙申	乙丑	乙未	甲子	丙申	乙丑	17日
庚子	庚午	己亥	己巳	戊戌	丁卯	丁酉	丙寅	丙申	乙丑	丁酉	丙寅	18日
辛丑	辛未	庚子	庚午	己亥	戊辰	戊戌	丁卯	丁酉	丙寅	戊戌	丁卯	19日
壬寅	壬申	辛丑	辛未	庚子	己巳	己亥	戊辰	戊戌	丁卯	己亥	戊辰	20日
癸卯	癸酉	壬寅	壬申	辛丑	庚午	庚子	己巳	己亥	戊辰	庚子	己巳	21日
甲辰	甲戌	癸卯	癸酉	壬寅	辛未	辛丑	庚午	庚子	己巳	辛丑	庚午	22日
乙巳	乙亥	甲辰	甲戌	癸卯	壬申	壬寅	辛未	辛丑	庚午	壬寅	辛未	23日
丙午	丙子	乙巳	乙亥	甲辰	癸酉	癸卯	壬申	壬寅	辛未	癸卯	壬申	24日
丁未	丁丑	丙午	丙子	乙巳	甲戌	甲辰	癸酉	癸卯	壬申	甲辰	癸酉	25日
戊申	戊寅	丁未	丁丑	丙午	乙亥	乙巳	甲戌	甲辰	癸酉	乙巳	甲戌	26日
己酉	己卯	戊申	戊寅	丁未	丙子	丙午	乙亥	乙巳	甲戌	丙午	乙亥	27日
庚戌	庚辰	己酉	己卯	戊申	丁丑	丁未	丙子	丙午	乙亥	丁未	丙子	28日
辛亥	辛巳	庚戌	庚辰	己酉	戊寅	戊申	丁丑	丁未	丙子		丁丑	29日
壬子	壬午	辛亥	辛巳	庚戌	己卯	己酉	戊寅	戊申	丁丑		戊寅	30日
癸丑		壬子		辛亥	庚辰		己卯		戊寅		己卯	31日

2022年　壬寅年

12月 壬子	11月 辛亥	10月 庚戌	9月 己酉	8月 戊申	7月 丁未	6月 丙午	5月 乙巳	4月 甲辰	3月 癸卯	2月 壬寅	1月 辛丑	
7日 12:46	7日 19:45	8日 16:21	8日 00:32	7日 21:29	7日 11:38	6日 01:25	5日 21:25	5日 04:19	5日 23:43	4日 05:51	5日 18:15	〔節入〕
22日 06:48	22日 17:20	23日 19:35	23日 10:03	23日 12:16	23日 05:07	21日 18:14	21日 10:22	20日 11:23	21日 00:32	19日 01:43	20日 11:40	〔中節〕
戊子	戊午	丁亥	丁巳	丙戌	乙卯	乙酉	甲寅	甲申	癸丑	乙酉	甲寅	1日
己丑	己未	戊子	戊午	丁亥	丙辰	丙戌	乙卯	乙酉	甲寅	丙戌	乙卯	2日
庚寅	庚申	己丑	己未	戊子	丁巳	丁亥	丙辰	丙戌	乙卯	丁亥	丙辰	3日
辛卯	辛酉	庚寅	庚申	己丑	戊午	戊子	丁巳	丁亥	丙辰	戊子	丁巳	4日
壬辰	壬戌	辛卯	辛酉	庚寅	己未	己丑	戊午	戊子	丁巳	己丑	戊午	5日
癸巳	癸亥	壬辰	壬戌	辛卯	庚申	庚寅	己未	己丑	戊午	庚寅	己未	6日
甲午	甲子	癸巳	癸亥	壬辰	辛酉	辛卯	庚申	庚寅	己未	辛卯	庚申	7日
乙未	乙丑	甲午	甲子	癸巳	壬戌	壬辰	辛酉	辛卯	庚申	壬辰	辛酉	8日
丙申	丙寅	乙未	乙丑	甲午	癸亥	癸巳	壬戌	壬辰	辛酉	癸巳	壬戌	9日
丁酉	丁卯	丙申	丙寅	乙未	甲子	甲午	癸亥	癸巳	壬戌	甲午	癸亥	10日
戊戌	戊辰	丁酉	丁卯	丙申	乙丑	乙未	甲子	甲午	癸亥	乙未	甲子	11日
己亥	己巳	戊戌	戊辰	丁酉	丙寅	丙申	乙丑	乙未	甲子	丙申	乙丑	12日
庚子	庚午	己亥	己巳	戊戌	丁卯	丁酉	丙寅	丙申	乙丑	丁酉	丙寅	13日
辛丑	辛未	庚子	庚午	己亥	戊辰	戊戌	丁卯	丁酉	丙寅	戊戌	丁卯	14日
壬寅	壬申	辛丑	辛未	庚子	己巳	己亥	戊辰	戊戌	丁卯	己亥	戊辰	15日
癸卯	癸酉	壬寅	壬申	辛丑	庚午	庚子	己巳	己亥	戊辰	庚子	己巳	16日
甲辰	甲戌	癸卯	癸酉	壬寅	辛未	辛丑	庚午	庚子	己巳	辛丑	庚午	17日
乙巳	乙亥	甲辰	甲戌	癸卯	壬申	壬寅	辛未	辛丑	庚午	壬寅	辛未	18日
丙午	丙子	乙巳	乙亥	甲辰	癸酉	癸卯	壬申	壬寅	辛未	癸卯	壬申	19日
丁未	丁丑	丙午	丙子	乙巳	甲戌	甲辰	癸酉	癸卯	壬申	甲辰	癸酉	20日
戊申	戊寅	丁未	丁丑	丙午	乙亥	乙巳	甲戌	甲辰	癸酉	乙巳	甲戌	21日
己酉	己卯	戊申	戊寅	丁未	丙子	丙午	乙亥	乙巳	甲戌	丙午	乙亥	22日
庚戌	庚辰	己酉	己卯	戊申	丁丑	丁未	丙子	丙午	乙亥	丁未	丙子	23日
辛亥	辛巳	庚戌	庚辰	己酉	戊寅	戊申	丁丑	丁未	丙子	戊申	丁丑	24日
壬子	壬午	辛亥	辛巳	庚戌	己卯	己酉	戊寅	戊申	丁丑	己酉	戊寅	25日
癸丑	癸未	壬子	壬午	辛亥	庚辰	庚戌	己卯	己酉	戊寅	庚戌	己卯	26日
甲寅	甲申	癸丑	癸未	壬子	辛巳	辛亥	庚辰	庚戌	己卯	辛亥	庚辰	27日
乙卯	乙酉	甲寅	甲申	癸丑	壬午	壬子	辛巳	辛亥	庚辰	壬子	辛巳	28日
丙辰	丙戌	乙卯	乙酉	甲寅	癸未	癸丑	壬午	壬子	辛巳		壬午	29日
丁巳	丁亥	丙辰	丙戌	乙卯	甲申	甲寅	癸未	癸丑	壬午		癸未	30日
戊午		丁巳		丙辰	乙酉		甲申		癸未		甲申	31日

12月 甲子	11月 癸亥	10月 壬戌	9月 辛酉	8月 庚申	7月 己未	6月 戊午	5月 丁巳	4月 丙辰	3月 乙卯	2月 甲寅	1月 癸丑	
7日 18:33	8日 01:35	8日 22:15	8日 06:26	8日 03:22	7日 17:30	6日 07:18	6日 03:18	5日 10:12	6日 05:35	4日 11:43	6日 00:05	〔節入〕
22日 12:27	22日 23:02	24日 01:20	23日 15:49	23日 18:01	23日 10:50	21日 23:58	21日 16:08	20日 17:12	21日 06:23	19日 07:34	20日 17:30	〔中節〕
癸巳	癸亥	壬辰	壬戌	辛卯	庚申	庚寅	己未	己丑	戊午	庚寅	己未	1日
甲午	甲子	癸巳	癸亥	壬辰	辛酉	辛卯	庚申	庚寅	己未	辛卯	庚申	2日
乙未	乙丑	甲午	甲子	癸巳	壬戌	壬辰	辛酉	辛卯	庚申	壬辰	辛酉	3日
丙申	丙寅	乙未	乙丑	甲午	癸亥	癸巳	壬戌	壬辰	辛酉	癸巳	壬戌	4日
丁酉	丁卯	丙申	丙寅	乙未	甲子	甲午	癸亥	癸巳	壬戌	甲午	癸亥	5日
戊戌	戊辰	丁酉	丁卯	丙申	乙丑	乙未	甲子	甲午	癸亥	乙未	甲子	6日
己亥	己巳	戊戌	戊辰	丁酉	丙寅	丙申	乙丑	乙未	甲子	丙申	乙丑	7日
庚子	庚午	己亥	己巳	戊戌	丁卯	丁酉	丙寅	丙申	乙丑	丁酉	丙寅	8日
辛丑	辛未	庚子	庚午	己亥	戊辰	戊戌	丁卯	丁酉	丙寅	戊戌	丁卯	9日
壬寅	壬申	辛丑	辛未	庚子	己巳	己亥	戊辰	戊戌	丁卯	己亥	戊辰	10日
癸卯	癸酉	壬寅	壬申	辛丑	庚午	庚子	己巳	己亥	戊辰	庚子	己巳	11日
甲辰	甲戌	癸卯	癸酉	壬寅	辛未	辛丑	庚午	庚子	己巳	辛丑	庚午	12日
乙巳	乙亥	甲辰	甲戌	癸卯	壬申	壬寅	辛未	辛丑	庚午	壬寅	辛未	13日
丙午	丙子	乙巳	乙亥	甲辰	癸酉	癸卯	壬申	壬寅	辛未	癸卯	壬申	14日
丁未	丁丑	丙午	丙子	乙巳	甲戌	甲辰	癸酉	癸卯	壬申	甲辰	癸酉	15日
戊申	戊寅	丁未	丁丑	丙午	乙亥	乙巳	甲戌	甲辰	癸酉	乙巳	甲戌	16日
己酉	己卯	戊申	戊寅	丁未	丙子	丙午	乙亥	乙巳	甲戌	丙午	乙亥	17日
庚戌	庚辰	己酉	己卯	戊申	丁丑	丁未	丙子	丙午	乙亥	丁未	丙子	18日
辛亥	辛巳	庚戌	庚辰	己酉	戊寅	戊申	丁丑	丁未	丙子	戊申	丁丑	19日
壬子	壬午	辛亥	辛巳	庚戌	己卯	己酉	戊寅	戊申	丁丑	己酉	戊寅	20日
癸丑	癸未	壬子	壬午	辛亥	庚辰	庚戌	己卯	己酉	戊寅	庚戌	己卯	21日
甲寅	甲申	癸丑	癸未	壬子	辛巳	辛亥	庚辰	庚戌	己卯	辛亥	庚辰	22日
乙卯	乙酉	甲寅	甲申	癸丑	壬午	壬子	辛巳	辛亥	庚辰	壬子	辛巳	23日
丙辰	丙戌	乙卯	乙酉	甲寅	癸未	癸丑	壬午	壬子	辛巳	癸丑	壬午	24日
丁巳	丁亥	丙辰	丙戌	乙卯	甲申	甲寅	癸未	癸丑	壬午	甲寅	癸未	25日
戊午	戊子	丁巳	丁亥	丙辰	乙酉	乙卯	甲申	甲寅	癸未	乙卯	甲申	26日
己未	己丑	戊午	戊子	丁巳	丙戌	丙辰	乙酉	乙卯	甲申	丙辰	乙酉	27日
庚申	庚寅	己未	己丑	戊午	丁亥	丁巳	丙戌	丙辰	乙酉	丁巳	丙戌	28日
辛酉	辛卯	庚申	庚寅	己未	戊子	戊午	丁亥	丁巳	丙戌		丁亥	29日
壬戌	壬辰	辛酉	辛卯	庚申	己丑	己未	戊子	戊午	丁亥		戊子	30日
癸亥		壬戌		辛酉	庚寅		己丑		戊子		己丑	31日

2024年　甲辰年

12月 丙子	11月 乙亥	10月 甲戌	9月 癸酉	8月 壬申	7月 辛未	6月 庚午	5月 己巳	4月 戊辰	3月 丁卯	2月 丙寅	1月 乙丑	
7日 00:17	7日 07:20	8日 04:00	7日 12:11	7日 09:09	6日 23:20	5日 13:10	5日 09:10	4日 16:02	5日 11:23	4日 17:27	6日 05:49	(節入)
21日 18:21	22日 04:57	23日 07:15	22日 21:44	22日 23:55	22日 16:45	21日 05:51	20日 22:00	19日 23:00	20日 12:07	19日 13:13	20日 23:07	(中節)
己亥	己巳	戊戌	戊辰	丁酉	丙寅	丙申	乙丑	乙未	甲子	乙未	甲子	1日
庚子	庚午	己亥	己巳	戊戌	丁卯	丁酉	丙寅	丙申	乙丑	丙申	乙丑	2日
辛丑	辛未	庚子	庚午	己亥	戊辰	戊戌	丁卯	丁酉	丙寅	丁酉	丙寅	3日
壬寅	壬申	辛丑	辛未	庚子	己巳	己亥	戊辰	戊戌	丁卯	戊戌	丁卯	4日
癸卯	癸酉	壬寅	壬申	辛丑	庚午	庚子	己巳	己亥	戊辰	己亥	戊辰	5日
甲辰	甲戌	癸卯	癸酉	壬寅	辛未	辛丑	庚午	庚子	己巳	庚子	己巳	6日
乙巳	乙亥	甲辰	甲戌	癸卯	壬申	壬寅	辛未	辛丑	庚午	辛丑	庚午	7日
丙午	丙子	乙巳	乙亥	甲辰	癸酉	癸卯	壬申	壬寅	辛未	壬寅	辛未	8日
丁未	丁丑	丙午	丙子	乙巳	甲戌	甲辰	癸酉	癸卯	壬申	癸卯	壬申	9日
戊申	戊寅	丁未	丁丑	丙午	乙亥	乙巳	甲戌	甲辰	癸酉	甲辰	癸酉	10日
己酉	己卯	戊申	戊寅	丁未	丙子	丙午	乙亥	乙巳	甲戌	乙巳	甲戌	11日
庚戌	庚辰	己酉	己卯	戊申	丁丑	丁未	丙子	丙午	乙亥	丙午	乙亥	12日
辛亥	辛巳	庚戌	庚辰	己酉	戊寅	戊申	丁丑	丁未	丙子	丁未	丙子	13日
壬子	壬午	辛亥	辛巳	庚戌	己卯	己酉	戊寅	戊申	丁丑	戊申	丁丑	14日
癸丑	癸未	壬子	壬午	辛亥	庚辰	庚戌	己卯	己酉	戊寅	己酉	戊寅	15日
甲寅	甲申	癸丑	癸未	壬子	辛巳	辛亥	庚辰	庚戌	己卯	庚戌	己卯	16日
乙卯	乙酉	甲寅	甲申	癸丑	壬午	壬子	辛巳	辛亥	庚辰	辛亥	庚辰	17日
丙辰	丙戌	乙卯	乙酉	甲寅	癸未	癸丑	壬午	壬子	辛巳	壬子	辛巳	18日
丁巳	丁亥	丙辰	丙戌	乙卯	甲申	甲寅	癸未	癸丑	壬午	癸丑	壬午	19日
戊午	戊子	丁巳	丁亥	丙辰	乙酉	乙卯	甲申	甲寅	癸未	甲寅	癸未	20日
己未	己丑	戊午	戊子	丁巳	丙戌	丙辰	乙酉	乙卯	甲申	乙卯	甲申	21日
庚申	庚寅	己未	己丑	戊午	丁亥	丁巳	丙戌	丙辰	乙酉	丙辰	乙酉	22日
辛酉	辛卯	庚申	庚寅	己未	戊子	戊午	丁亥	丁巳	丙戌	丁巳	丙戌	23日
壬戌	壬辰	辛酉	辛卯	庚申	己丑	己未	戊子	戊午	丁亥	戊午	丁亥	24日
癸亥	癸巳	壬戌	壬辰	辛酉	庚寅	庚申	己丑	己未	戊子	己未	戊子	25日
甲子	甲午	癸亥	癸巳	壬戌	辛卯	辛酉	庚寅	庚申	己丑	庚申	己丑	26日
乙丑	乙未	甲子	甲午	癸亥	壬辰	壬戌	辛卯	辛酉	庚寅	辛酉	庚寅	27日
丙寅	丙申	乙丑	乙未	甲子	癸巳	癸亥	壬辰	壬戌	辛卯	壬戌	辛卯	28日
丁卯	丁酉	丙寅	丙申	乙丑	甲午	甲子	癸巳	癸亥	壬辰	癸亥	壬辰	29日
戊辰	戊戌	丁卯	丁酉	丙寅	乙未	乙丑	甲午	甲子	癸巳		癸巳	30日
己巳		戊辰		丁卯	丙申		乙未		甲午		甲午	31日

2025年　乙巳年

12月 戊子	11月 丁亥	10月 丙戌	9月 乙酉	8月 甲申	7月 癸未	6月 壬午	5月 辛巳	4月 庚辰	3月 己卯	2月 戊寅	1月 丁丑	
7日 06:05	7日 13:04	8日 09:41	7日 17:52	7日 14:52	7日 05:05	5日 18:57	5日 14:57	4日 21:49	5日 17:07	3日 23:11	5日 11:33	〔節入〕
22日 00:03	22日 10:36	23日 12:51	23日 03:19	23日 05:34	22日 22:30	21日 11:42	21日 03:55	20日 04:56	20日 18:02	18日 19:07	20日 05:00	〔中節〕
甲辰	甲戌	癸卯	癸酉	壬寅	辛未	辛丑	庚午	庚子	己巳	辛丑	庚午	1日
乙巳	乙亥	甲辰	甲戌	癸卯	壬申	壬寅	辛未	辛丑	庚午	壬寅	辛未	2日
丙午	丙子	乙巳	乙亥	甲辰	癸酉	癸卯	壬申	壬寅	辛未	癸卯	壬申	3日
丁未	丁丑	丙午	丙子	乙巳	甲戌	甲辰	癸酉	癸卯	壬申	甲辰	癸酉	4日
戊申	戊寅	丁未	丁丑	丙午	乙亥	乙巳	甲戌	甲辰	癸酉	乙巳	甲戌	5日
己酉	己卯	戊申	戊寅	丁未	丙子	丙午	乙亥	乙巳	甲戌	丙午	乙亥	6日
庚戌	庚辰	己酉	己卯	戊申	丁丑	丁未	丙子	丙午	乙亥	丁未	丙子	7日
辛亥	辛巳	庚戌	庚辰	己酉	戊寅	戊申	丁丑	丁未	丙子	戊申	丁丑	8日
壬子	壬午	辛亥	辛巳	庚戌	己卯	己酉	戊寅	戊申	丁丑	己酉	戊寅	9日
癸丑	癸未	壬子	壬午	辛亥	庚辰	庚戌	己卯	己酉	戊寅	庚戌	己卯	10日
甲寅	甲申	癸丑	癸未	壬子	辛巳	辛亥	庚辰	庚戌	己卯	辛亥	庚辰	11日
乙卯	乙酉	甲寅	甲申	癸丑	壬午	壬子	辛巳	辛亥	庚辰	壬子	辛巳	12日
丙辰	丙戌	乙卯	乙酉	甲寅	癸未	癸丑	壬午	壬子	辛巳	癸丑	壬午	13日
丁巳	丁亥	丙辰	丙戌	乙卯	甲申	甲寅	癸未	癸丑	壬午	甲寅	癸未	14日
戊午	戊子	丁巳	丁亥	丙辰	乙酉	乙卯	甲申	甲寅	癸未	乙卯	甲申	15日
己未	己丑	戊午	戊子	丁巳	丙戌	丙辰	乙酉	乙卯	甲申	丙辰	乙酉	16日
庚申	庚寅	己未	己丑	戊午	丁亥	丁巳	丙戌	丙辰	乙酉	丁巳	丙戌	17日
辛酉	辛卯	庚申	庚寅	己未	戊子	戊午	丁亥	丁巳	丙戌	戊午	丁亥	18日
壬戌	壬辰	辛酉	辛卯	庚申	己丑	己未	戊子	戊午	丁亥	己未	戊子	19日
癸亥	癸巳	壬戌	壬辰	辛酉	庚寅	庚申	己丑	己未	戊子	庚申	己丑	20日
甲子	甲午	癸亥	癸巳	壬戌	辛卯	辛酉	庚寅	庚申	己丑	辛酉	庚寅	21日
乙丑	乙未	甲子	甲午	癸亥	壬辰	壬戌	辛卯	辛酉	庚寅	壬戌	辛卯	22日
丙寅	丙申	乙丑	乙未	甲子	癸巳	癸亥	壬辰	壬戌	辛卯	癸亥	壬辰	23日
丁卯	丁酉	丙寅	丙申	乙丑	甲午	甲子	癸巳	癸亥	壬辰	甲子	癸巳	24日
戊辰	戊戌	丁卯	丁酉	丙寅	乙未	乙丑	甲午	甲子	癸巳	乙丑	甲午	25日
己巳	己亥	戊辰	戊戌	丁卯	丙申	丙寅	乙未	乙丑	甲午	丙寅	乙未	26日
庚午	庚子	己巳	己亥	戊辰	丁酉	丁卯	丙申	丙寅	乙未	丁卯	丙申	27日
辛未	辛丑	庚午	庚子	己巳	戊戌	戊辰	丁酉	丁卯	丙申	戊辰	丁酉	28日
壬申	壬寅	辛未	辛丑	庚午	己亥	己巳	戊戌	戊辰	丁酉		戊戌	29日
癸酉	癸卯	壬申	壬寅	辛未	庚子	庚午	己亥	己巳	戊戌		己亥	30日
甲戌		癸酉		壬申	辛丑		庚子		己亥		庚子	31日

2026年　丙午年

12月 庚子	11月 己亥	10月 戊戌	9月 丁酉	8月 丙申	7月 乙未	6月 甲午	5月 癸巳	4月 壬辰	3月 辛卯	2月 庚寅	1月 己丑	
7日 11:53	7日 18:52	8日 15:29	7日 23:41	7日 20:43	7日 10:57	6日 00:48	5日 20:49	5日 03:40	5日 22:59	4日 05:02	5日 17:23	（節入）
22日 05:50	22日 16:23	23日 18:38	23日 09:05	23日 11:19	23日 04:13	21日 17:25	21日 09:37	20日 10:39	20日 23:46	19日 00:52	20日 10:45	（中節）
己酉	己卯	戊申	戊寅	丁未	丙子	丙午	乙亥	乙巳	甲戌	丙午	乙亥	1日
庚戌	庚辰	己酉	己卯	戊申	丁丑	丁未	丙子	丙午	乙亥	丁未	丙子	2日
辛亥	辛巳	庚戌	庚辰	己酉	戊寅	戊申	丁丑	丁未	丙子	戊申	丁丑	3日
壬子	壬午	辛亥	辛巳	庚戌	己卯	己酉	戊寅	戊申	丁丑	己酉	戊寅	4日
癸丑	癸未	壬子	壬午	辛亥	庚辰	庚戌	己卯	己酉	戊寅	庚戌	己卯	5日
甲寅	甲申	癸丑	癸未	壬子	辛巳	辛亥	庚辰	庚戌	己卯	辛亥	庚辰	6日
乙卯	乙酉	甲寅	甲申	癸丑	壬午	壬子	辛巳	辛亥	庚辰	壬子	辛巳	7日
丙辰	丙戌	乙卯	乙酉	甲寅	癸未	癸丑	壬午	壬子	辛巳	癸丑	壬午	8日
丁巳	丁亥	丙辰	丙戌	乙卯	甲申	甲寅	癸未	癸丑	壬午	甲寅	癸未	9日
戊午	戊子	丁巳	丁亥	丙辰	乙酉	乙卯	甲申	甲寅	癸未	乙卯	甲申	10日
己未	己丑	戊午	戊子	丁巳	丙戌	丙辰	乙酉	乙卯	甲申	丙辰	乙酉	11日
庚申	庚寅	己未	己丑	戊午	丁亥	丁巳	丙戌	丙辰	乙酉	丁巳	丙戌	12日
辛酉	辛卯	庚申	庚寅	己未	戊子	戊午	丁亥	丁巳	丙戌	戊午	丁亥	13日
壬戌	壬辰	辛酉	辛卯	庚申	己丑	己未	戊子	戊午	丁亥	己未	戊子	14日
癸亥	癸巳	壬戌	壬辰	辛酉	庚寅	庚申	己丑	己未	戊子	庚申	己丑	15日
甲子	甲午	癸亥	癸巳	壬戌	辛卯	辛酉	庚寅	庚申	己丑	辛酉	庚寅	16日
乙丑	乙未	甲子	甲午	癸亥	壬辰	壬戌	辛卯	辛酉	庚寅	壬戌	辛卯	17日
丙寅	丙申	乙丑	乙未	甲子	癸巳	癸亥	壬辰	壬戌	辛卯	癸亥	壬辰	18日
丁卯	丁酉	丙寅	丙申	乙丑	甲午	甲子	癸巳	癸亥	壬辰	甲子	癸巳	19日
戊辰	戊戌	丁卯	丁酉	丙寅	乙未	乙丑	甲午	甲子	癸巳	乙丑	甲午	20日
己巳	己亥	戊辰	戊戌	丁卯	丙申	丙寅	乙未	乙丑	甲午	丙寅	乙未	21日
庚午	庚子	己巳	己亥	戊辰	丁酉	丁卯	丙申	丙寅	乙未	丁卯	丙申	22日
辛未	辛丑	庚午	庚子	己巳	戊戌	戊辰	丁酉	丁卯	丙申	戊辰	丁酉	23日
壬申	壬寅	辛未	辛丑	庚午	己亥	己巳	戊戌	戊辰	丁酉	己巳	戊戌	24日
癸酉	癸卯	壬申	壬寅	辛未	庚子	庚午	己亥	己巳	戊戌	庚午	己亥	25日
甲戌	甲辰	癸酉	癸卯	壬申	辛丑	辛未	庚子	庚午	己亥	辛未	庚子	26日
乙亥	乙巳	甲戌	甲辰	癸酉	壬寅	壬申	辛丑	辛未	庚子	壬申	辛丑	27日
丙子	丙午	乙亥	乙巳	甲戌	癸卯	癸酉	壬寅	壬申	辛丑	癸酉	壬寅	28日
丁丑	丁未	丙子	丙午	乙亥	甲辰	甲戌	癸卯	癸酉	壬寅		癸卯	29日
戊寅	戊申	丁丑	丁未	丙子	乙巳	乙亥	甲辰	甲戌	癸卯		甲辰	30日
己卯		戊寅		丁丑	丙午		乙巳		甲辰		乙巳	31日

12月 壬子	11月 辛亥	10月 庚戌	9月 己酉	8月 戊申	7月 丁未	6月 丙午	5月 乙巳	4月 甲辰	3月 癸卯	2月 壬寅	1月 辛丑	
7日 17:38	8日 00:39	8日 21:17	8日 05:29	8日 02:27	7日 16:37	6日 06:26	6日 02:25	5日 09:18	6日 04:40	4日 10:46	5日 23:10	〔節入〕
22日 11:42	22日 22:16	24日 00:33	23日 15:02	23日 17:14	23日 10:05	21日 23:11	21日 15:18	20日 16:18	21日 05:25	19日 06:34	20日 16:30	〔中節〕
甲寅	甲申	癸丑	癸未	壬子	辛巳	辛亥	庚辰	庚戌	己卯	辛亥	庚辰	1日
乙卯	乙酉	甲寅	甲申	癸丑	壬午	壬子	辛巳	辛亥	庚辰	壬子	辛巳	2日
丙辰	丙戌	乙卯	乙酉	甲寅	癸未	癸丑	壬午	壬子	辛巳	癸丑	壬午	3日
丁巳	丁亥	丙辰	丙戌	乙卯	甲申	甲寅	癸未	癸丑	壬午	甲寅	癸未	4日
戊午	戊子	丁巳	丁亥	丙辰	乙酉	乙卯	甲申	甲寅	癸未	乙卯	甲申	5日
己未	己丑	戊午	戊子	丁巳	丙戌	丙辰	乙酉	乙卯	甲申	丙辰	乙酉	6日
庚申	庚寅	己未	己丑	戊午	丁亥	丁巳	丙戌	丙辰	乙酉	丁巳	丙戌	7日
辛酉	辛卯	庚申	庚寅	己未	戊子	戊午	丁亥	丁巳	丙戌	戊午	丁亥	8日
壬戌	壬辰	辛酉	辛卯	庚申	己丑	己未	戊子	戊午	丁亥	己未	戊子	9日
癸亥	癸巳	壬戌	壬辰	辛酉	庚寅	庚申	己丑	己未	戊子	庚申	己丑	10日
甲子	甲午	癸亥	癸巳	壬戌	辛卯	辛酉	庚寅	庚申	己丑	辛酉	庚寅	11日
乙丑	乙未	甲子	甲午	癸亥	壬辰	壬戌	辛卯	辛酉	庚寅	壬戌	辛卯	12日
丙寅	丙申	乙丑	乙未	甲子	癸巳	癸亥	壬辰	壬戌	辛卯	癸亥	壬辰	13日
丁卯	丁酉	丙寅	丙申	乙丑	甲午	甲子	癸巳	癸亥	壬辰	甲子	癸巳	14日
戊辰	戊戌	丁卯	丁酉	丙寅	乙未	乙丑	甲午	甲子	癸巳	乙丑	甲午	15日
己巳	己亥	戊辰	戊戌	丁卯	丙申	丙寅	乙未	乙丑	甲午	丙寅	乙未	16日
庚午	庚子	己巳	己亥	戊辰	丁酉	丁卯	丙申	丙寅	乙未	丁卯	丙申	17日
辛未	辛丑	庚午	庚子	己巳	戊戌	戊辰	丁酉	丁卯	丙申	戊辰	丁酉	18日
壬申	壬寅	辛未	辛丑	庚午	己亥	己巳	戊戌	戊辰	丁酉	己巳	戊戌	19日
癸酉	癸卯	壬申	壬寅	辛未	庚子	庚午	己亥	己巳	戊戌	庚午	己亥	20日
甲戌	甲辰	癸酉	癸卯	壬申	辛丑	辛未	庚子	庚午	己亥	辛未	庚子	21日
乙亥	乙巳	甲戌	甲辰	癸酉	壬寅	壬申	辛丑	辛未	庚子	壬申	辛丑	22日
丙子	丙午	乙亥	乙巳	甲戌	癸卯	癸酉	壬寅	壬申	辛丑	癸酉	壬寅	23日
丁丑	丁未	丙子	丙午	乙亥	甲辰	甲戌	癸卯	癸酉	壬寅	甲戌	癸卯	24日
戊寅	戊申	丁丑	丁未	丙子	乙巳	乙亥	甲辰	甲戌	癸卯	乙亥	甲辰	25日
己卯	己酉	戊寅	戊申	丁丑	丙午	丙子	乙巳	乙亥	甲辰	丙子	乙巳	26日
庚辰	庚戌	己卯	己酉	戊寅	丁未	丁丑	丙午	丙子	乙巳	丁丑	丙午	27日
辛巳	辛亥	庚辰	庚戌	己卯	戊申	戊寅	丁未	丁丑	丙午	戊寅	丁未	28日
壬午	壬子	辛巳	辛亥	庚辰	己酉	己卯	戊申	戊寅	丁未		戊申	29日
癸未	癸丑	壬午	壬子	辛巳	庚戌	庚辰	己酉	己卯	戊申		己酉	30日
甲申		癸未		壬午	辛亥		庚戌		己酉		庚戌	31日

2028 年　戊申年

12月 甲子	11月 癸亥	10月 壬戌	9月 辛酉	8月 庚申	7月 己未	6月 戊午	5月 丁巳	4月 丙辰	3月 乙卯	2月 甲寅	1月 癸丑	
6日 23:25	7日 06:27	8日 03:09	7日 11:22	7日 08:21	6日 22:30	5日 12:16	5日 08:13	4日 15:03	5日 10:25	4日 16:31	6日 04:55	(節入)
21日 17:20	22日 03:54	23日 06:13	22日 20:45	22日 23:01	22日 15:54	21日 05:02	20日 21:10	19日 22:10	20日 11:17	19日 12:26	20日 22:22	(中節)
庚申	庚寅	己未	己丑	戊午	丁亥	丁巳	丙戌	丙辰	乙酉	丙辰	乙酉	1日
辛酉	辛卯	庚申	庚寅	己未	戊子	戊午	丁亥	丁巳	丙戌	丁巳	丙戌	2日
壬戌	壬辰	辛酉	辛卯	庚申	己丑	己未	戊子	戊午	丁亥	戊午	丁亥	3日
癸亥	癸巳	壬戌	壬辰	辛酉	庚寅	庚申	己丑	己未	戊子	己未	戊子	4日
甲子	甲午	癸亥	癸巳	壬戌	辛卯	辛酉	庚寅	庚申	己丑	庚申	己丑	5日
乙丑	乙未	甲子	甲午	癸亥	壬辰	壬戌	辛卯	辛酉	庚寅	辛酉	庚寅	6日
丙寅	丙申	乙丑	乙未	甲子	癸巳	癸亥	壬辰	壬戌	辛卯	壬戌	辛卯	7日
丁卯	丁酉	丙寅	丙申	乙丑	甲午	甲子	癸巳	癸亥	壬辰	癸亥	壬辰	8日
戊辰	戊戌	丁卯	丁酉	丙寅	乙未	乙丑	甲午	甲子	癸巳	甲子	癸巳	9日
己巳	己亥	戊辰	戊戌	丁卯	丙申	丙寅	乙未	乙丑	甲午	乙丑	甲午	10日
庚午	庚子	己巳	己亥	戊辰	丁酉	丁卯	丙申	丙寅	乙未	丙寅	乙未	11日
辛未	辛丑	庚午	庚子	己巳	戊戌	戊辰	丁酉	丁卯	丙申	丁卯	丙申	12日
壬申	壬寅	辛未	辛丑	庚午	己亥	己巳	戊戌	戊辰	丁酉	戊辰	丁酉	13日
癸酉	癸卯	壬申	壬寅	辛未	庚子	庚午	己亥	己巳	戊戌	己巳	戊戌	14日
甲戌	甲辰	癸酉	癸卯	壬申	辛丑	辛未	庚子	庚午	己亥	庚午	己亥	15日
乙亥	乙巳	甲戌	甲辰	癸酉	壬寅	壬申	辛丑	辛未	庚子	辛未	庚子	16日
丙子	丙午	乙亥	乙巳	甲戌	癸卯	癸酉	壬寅	壬申	辛丑	壬申	辛丑	17日
丁丑	丁未	丙子	丙午	乙亥	甲辰	甲戌	癸卯	癸酉	壬寅	癸酉	壬寅	18日
戊寅	戊申	丁丑	丁未	丙子	乙巳	乙亥	甲辰	甲戌	癸卯	甲戌	癸卯	19日
己卯	己酉	戊寅	戊申	丁丑	丙午	丙子	乙巳	乙亥	甲辰	乙亥	甲辰	20日
庚辰	庚戌	己卯	己酉	戊寅	丁未	丁丑	丙午	丙子	乙巳	丙子	乙巳	21日
辛巳	辛亥	庚辰	庚戌	己卯	戊申	戊寅	丁未	丁丑	丙午	丁丑	丙午	22日
壬午	壬子	辛巳	辛亥	庚辰	己酉	己卯	戊申	戊寅	丁未	戊寅	丁未	23日
癸未	癸丑	壬午	壬子	辛巳	庚戌	庚辰	己酉	己卯	戊申	己卯	戊申	24日
甲申	甲寅	癸未	癸丑	壬午	辛亥	辛巳	庚戌	庚辰	己酉	庚辰	己酉	25日
乙酉	乙卯	甲申	甲寅	癸未	壬子	壬午	辛亥	辛巳	庚戌	辛巳	庚戌	26日
丙戌	丙辰	乙酉	乙卯	甲申	癸丑	癸未	壬子	壬午	辛亥	壬午	辛亥	27日
丁亥	丁巳	丙戌	丙辰	乙酉	甲寅	甲申	癸丑	癸未	壬子	癸未	壬子	28日
戊子	戊午	丁亥	丁巳	丙戌	乙卯	乙酉	甲寅	甲申	癸丑	甲申	癸丑	29日
己丑	己未	戊子	戊午	丁亥	丙辰	丙戌	乙卯	乙酉	甲寅		甲寅	30日
庚寅		己丑		戊子	丁巳		丙辰		乙卯		乙卯	31日

2029年　己酉年

12月 丙子	11月 乙亥	10月 甲戌	9月 癸酉	8月 壬申	7月 辛未	6月 庚午	5月 己巳	4月 戊辰	3月 丁卯	2月 丙寅	1月 乙丑	
7日 05:14	7日 12:17	8日 08:58	7日 17:12	7日 14:12	7日 04:23	5日 18:10	5日 14:08	4日 20:58	5日 16:18	3日 22:21	5日 10:42	(節入)
21日 23:14	22日 09:50	23日 12:08	23日 02:39	23日 04:52	22日 21:42	21日 10:48	21日 02:56	20日 03:56	20日 17:02	18日 18:08	20日 04:01	(中節)
乙丑	乙未	甲子	甲午	癸亥	壬辰	壬戌	辛卯	辛酉	庚寅	壬戌	辛卯	1日
丙寅	丙申	乙丑	乙未	甲子	癸巳	癸亥	壬辰	壬戌	辛卯	癸亥	壬辰	2日
丁卯	丁酉	丙寅	丙申	乙丑	甲午	甲子	癸巳	癸亥	壬辰	甲子	癸巳	3日
戊辰	戊戌	丁卯	丁酉	丙寅	乙未	乙丑	甲午	甲子	癸巳	乙丑	甲午	4日
己巳	己亥	戊辰	戊戌	丁卯	丙申	丙寅	乙未	乙丑	甲午	丙寅	乙未	5日
庚午	庚子	己巳	己亥	戊辰	丁酉	丁卯	丙申	丙寅	乙未	丁卯	丙申	6日
辛未	辛丑	庚午	庚子	己巳	戊戌	戊辰	丁酉	丁卯	丙申	戊辰	丁酉	7日
壬申	壬寅	辛未	辛丑	庚午	己亥	己巳	戊戌	戊辰	丁酉	己巳	戊戌	8日
癸酉	癸卯	壬申	壬寅	辛未	庚子	庚午	己亥	己巳	戊戌	庚午	己亥	9日
甲戌	甲辰	癸酉	癸卯	壬申	辛丑	辛未	庚子	庚午	己亥	辛未	庚子	10日
乙亥	乙巳	甲戌	甲辰	癸酉	壬寅	壬申	辛丑	辛未	庚子	壬申	辛丑	11日
丙子	丙午	乙亥	乙巳	甲戌	癸卯	癸酉	壬寅	壬申	辛丑	癸酉	壬寅	12日
丁丑	丁未	丙子	丙午	乙亥	甲辰	甲戌	癸卯	癸酉	壬寅	甲戌	癸卯	13日
戊寅	戊申	丁丑	丁未	丙子	乙巳	乙亥	甲辰	甲戌	癸卯	乙亥	甲辰	14日
己卯	己酉	戊寅	戊申	丁丑	丙午	丙子	乙巳	乙亥	甲辰	丙子	乙巳	15日
庚辰	庚戌	己卯	己酉	戊寅	丁未	丁丑	丙午	丙子	乙巳	丁丑	丙午	16日
辛巳	辛亥	庚辰	庚戌	己卯	戊申	戊寅	丁未	丁丑	丙午	戊寅	丁未	17日
壬午	壬子	辛巳	辛亥	庚辰	己酉	己卯	戊申	戊寅	丁未	己卯	戊申	18日
癸未	癸丑	壬午	壬子	辛巳	庚戌	庚辰	己酉	己卯	戊申	庚辰	己酉	19日
甲申	甲寅	癸未	癸丑	壬午	辛亥	辛巳	庚戌	庚辰	己酉	辛巳	庚戌	20日
乙酉	乙卯	甲申	甲寅	癸未	壬子	壬午	辛亥	辛巳	庚戌	壬午	辛亥	21日
丙戌	丙辰	乙酉	乙卯	甲申	癸丑	癸未	壬子	壬午	辛亥	癸未	壬子	22日
丁亥	丁巳	丙戌	丙辰	乙酉	甲寅	甲申	癸丑	癸未	壬子	甲申	癸丑	23日
戊子	戊午	丁亥	丁巳	丙戌	乙卯	乙酉	甲寅	甲申	癸丑	乙酉	甲寅	24日
己丑	己未	戊子	戊午	丁亥	丙辰	丙戌	乙卯	乙酉	甲寅	丙戌	乙卯	25日
庚寅	庚申	己丑	己未	戊子	丁巳	丁亥	丙辰	丙戌	乙卯	丁亥	丙辰	26日
辛卯	辛酉	庚寅	庚申	己丑	戊午	戊子	丁巳	丁亥	丙辰	戊子	丁巳	27日
壬辰	壬戌	辛卯	辛酉	庚寅	己未	己丑	戊午	戊子	丁巳	己丑	戊午	28日
癸巳	癸亥	壬辰	壬戌	辛卯	庚申	庚寅	己未	己丑	戊午		己未	29日
甲午	甲子	癸巳	癸亥	壬辰	辛酉	辛卯	庚申	庚寅	己未		庚申	30日
乙未		甲午		癸巳	壬戌		辛酉		庚申		辛酉	31日

2030 年　庚戌年

12月 戊子	11月 丁亥	10月 丙戌	9月 乙酉	8月 甲申	7月 癸未	6月 壬午	5月 辛巳	4月 庚辰	3月 己卯	2月 戊寅	1月 丁丑	
7日 11:08	7日 18:09	8日 14:45	7日 22:53	7日 19:47	7日 09:56	5日 23:45	5日 19:46	5日 02:41	5日 22:03	4日 04:09	5日 16:31	(節入)
22日 05:10	22日 15:45	23日 18:01	23日 08:27	23日 10:37	23日 03:25	21日 16:31	21日 08:41	20日 09:44	20日 22:52	19日 00:00	20日 09:55	(中節)
庚午	庚子	己巳	己亥	戊辰	丁酉	丁卯	丙申	丙寅	乙未	丁卯	丙申	1日
辛未	辛丑	庚午	庚子	己巳	戊戌	戊辰	丁酉	丁卯	丙申	戊辰	丁酉	2日
壬申	壬寅	辛未	辛丑	庚午	己亥	己巳	戊戌	戊辰	丁酉	己巳	戊戌	3日
癸酉	癸卯	壬申	壬寅	辛未	庚子	庚午	己亥	己巳	戊戌	庚午	己亥	4日
甲戌	甲辰	癸酉	癸卯	壬申	辛丑	辛未	庚子	庚午	己亥	辛未	庚子	5日
乙亥	乙巳	甲戌	甲辰	癸酉	壬寅	壬申	辛丑	辛未	庚子	壬申	辛丑	6日
丙子	丙午	乙亥	乙巳	甲戌	癸卯	癸酉	壬寅	壬申	辛丑	癸酉	壬寅	7日
丁丑	丁未	丙子	丙午	乙亥	甲辰	甲戌	癸卯	癸酉	壬寅	甲戌	癸卯	8日
戊寅	戊申	丁丑	丁未	丙子	乙巳	乙亥	甲辰	甲戌	癸卯	乙亥	甲辰	9日
己卯	己酉	戊寅	戊申	丁丑	丙午	丙子	乙巳	乙亥	甲辰	丙子	乙巳	10日
庚辰	庚戌	己卯	己酉	戊寅	丁未	丁丑	丙午	丙子	乙巳	丁丑	丙午	11日
辛巳	辛亥	庚辰	庚戌	己卯	戊申	戊寅	丁未	丁丑	丙午	戊寅	丁未	12日
壬午	壬子	辛巳	辛亥	庚辰	己酉	己卯	戊申	戊寅	丁未	己卯	戊申	13日
癸未	癸丑	壬午	壬子	辛巳	庚戌	庚辰	己酉	己卯	戊申	庚辰	己酉	14日
甲申	甲寅	癸未	癸丑	壬午	辛亥	辛巳	庚戌	庚辰	己酉	辛巳	庚戌	15日
乙酉	乙卯	甲申	甲寅	癸未	壬子	壬午	辛亥	辛巳	庚戌	壬午	辛亥	16日
丙戌	丙辰	乙酉	乙卯	甲申	癸丑	癸未	壬子	壬午	辛亥	癸未	壬子	17日
丁亥	丁巳	丙戌	丙辰	乙酉	甲寅	甲申	癸丑	癸未	壬子	甲申	癸丑	18日
戊子	戊午	丁亥	丁巳	丙戌	乙卯	乙酉	甲寅	甲申	癸丑	乙酉	甲寅	19日
己丑	己未	戊子	戊午	丁亥	丙辰	丙戌	乙卯	乙酉	甲寅	丙戌	乙卯	20日
庚寅	庚申	己丑	己未	戊子	丁巳	丁亥	丙辰	丙戌	乙卯	丁亥	丙辰	21日
辛卯	辛酉	庚寅	庚申	己丑	戊午	戊子	丁巳	丁亥	丙辰	戊子	丁巳	22日
壬辰	壬戌	辛卯	辛酉	庚寅	己未	己丑	戊午	戊子	丁巳	己丑	戊午	23日
癸巳	癸亥	壬辰	壬戌	辛卯	庚申	庚寅	己未	己丑	戊午	庚寅	己未	24日
甲午	甲子	癸巳	癸亥	壬辰	辛酉	辛卯	庚申	庚寅	己未	辛卯	庚申	25日
乙未	乙丑	甲午	甲子	癸巳	壬戌	壬辰	辛酉	辛卯	庚申	壬辰	辛酉	26日
丙申	丙寅	乙未	乙丑	甲午	癸亥	癸巳	壬戌	壬辰	辛酉	癸巳	壬戌	27日
丁酉	丁卯	丙申	丙寅	乙未	甲子	甲午	癸亥	癸巳	壬戌	甲午	癸亥	28日
戊戌	戊辰	丁酉	丁卯	丙申	乙丑	乙未	甲子	甲午	癸亥		甲子	29日
己亥	己巳	戊戌	戊辰	丁酉	丙寅	丙申	乙丑	乙未	甲子		乙丑	30日
庚子		己亥		戊戌	丁卯		丙寅		乙丑		丙寅	31日

2031年　辛亥年

12月 庚子	11月 己亥	10月 戊戌	9月 丁酉	8月 丙申	7月 乙未	6月 甲午	5月 癸巳	4月 壬辰	3月 辛卯	2月 庚寅	1月 己丑	
7日 17:03	8日 00:06	8日 20:43	8日 04:50	8日 01:43	7日 15:49	6日 05:36	6日 01:35	5日 08:28	6日 03:51	4日 09:58	5日 22:23	〔節入〕
22日 10:56	22日 21:33	23日 23:50	23日 14:15	23日 16:23	23日 09:11	21日 22:17	21日 14:28	20日 15:31	21日 04:41	19日 05:51	20日 15:48	〔中節〕
乙亥	乙巳	甲戌	甲辰	癸酉	壬寅	壬申	辛丑	辛未	庚子	壬申	辛丑	1日
丙子	丙午	乙亥	乙巳	甲戌	癸卯	癸酉	壬寅	壬申	辛丑	癸酉	壬寅	2日
丁丑	丁未	丙子	丙午	乙亥	甲辰	甲戌	癸卯	癸酉	壬寅	甲戌	癸卯	3日
戊寅	戊申	丁丑	丁未	丙子	乙巳	乙亥	甲辰	甲戌	癸卯	乙亥	甲辰	4日
己卯	己酉	戊寅	戊申	丁丑	丙午	丙子	乙巳	乙亥	甲辰	丙子	乙巳	5日
庚辰	庚戌	己卯	己酉	戊寅	丁未	丁丑	丙午	丙子	乙巳	丁丑	丙午	6日
辛巳	辛亥	庚辰	庚戌	己卯	戊申	戊寅	丁未	丁丑	丙午	戊寅	丁未	7日
壬午	壬子	辛巳	辛亥	庚辰	己酉	己卯	戊申	戊寅	丁未	己卯	戊申	8日
癸未	癸丑	壬午	壬子	辛巳	庚戌	庚辰	己酉	己卯	戊申	庚辰	己酉	9日
甲申	甲寅	癸未	癸丑	壬午	辛亥	辛巳	庚戌	庚辰	己酉	辛巳	庚戌	10日
乙酉	乙卯	甲申	甲寅	癸未	壬子	壬午	辛亥	辛巳	庚戌	壬午	辛亥	11日
丙戌	丙辰	乙酉	乙卯	甲申	癸丑	癸未	壬子	壬午	辛亥	癸未	壬子	12日
丁亥	丁巳	丙戌	丙辰	乙酉	甲寅	甲申	癸丑	癸未	壬子	甲申	癸丑	13日
戊子	戊午	丁亥	丁巳	丙戌	乙卯	乙酉	甲寅	甲申	癸丑	乙酉	甲寅	14日
己丑	己未	戊子	戊午	丁亥	丙辰	丙戌	乙卯	乙酉	甲寅	丙戌	乙卯	15日
庚寅	庚申	己丑	己未	戊子	丁巳	丁亥	丙辰	丙戌	乙卯	丁亥	丙辰	16日
辛卯	辛酉	庚寅	庚申	己丑	戊午	戊子	丁巳	丁亥	丙辰	戊子	丁巳	17日
壬辰	壬戌	辛卯	辛酉	庚寅	己未	己丑	戊午	戊子	丁巳	己丑	戊午	18日
癸巳	癸亥	壬辰	壬戌	辛卯	庚申	庚寅	己未	己丑	戊午	庚寅	己未	19日
甲午	甲子	癸巳	癸亥	壬辰	辛酉	辛卯	庚申	庚寅	己未	辛卯	庚申	20日
乙未	乙丑	甲午	甲子	癸巳	壬戌	壬辰	辛酉	辛卯	庚申	壬辰	辛酉	21日
丙申	丙寅	乙未	乙丑	甲午	癸亥	癸巳	壬戌	壬辰	辛酉	癸巳	壬戌	22日
丁酉	丁卯	丙申	丙寅	乙未	甲子	甲午	癸亥	癸巳	壬戌	甲午	癸亥	23日
戊戌	戊辰	丁酉	丁卯	丙申	乙丑	乙未	甲子	甲午	癸亥	乙未	甲子	24日
己亥	己巳	戊戌	戊辰	丁酉	丙寅	丙申	乙丑	乙未	甲子	丙申	乙丑	25日
庚子	庚午	己亥	己巳	戊戌	丁卯	丁酉	丙寅	丙申	乙丑	丁酉	丙寅	26日
辛丑	辛未	庚子	庚午	己亥	戊辰	戊戌	丁卯	丁酉	丙寅	戊戌	丁卯	27日
壬寅	壬申	辛丑	辛未	庚子	己巳	己亥	戊辰	戊戌	丁卯	己亥	戊辰	28日
癸卯	癸酉	壬寅	壬申	辛丑	庚午	庚子	己巳	己亥	戊辰		己巳	29日
甲辰	甲戌	癸卯	癸酉	壬寅	辛未	辛丑	庚午	庚子	己巳		庚午	30日
乙巳		甲辰		癸卯	壬申		辛未		庚午		辛未	31日

2032年　壬子年

12月 壬子	11月 辛亥	10月 庚戌	9月 己酉	8月 戊申	7月 丁未	6月 丙午	5月 乙巳	4月 甲辰	3月 癸卯	2月 壬寅	1月 辛丑	
6日 22:53	7日 05:54	8日 02:31	7日 10:38	7日 07:33	6日 21:41	5日 11:28	5日 07:26	4日 14:18	5日 09:40	4日 15:49	6日 04:16	(節入)
21日 16:56	22日 03:31	23日 05:46	22日 20:11	22日 22:18	22日 15:05	21日 04:09	20日 20:15	19日 21:14	20日 10:22	19日 11:32	20日 21:31	(中節)
辛巳	辛亥	庚辰	庚戌	己卯	戊申	戊寅	丁未	丁丑	丙午	丁丑	丙午	1日
壬午	壬子	辛巳	辛亥	庚辰	己酉	己卯	戊申	戊寅	丁未	戊寅	丁未	2日
癸未	癸丑	壬午	壬子	辛巳	庚戌	庚辰	己酉	己卯	戊申	己卯	戊申	3日
甲申	甲寅	癸未	癸丑	壬午	辛亥	辛巳	庚戌	庚辰	己酉	庚辰	己酉	4日
乙酉	乙卯	甲申	甲寅	癸未	壬子	壬午	辛亥	辛巳	庚戌	辛巳	庚戌	5日
丙戌	丙辰	乙酉	乙卯	甲申	癸丑	癸未	壬子	壬午	辛亥	壬午	辛亥	6日
丁亥	丁巳	丙戌	丙辰	乙酉	甲寅	甲申	癸丑	癸未	壬子	癸未	壬子	7日
戊子	戊午	丁亥	丁巳	丙戌	乙卯	乙酉	甲寅	甲申	癸丑	甲申	癸丑	8日
己丑	己未	戊子	戊午	丁亥	丙辰	丙戌	乙卯	乙酉	甲寅	乙酉	甲寅	9日
庚寅	庚申	己丑	己未	戊子	丁巳	丁亥	丙辰	丙戌	乙卯	丙戌	乙卯	10日
辛卯	辛酉	庚寅	庚申	己丑	戊午	戊子	丁巳	丁亥	丙辰	丁亥	丙辰	11日
壬辰	壬戌	辛卯	辛酉	庚寅	己未	己丑	戊午	戊子	丁巳	戊子	丁巳	12日
癸巳	癸亥	壬辰	壬戌	辛卯	庚申	庚寅	己未	己丑	戊午	己丑	戊午	13日
甲午	甲子	癸巳	癸亥	壬辰	辛酉	辛卯	庚申	庚寅	己未	庚寅	己未	14日
乙未	乙丑	甲午	甲子	癸巳	壬戌	壬辰	辛酉	辛卯	庚申	辛卯	庚申	15日
丙申	丙寅	乙未	乙丑	甲午	癸亥	癸巳	壬戌	壬辰	辛酉	壬辰	辛酉	16日
丁酉	丁卯	丙申	丙寅	乙未	甲子	甲午	癸亥	癸巳	壬戌	癸巳	壬戌	17日
戊戌	戊辰	丁酉	丁卯	丙申	乙丑	乙未	甲子	甲午	癸亥	甲午	癸亥	18日
己亥	己巳	戊戌	戊辰	丁酉	丙寅	丙申	乙丑	乙未	甲子	乙未	甲子	19日
庚子	庚午	己亥	己巳	戊戌	丁卯	丁酉	丙寅	丙申	乙丑	丙申	乙丑	20日
辛丑	辛未	庚子	庚午	己亥	戊辰	戊戌	丁卯	丁酉	丙寅	丁酉	丙寅	21日
壬寅	壬申	辛丑	辛未	庚子	己巳	己亥	戊辰	戊戌	丁卯	戊戌	丁卯	22日
癸卯	癸酉	壬寅	壬申	辛丑	庚午	庚子	己巳	己亥	戊辰	己亥	戊辰	23日
甲辰	甲戌	癸卯	癸酉	壬寅	辛未	辛丑	庚午	庚子	己巳	庚子	己巳	24日
乙巳	乙亥	甲辰	甲戌	癸卯	壬申	壬寅	辛未	辛丑	庚午	辛丑	庚午	25日
丙午	丙子	乙巳	乙亥	甲辰	癸酉	癸卯	壬申	壬寅	辛未	壬寅	辛未	26日
丁未	丁丑	丙午	丙子	乙巳	甲戌	甲辰	癸酉	癸卯	壬申	癸卯	壬申	27日
戊申	戊寅	丁未	丁丑	丙午	乙亥	乙巳	甲戌	甲辰	癸酉	甲辰	癸酉	28日
己酉	己卯	戊申	戊寅	丁未	丙子	丙午	乙亥	乙巳	甲戌	乙巳	甲戌	29日
庚戌	庚辰	己酉	己卯	戊申	丁丑	丁未	丙子	丙午	乙亥		乙亥	30日
辛亥		庚戌		己酉	戊寅		丁丑		丙子		丙子	31日

2033年　癸丑年

12月 甲子	11月 癸亥	10月 壬戌	9月 辛酉	8月 庚申	7月 己未	6月 戊午	5月 丁巳	4月 丙辰	3月 乙卯	2月 甲寅	1月 癸丑	
7日 04:45	7日 11:41	8日 08:14	7日 16:20	7日 13:16	7日 03:25	5日 17:14	5日 13:14	4日 20:08	5日 15:32	3日 21:42	5日 10:08	(節入)
21日 22:46	22日 09:16	23日 11:28	23日 01:52	23日 04:02	22日 20:53	21日 10:01	21日 02:11	20日 03:13	20日 16:23	18日 17:34	20日 03:33	(中節)
丙戌	丙辰	乙酉	乙卯	甲申	癸丑	癸未	壬子	壬午	辛亥	癸未	壬子	1日
丁亥	丁巳	丙戌	丙辰	乙酉	甲寅	甲申	癸丑	癸未	壬子	甲申	癸丑	2日
戊子	戊午	丁亥	丁巳	丙戌	乙卯	乙酉	甲寅	甲申	癸丑	乙酉	甲寅	3日
己丑	己未	戊子	戊午	丁亥	丙辰	丙戌	乙卯	乙酉	甲寅	丙戌	乙卯	4日
庚寅	庚申	己丑	己未	戊子	丁巳	丁亥	丙辰	丙戌	乙卯	丁亥	丙辰	5日
辛卯	辛酉	庚寅	庚申	己丑	戊午	戊子	丁巳	丁亥	丙辰	戊子	丁巳	6日
壬辰	壬戌	辛卯	辛酉	庚寅	己未	己丑	戊午	戊子	丁巳	己丑	戊午	7日
癸巳	癸亥	壬辰	壬戌	辛卯	庚申	庚寅	己未	己丑	戊午	庚寅	己未	8日
甲午	甲子	癸巳	癸亥	壬辰	辛酉	辛卯	庚申	庚寅	己未	辛卯	庚申	9日
乙未	乙丑	甲午	甲子	癸巳	壬戌	壬辰	辛酉	辛卯	庚申	壬辰	辛酉	10日
丙申	丙寅	乙未	乙丑	甲午	癸亥	癸巳	壬戌	壬辰	辛酉	癸巳	壬戌	11日
丁酉	丁卯	丙申	丙寅	乙未	甲子	甲午	癸亥	癸巳	壬戌	甲午	癸亥	12日
戊戌	戊辰	丁酉	丁卯	丙申	乙丑	乙未	甲子	甲午	癸亥	乙未	甲子	13日
己亥	己巳	戊戌	戊辰	丁酉	丙寅	丙申	乙丑	乙未	甲子	丙申	乙丑	14日
庚子	庚午	己亥	己巳	戊戌	丁卯	丁酉	丙寅	丙申	乙丑	丁酉	丙寅	15日
辛丑	辛未	庚子	庚午	己亥	戊辰	戊戌	丁卯	丁酉	丙寅	戊戌	丁卯	16日
壬寅	壬申	辛丑	辛未	庚子	己巳	己亥	戊辰	戊戌	丁卯	己亥	戊辰	17日
癸卯	癸酉	壬寅	壬申	辛丑	庚午	庚子	己巳	己亥	戊辰	庚子	己巳	18日
甲辰	甲戌	癸卯	癸酉	壬寅	辛未	辛丑	庚午	庚子	己巳	辛丑	庚午	19日
乙巳	乙亥	甲辰	甲戌	癸卯	壬申	壬寅	辛未	辛丑	庚午	壬寅	辛未	20日
丙午	丙子	乙巳	乙亥	甲辰	癸酉	癸卯	壬申	壬寅	辛未	癸卯	壬申	21日
丁未	丁丑	丙午	丙子	乙巳	甲戌	甲辰	癸酉	癸卯	壬申	甲辰	癸酉	22日
戊申	戊寅	丁未	丁丑	丙午	乙亥	乙巳	甲戌	甲辰	癸酉	乙巳	甲戌	23日
己酉	己卯	戊申	戊寅	丁未	丙子	丙午	乙亥	乙巳	甲戌	丙午	乙亥	24日
庚戌	庚辰	己酉	己卯	戊申	丁丑	丁未	丙子	丙午	乙亥	丁未	丙子	25日
辛亥	辛巳	庚戌	庚辰	己酉	戊寅	戊申	丁丑	丁未	丙子	戊申	丁丑	26日
壬子	壬午	辛亥	辛巳	庚戌	己卯	己酉	戊寅	戊申	丁丑	己酉	戊寅	27日
癸丑	癸未	壬子	壬午	辛亥	庚辰	庚戌	己卯	己酉	戊寅	庚戌	己卯	28日
甲寅	甲申	癸丑	癸未	壬子	辛巳	辛亥	庚辰	庚戌	己卯		庚辰	29日
乙卯	乙酉	甲寅	甲申	癸丑	壬午	壬子	辛巳	辛亥	庚辰		辛巳	30日
丙辰		乙卯		甲寅	癸未		壬午		辛巳		壬午	31日

2034 年　甲寅年

12月 丙子	11月 乙亥	10月 甲戌	9月 癸酉	8月 壬申	7月 辛未	6月 庚午	5月 己巳	4月 戊辰	3月 丁卯	2月 丙寅	1月 乙丑	
7日 10:37	7日 17:34	8日 14:07	7日 22:15	7日 19:09	7日 09:18	5日 23:07	5日 19:09	5日 02:06	5日 21:33	4日 03:41	5日 16:05	（節入）
22日 04:34	22日 15:05	23日 17:17	23日 07:40	23日 09:48	23日 02:36	21日 15:44	21日 07:57	20日 09:04	20日 22:18	18日 23:30	20日 09:27	（中節）
辛卯	辛酉	庚寅	庚申	己丑	戊午	戊子	丁巳	丁亥	丙辰	戊子	丁巳	1日
壬辰	壬戌	辛卯	辛酉	庚寅	己未	己丑	戊午	戊子	丁巳	己丑	戊午	2日
癸巳	癸亥	壬辰	壬戌	辛卯	庚申	庚寅	己未	己丑	戊午	庚寅	己未	3日
甲午	甲子	癸巳	癸亥	壬辰	辛酉	辛卯	庚申	庚寅	己未	辛卯	庚申	4日
乙未	乙丑	甲午	甲子	癸巳	壬戌	壬辰	辛酉	辛卯	庚申	壬辰	辛酉	5日
丙申	丙寅	乙未	乙丑	甲午	癸亥	癸巳	壬戌	壬辰	辛酉	癸巳	壬戌	6日
丁酉	丁卯	丙申	丙寅	乙未	甲子	甲午	癸亥	癸巳	壬戌	甲午	癸亥	7日
戊戌	戊辰	丁酉	丁卯	丙申	乙丑	乙未	甲子	甲午	癸亥	乙未	甲子	8日
己亥	己巳	戊戌	戊辰	丁酉	丙寅	丙申	乙丑	乙未	甲子	丙申	乙丑	9日
庚子	庚午	己亥	己巳	戊戌	丁卯	丁酉	丙寅	丙申	乙丑	丁酉	丙寅	10日
辛丑	辛未	庚子	庚午	己亥	戊辰	戊戌	丁卯	丁酉	丙寅	戊戌	丁卯	11日
壬寅	壬申	辛丑	辛未	庚子	己巳	己亥	戊辰	戊戌	丁卯	己亥	戊辰	12日
癸卯	癸酉	壬寅	壬申	辛丑	庚午	庚子	己巳	己亥	戊辰	庚子	己巳	13日
甲辰	甲戌	癸卯	癸酉	壬寅	辛未	辛丑	庚午	庚子	己巳	辛丑	庚午	14日
乙巳	乙亥	甲辰	甲戌	癸卯	壬申	壬寅	辛未	辛丑	庚午	壬寅	辛未	15日
丙午	丙子	乙巳	乙亥	甲辰	癸酉	癸卯	壬申	壬寅	辛未	癸卯	壬申	16日
丁未	丁丑	丙午	丙子	乙巳	甲戌	甲辰	癸酉	癸卯	壬申	甲辰	癸酉	17日
戊申	戊寅	丁未	丁丑	丙午	乙亥	乙巳	甲戌	甲辰	癸酉	乙巳	甲戌	18日
己酉	己卯	戊申	戊寅	丁未	丙子	丙午	乙亥	乙巳	甲戌	丙午	乙亥	19日
庚戌	庚辰	己酉	己卯	戊申	丁丑	丁未	丙子	丙午	乙亥	丁未	丙子	20日
辛亥	辛巳	庚戌	庚辰	己酉	戊寅	戊申	丁丑	丁未	丙子	戊申	丁丑	21日
壬子	壬午	辛亥	辛巳	庚戌	己卯	己酉	戊寅	戊申	丁丑	己酉	戊寅	22日
癸丑	癸未	壬子	壬午	辛亥	庚辰	庚戌	己卯	己酉	戊寅	庚戌	己卯	23日
甲寅	甲申	癸丑	癸未	壬子	辛巳	辛亥	庚辰	庚戌	己卯	辛亥	庚辰	24日
乙卯	乙酉	甲寅	甲申	癸丑	壬午	壬子	辛巳	辛亥	庚辰	壬子	辛巳	25日
丙辰	丙戌	乙卯	乙酉	甲寅	癸未	癸丑	壬午	壬子	辛巳	癸丑	壬午	26日
丁巳	丁亥	丙辰	丙戌	乙卯	甲申	甲寅	癸未	癸丑	壬午	甲寅	癸未	27日
戊午	戊子	丁巳	丁亥	丙辰	乙酉	乙卯	甲申	甲寅	癸未	乙卯	甲申	28日
己未	己丑	戊午	戊子	丁巳	丙戌	丙辰	乙酉	乙卯	甲申		乙酉	29日
庚申	庚寅	己未	己丑	戊午	丁亥	丁巳	丙戌	丙辰	乙酉		丙戌	30日
辛酉		庚申		己未	戊子		丁亥		丙戌		丁亥	31日

2035年　乙卯年

12月 戊子	11月 丁亥	10月 丙戌	9月 乙酉	8月 甲申	7月 癸未	6月 壬午	5月 辛巳	4月 庚辰	3月 己卯	2月 戊寅	1月 丁丑	
7日 16:26	7日 23:24	8日 19:58	8日 04:03	8日 00:54	7日 15:01	6日 04:51	6日 00:55	5日 07:54	6日 03:22	4日 09:32	5日 21:56	〔節入〕
22日 10:31	22日 21:03	23日 23:16	23日 13:39	23日 15:44	23日 08:29	21日 21:33	21日 13:44	20日 14:49	21日 04:03	19日 05:16	20日 15:14	〔中節〕
丙申	丙寅	乙未	乙丑	甲午	癸亥	癸巳	壬戌	壬辰	辛酉	癸巳	壬戌	1日
丁酉	丁卯	丙申	丙寅	乙未	甲子	甲午	癸亥	癸巳	壬戌	甲午	癸亥	2日
戊戌	戊辰	丁酉	丁卯	丙申	乙丑	乙未	甲子	甲午	癸亥	乙未	甲子	3日
己亥	己巳	戊戌	戊辰	丁酉	丙寅	丙申	乙丑	乙未	甲子	丙申	乙丑	4日
庚子	庚午	己亥	己巳	戊戌	丁卯	丁酉	丙寅	丙申	乙丑	丁酉	丙寅	5日
辛丑	辛未	庚子	庚午	己亥	戊辰	戊戌	丁卯	丁酉	丙寅	戊戌	丁卯	6日
壬寅	壬申	辛丑	辛未	庚子	己巳	己亥	戊辰	戊戌	丁卯	己亥	戊辰	7日
癸卯	癸酉	壬寅	壬申	辛丑	庚午	庚子	己巳	己亥	戊辰	庚子	己巳	8日
甲辰	甲戌	癸卯	癸酉	壬寅	辛未	辛丑	庚午	庚子	己巳	辛丑	庚午	9日
乙巳	乙亥	甲辰	甲戌	癸卯	壬申	壬寅	辛未	辛丑	庚午	壬寅	辛未	10日
丙午	丙子	乙巳	乙亥	甲辰	癸酉	癸卯	壬申	壬寅	辛未	癸卯	壬申	11日
丁未	丁丑	丙午	丙子	乙巳	甲戌	甲辰	癸酉	癸卯	壬申	甲辰	癸酉	12日
戊申	戊寅	丁未	丁丑	丙午	乙亥	乙巳	甲戌	甲辰	癸酉	乙巳	甲戌	13日
己酉	己卯	戊申	戊寅	丁未	丙子	丙午	乙亥	乙巳	甲戌	丙午	乙亥	14日
庚戌	庚辰	己酉	己卯	戊申	丁丑	丁未	丙子	丙午	乙亥	丁未	丙子	15日
辛亥	辛巳	庚戌	庚辰	己酉	戊寅	戊申	丁丑	丁未	丙子	戊申	丁丑	16日
壬子	壬午	辛亥	辛巳	庚戌	己卯	己酉	戊寅	戊申	丁丑	己酉	戊寅	17日
癸丑	癸未	壬子	壬午	辛亥	庚辰	庚戌	己卯	己酉	戊寅	庚戌	己卯	18日
甲寅	甲申	癸丑	癸未	壬子	辛巳	辛亥	庚辰	庚戌	己卯	辛亥	庚辰	19日
乙卯	乙酉	甲寅	甲申	癸丑	壬午	壬子	辛巳	辛亥	庚辰	壬子	辛巳	20日
丙辰	丙戌	乙卯	乙酉	甲寅	癸未	癸丑	壬午	壬子	辛巳	癸丑	壬午	21日
丁巳	丁亥	丙辰	丙戌	乙卯	甲申	甲寅	癸未	癸丑	壬午	甲寅	癸未	22日
戊午	戊子	丁巳	丁亥	丙辰	乙酉	乙卯	甲申	甲寅	癸未	乙卯	甲申	23日
己未	己丑	戊午	戊子	丁巳	丙戌	丙辰	乙酉	乙卯	甲申	丙辰	乙酉	24日
庚申	庚寅	己未	己丑	戊午	丁亥	丁巳	丙戌	丙辰	乙酉	丁巳	丙戌	25日
辛酉	辛卯	庚申	庚寅	己未	戊子	戊午	丁亥	丁巳	丙戌	戊午	丁亥	26日
壬戌	壬辰	辛酉	辛卯	庚申	己丑	己未	戊子	戊午	丁亥	己未	戊子	27日
癸亥	癸巳	壬戌	壬辰	辛酉	庚寅	庚申	己丑	己未	戊子	庚申	己丑	28日
甲子	甲午	癸亥	癸巳	壬戌	辛卯	辛酉	庚寅	庚申	己丑		庚寅	29日
乙丑	乙未	甲子	甲午	癸亥	壬辰	壬戌	辛卯	辛酉	庚寅		辛卯	30日
丙寅		乙丑		甲子	癸巳		壬辰		辛卯		壬辰	31日

2036 年　丙辰年

12月 庚子	11月 己亥	10月 戊戌	9月 丁酉	8月 丙申	7月 乙未	6月 甲午	5月 癸巳	4月 壬辰	3月 辛卯	2月 庚寅	1月 己丑	
6日 22:16	7日 05:15	8日 01:49	7日 09:55	7日 06:49	6日 20:58	5日 10:47	5日 06:50	4日 13:46	5日 09:12	4日 15:20	6日 03:44	〔節入〕
21日 16:13	22日 02:45	23日 04:59	22日 19:23	22日 21:33	22日 14:23	21日 03:32	20日 19:45	19日 20:51	20日 10:03	19日 11:14	20日 21:11	〔中節〕
壬寅	壬申	辛丑	辛未	庚子	己巳	己亥	戊辰	戊戌	丁卯	戊戌	丁卯	1日
癸卯	癸酉	壬寅	壬申	辛丑	庚午	庚子	己巳	己亥	戊辰	己亥	戊辰	2日
甲辰	甲戌	癸卯	癸酉	壬寅	辛未	辛丑	庚午	庚子	己巳	庚子	己巳	3日
乙巳	乙亥	甲辰	甲戌	癸卯	壬申	壬寅	辛未	辛丑	庚午	辛丑	庚午	4日
丙午	丙子	乙巳	乙亥	甲辰	癸酉	癸卯	壬申	壬寅	辛未	壬寅	辛未	5日
丁未	丁丑	丙午	丙子	乙巳	甲戌	甲辰	癸酉	癸卯	壬申	癸卯	壬申	6日
戊申	戊寅	丁未	丁丑	丙午	乙亥	乙巳	甲戌	甲辰	癸酉	甲辰	癸酉	7日
己酉	己卯	戊申	戊寅	丁未	丙子	丙午	乙亥	乙巳	甲戌	乙巳	甲戌	8日
庚戌	庚辰	己酉	己卯	戊申	丁丑	丁未	丙子	丙午	乙亥	丙午	乙亥	9日
辛亥	辛巳	庚戌	庚辰	己酉	戊寅	戊申	丁丑	丁未	丙子	丁未	丙子	10日
壬子	壬午	辛亥	辛巳	庚戌	己卯	己酉	戊寅	戊申	丁丑	戊申	丁丑	11日
癸丑	癸未	壬子	壬午	辛亥	庚辰	庚戌	己卯	己酉	戊寅	己酉	戊寅	12日
甲寅	甲申	癸丑	癸未	壬子	辛巳	辛亥	庚辰	庚戌	己卯	庚戌	己卯	13日
乙卯	乙酉	甲寅	甲申	癸丑	壬午	壬子	辛巳	辛亥	庚辰	辛亥	庚辰	14日
丙辰	丙戌	乙卯	乙酉	甲寅	癸未	癸丑	壬午	壬子	辛巳	壬子	辛巳	15日
丁巳	丁亥	丙辰	丙戌	乙卯	甲申	甲寅	癸未	癸丑	壬午	癸丑	壬午	16日
戊午	戊子	丁巳	丁亥	丙辰	乙酉	乙卯	甲申	甲寅	癸未	甲寅	癸未	17日
己未	己丑	戊午	戊子	丁巳	丙戌	丙辰	乙酉	乙卯	甲申	乙卯	甲申	18日
庚申	庚寅	己未	己丑	戊午	丁亥	丁巳	丙戌	丙辰	乙酉	丙辰	乙酉	19日
辛酉	辛卯	庚申	庚寅	己未	戊子	戊午	丁亥	丁巳	丙戌	丁巳	丙戌	20日
壬戌	壬辰	辛酉	辛卯	庚申	己丑	己未	戊子	戊午	丁亥	戊午	丁亥	21日
癸亥	癸巳	壬戌	壬辰	辛酉	庚寅	庚申	己丑	己未	戊子	己未	戊子	22日
甲子	甲午	癸亥	癸巳	壬戌	辛卯	辛酉	庚寅	庚申	己丑	庚申	己丑	23日
乙丑	乙未	甲子	甲午	癸亥	壬辰	壬戌	辛卯	辛酉	庚寅	辛酉	庚寅	24日
丙寅	丙申	乙丑	乙未	甲子	癸巳	癸亥	壬辰	壬戌	辛卯	壬戌	辛卯	25日
丁卯	丁酉	丙寅	丙申	乙丑	甲午	甲子	癸巳	癸亥	壬辰	癸亥	壬辰	26日
戊辰	戊戌	丁卯	丁酉	丙寅	乙未	乙丑	甲午	甲子	癸巳	甲子	癸巳	27日
己巳	己亥	戊辰	戊戌	丁卯	丙申	丙寅	乙未	乙丑	甲午	乙丑	甲午	28日
庚午	庚子	己巳	己亥	戊辰	丁酉	丁卯	丙申	丙寅	乙未	丙寅	乙未	29日
辛未	辛丑	庚午	庚子	己巳	戊戌	戊辰	丁酉	丁卯	丙申		丙申	30日
壬申		辛未		庚午	己亥		戊戌		丁酉		丁酉	31日

12月 壬子	11月 辛亥	10月 庚戌	9月 己酉	8月 戊申	7月 丁未	6月 丙午	5月 乙巳	4月 甲辰	3月 癸卯	2月 壬寅	1月 辛丑	
7日 04:07	7日 11:04	8日 07:38	7日 15:46	7日 12:43	7日 02:55	5日 16:47	5日 12:50	4日 19:44	5日 15:06	3日 21:12	5日 09:34	〔節入〕
21日 22:08	22日 08:39	23日 10:50	23日 01:13	23日 03:22	22日 20:13	21日 09:23	21日 01:36	20日 02:40	20日 15:50	18日 16:59	20日 02:54	〔中節〕
丁未	丁丑	丙午	丙子	乙巳	甲戌	甲辰	癸酉	癸卯	壬申	甲辰	癸酉	1日
戊申	戊寅	丁未	丁丑	丙午	乙亥	乙巳	甲戌	甲辰	癸酉	乙巳	甲戌	2日
己酉	己卯	戊申	戊寅	丁未	丙子	丙午	乙亥	乙巳	甲戌	丙午	乙亥	3日
庚戌	庚辰	己酉	己卯	戊申	丁丑	丁未	丙子	丙午	乙亥	丁未	丙子	4日
辛亥	辛巳	庚戌	庚辰	己酉	戊寅	戊申	丁丑	丁未	丙子	戊申	丁丑	5日
壬子	壬午	辛亥	辛巳	庚戌	己卯	己酉	戊寅	戊申	丁丑	己酉	戊寅	6日
癸丑	癸未	壬子	壬午	辛亥	庚辰	庚戌	己卯	己酉	戊寅	庚戌	己卯	7日
甲寅	甲申	癸丑	癸未	壬子	辛巳	辛亥	庚辰	庚戌	己卯	辛亥	庚辰	8日
乙卯	乙酉	甲寅	甲申	癸丑	壬午	壬子	辛巳	辛亥	庚辰	壬子	辛巳	9日
丙辰	丙戌	乙卯	乙酉	甲寅	癸未	癸丑	壬午	壬子	辛巳	癸丑	壬午	10日
丁巳	丁亥	丙辰	丙戌	乙卯	甲申	甲寅	癸未	癸丑	壬午	甲寅	癸未	11日
戊午	戊子	丁巳	丁亥	丙辰	乙酉	乙卯	甲申	甲寅	癸未	乙卯	甲申	12日
己未	己丑	戊午	戊子	丁巳	丙戌	丙辰	乙酉	乙卯	甲申	丙辰	乙酉	13日
庚申	庚寅	己未	己丑	戊午	丁亥	丁巳	丙戌	丙辰	乙酉	丁巳	丙戌	14日
辛酉	辛卯	庚申	庚寅	己未	戊子	戊午	丁亥	丁巳	丙戌	戊午	丁亥	15日
壬戌	壬辰	辛酉	辛卯	庚申	己丑	己未	戊子	戊午	丁亥	己未	戊子	16日
癸亥	癸巳	壬戌	壬辰	辛酉	庚寅	庚申	己丑	己未	戊子	庚申	己丑	17日
甲子	甲午	癸亥	癸巳	壬戌	辛卯	辛酉	庚寅	庚申	己丑	辛酉	庚寅	18日
乙丑	乙未	甲子	甲午	癸亥	壬辰	壬戌	辛卯	辛酉	庚寅	壬戌	辛卯	19日
丙寅	丙申	乙丑	乙未	甲子	癸巳	癸亥	壬辰	壬戌	辛卯	癸亥	壬辰	20日
丁卯	丁酉	丙寅	丙申	乙丑	甲午	甲子	癸巳	癸亥	壬辰	甲子	癸巳	21日
戊辰	戊戌	丁卯	丁酉	丙寅	乙未	乙丑	甲午	甲子	癸巳	乙丑	甲午	22日
己巳	己亥	戊辰	戊戌	丁卯	丙申	丙寅	乙未	乙丑	甲午	丙寅	乙未	23日
庚午	庚子	己巳	己亥	戊辰	丁酉	丁卯	丙申	丙寅	乙未	丁卯	丙申	24日
辛未	辛丑	庚午	庚子	己巳	戊戌	戊辰	丁酉	丁卯	丙申	戊辰	丁酉	25日
壬申	壬寅	辛未	辛丑	庚午	己亥	己巳	戊戌	戊辰	丁酉	己巳	戊戌	26日
癸酉	癸卯	壬申	壬寅	辛未	庚子	庚午	己亥	己巳	戊戌	庚午	己亥	27日
甲戌	甲辰	癸酉	癸卯	壬申	辛丑	辛未	庚子	庚午	己亥	辛未	庚子	28日
乙亥	乙巳	甲戌	甲辰	癸酉	壬寅	壬申	辛丑	辛未	庚子		辛丑	29日
丙子	丙午	乙亥	乙巳	甲戌	癸卯	癸酉	壬寅	壬申	辛丑		壬寅	30日
丁丑		丙子		乙亥	甲辰		癸卯		壬寅		癸卯	31日

雪之静先生による断易の通信鑑定・通信講座を予定しております。

詳細をお知りになりたい方は、同封の愛読者ハガキに、お名前、ご住所、メールアドレスを明記してご投函下さい（お電話での問い合わせも受け付けております。TEL:03-3785-0881）。

鑑定及び講座の詳細が決まりましたら、ご連絡申し上げます。

1日でマスター 断易《だんえき》入門《にゅうもん》講座《こうざ》 上【龍《りゅう》の巻《まき》】

2020年2月14日　初版発行

著　者　雪之静（叶世雪之静）
発行者　堀本敏雄
発　行　八幡書店
　　　　東京都品川区平塚2-1-16 KKビル5F
　　　　TEL：03-3785-0881　FAX：03-3785-0882
印　刷　平文社
製　本　難波製本

装　幀　齋藤視倭子

ISBN978-4-89350-828-7 C0076 ¥2800E

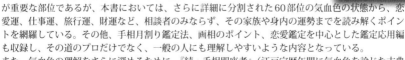

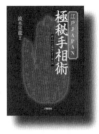

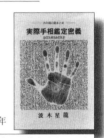